GESTÃO DE DESIGN

estratégias gerenciais
para transformar, coordenar
e diferenciar negócios

 Os livros dedicados à área de Design (sem itálico) têm projetos que reproduzem o visual de movimentos históricos. As aberturas e títulos deste módulo, com elementos fragmentados, formas aleatórias, mistura de tipografia e estilos e brincadeiras visuais, relembram o design pós-moderno, muito forte nos anos 1980.

GESTÃO DE DESIGN

estratégias gerenciais
para transformar, coordenar
e diferenciar negócios

Virginia Borges Kistmann

Rua Clara Vendramin, 58 . Mossunguê . CEP 81200-170 . Curitiba . PR . Brasil
Fone: (41) 2106-4170 . www.intersaberes.com . editora@intersaberes.com

Conselho editorial
Dr. Alexandre Coutinho Pagliarini
Drª. Elena Godoy
Dr. Neri dos Santos
Dr. Ulf Gregor Baranow

Editora-chefe
Lindsay Azambuja

Gerente editorial
Ariadne Nunes Wenger

Assistente editorial
Daniela Viroli Pereira Pinto

Preparação de originais
Palavra Arteira Edição e Revisão de Textos

Edição de texto
Arte e Texto Edição e Revisão de Textos

Capa
Charles L. da Silva (design)
Patty Chan/Shutterstock (imagem)

Projeto gráfico
Bruno Palma e Silva

Diagramação
Andreia Rasmussen

Designer responsável
Luana Machado Amaro

Iconografia
Maria Elisa Sonda
Regina Claudia Cruz Prestes

Dados Internacionais de Catalogação na Publicação (CIP)
(Câmara Brasileira do Livro, SP, Brasil)

Kistmann, Virginia Borges
 Gestão de design: estratégias gerenciais para transformar, coordenar e diferenciar negócios/Virginia Borges Kistmann. Curitiba: InterSaberes, 2022.

 Bibliografia.
 ISBN 978-65-5517-206-5

 1. Design 2. Gestão de negócios 3. Planejamento estratégico I. Título.

22-114882   CDD-745.4

Índices para catálogo sistemático:

1. Gestão de design   745.4

Eliete Marques da Silva – Bibliotecária – CRB-8/9380

1ª edição, 2022.

Foi feito o depósito legal.

Informamos que é de inteira responsabilidade da autora a emissão de conceitos.

Nenhuma parte desta publicação poderá ser reproduzida por qualquer meio ou forma sem a prévia autorização da Editora InterSaberes.

A violação dos direitos autorais é crime estabelecido na Lei n. 9.610/1998 e punido pelo art. 184 do Código Penal.

Sum*ário*

Prefácio **14**
Apresentação **18**
Como aproveitar ao máximo este livro **24**
Introdução **30**

PARTE 1 **35**

1 **Design como processo** **38**
   1.1 Design: projeto e produto para a solução de problemas **39**
   1.2 O design é sempre estratégico **48**
   1.3 O design do ponto de vista gerencial **55**
   1.4 Contribuições do *design thinking* **61**
   1.5 Evolução do campo teórico no Brasil **65**

PARTE 2 **79**

2 **Administração estratégica e design** **82**
   2.1 Design e bases da administração estratégica **85**
   2.2 Design e planejamento e pensamento estratégicos **101**
   2.3 O futuro e o intento estratégico **107**
   2.4 Competência essencial e design **110**
   2.5 A estrutura da gestão de design **115**

3   **O design inovador** 130
    3.1 Inovação, inovatividade e design inovador 131
    3.2 A importância do contexto e do processo de inovação 137
    3.3 Pesquisa prospectiva como base para a inovação em design 148
    3.4 Identificando e construindo o futuro com o design 153
    3.5 Inovação incremental e radical com o design 163

    PARTE 3 181
4   **A coordenação do design na empresa** 184
    4.1 Táticas para as estratégias em design 185
    4.2 A análise Swot como auxílio na definição de diretrizes 196
    4.3 Programas para a integração do design na empresa 206
    4.4 Processos colaborativos como base para as táticas 209
    4.5 O papel do gestor de design 214

    PARTE 4 231
5   **As lições para o agir e o reagir** 234
    5.1 O design no nível operacional e as estratégias de mercado 235
    5.2 As cinco forças competitivas de Porter 242
    5.3 Diferenciar, focar ou reduzir custos? 246
    5.4 Definindo o portfólio de produtos 253
    5.5 Os produtos têm vida 255

6 **Outras estratégias para diferenciar ofertas de valor** 264
  6.1 Metodologias clássicas de design 265
  6.2 Navegando no oceano azul 274
  6.3 Outro azul, agora no céu: a pesquisa *blue sky* 291
  6.4 Pensando como designers 304
  6.5 Designers também podem empreender 308

Considerações finais 320
Referências 324
Respostas 351
Sobre a autora 354

Aos estudantes e colegas que participaram da minha construção como pesquisadora e pessoa.

Agradeci*mentos*

Um livro não se escreve em um dia, um mês ou uma semana. Ele tem como antecedentes outros autores, colegas e estudantes, que nos levam a refletir sobre o tema. Por isso, sou grata a todos que me auxiliaram direta ou indiretamente na construção do conteúdo dessa obra.

Nesse caminho, lembrei-me de muitos momentos e pessoas que me influenciaram a respeito do tema do design e suas estratégias, as quais se apresentam, consequentemente, na escrita que trago neste livro.

Indiretamente, o primeiro contato que eu tive com a temática da gestão de design foi a partir das aulas de John Crowe, no meu mestrado no Royal College of Art, época em que os conteúdos se restringiam apenas aos aspectos comerciais dos negócios em design. Tive também acesso ao trabalho que tratava da gestão de design desenvolvido por Tim Warner, à época mestrando do Design Research Department da mesma instituição, com a orientação do professor Bruce Archer. Essas experiências, certamente, fazem parte da visão que hoje tenho das estratégias voltadas ao design.

Anos depois, quatro professores marcaram a minha formação em relação ao design e sua gestão. O primeiro deles, o professor doutor Cristiano José Castro de Almeida Cunha, da área de administração estratégica do Programa de Pesquisa e Pós-Graduação em Engenharia de Produção e Sistemas, que me introduziu aos autores do campo da administração. Tive também a oportunidade de estudar com os professores doutores Sérgio Costa e Héctor Ricardo Leis, ambos à época pertencentes ao Departamento de Sociologia Política, bem como com o professor doutor Hélio Raymundo Santos Silva. Esses contatos me levaram a refletir sobre questões políticas e sociológicas relacionadas ao design nacional. A eles sou eternamente grata.

A participação da professora doutora Brigitte Wolf, uma das preconizadoras da gestão de design na Alemanha, como orientadora no meu doutorado sanduíche na Köln International School of Design, foi importante na minha construção científica. Dentre outras atividades importantes, por seu intermédio tive acesso à biblioteca da Universidade de Colônia e, com o seu apoio, o acesso ao professor doutor Udo Koppelmann, pesquisador da área de marketing.

Além disso, este livro não seria possível sem os alunos que conduzi nos trabalhos de mestrado e doutorado entre 2005 e 2020 sob a temática da gestão de design, no Programa de Pesquisa e Pós-Graduação em Design, na Universidade Federal do Paraná (UFPR). Um pouco de cada um está presente no texto que apresento.

Quero agradecer também ao professor doutor Claudio Freitas de Magalhães, da Pontifícia Universidade Católica do Rio de Janeiro (PUC-Rio), primeiro a estudar de modo sistemático o tema da gestão de design no país e que me auxiliou na construção do texto referente aos primórdios do design no Brasil. Agradeço também pela possibilidade de leitura do seu livro, *Design estratégico* (1997), com o qual me presenteou. Obrigada!

Ao doutor Alex Ferraresi, deixo aqui meu agradecimento pelo coleguismo ao longo dos anos como professores na PUCPR, pelo prefácio e pela leitura crítica. Muito obrigada!

Com isso tudo, esse livro não existiria sem o convite do colega professor Jaime Ramos, coordenador da área de design do Centro Universitário Internacional (Uninter), o que muito me honrou. Espero que o livro possa efetivamente contribuir para a formação dos profissionais de design e áreas afins no que se refere às questões estratégicas relacionadas ao design.

Finalmente, com todo o carinho, preciso agradecer de modo muito especial à Liana Greenhalgh Thys, minha amiga de longa data, que fez uma leitura cuidadosa dos originais, alertando-me sobre pontos não claros a serem revistos, visando um melhor encadeamento das ideias e facilitando a compreensão. A Artur Mittelbach e Fábiano de Miranda, que foram gentis em rever esquemas relacionados ao design digital. Obrigada!

Finalmente, agradeço os dias alegres em companhia de Julia e Olivia, meus dois tesouros, que precisarão criar estratégias e, quem sabe, design para as suas vidas.

Prefácio

Conheço Virgínia há muito tempo e sua pesquisa e dedicação ao design são qualidades que encontrei em poucos durante minha vida profissional e acadêmica. Ao longo do tempo que passamos juntos como professores (ela na Universidade Federal do Paraná – UFPR – e eu na Pontifícia Universidade Católica do Paraná – PUCPR, e depois, ambos na PUCPR), boa parte dele foi discutindo – e, muitas vezes, discordando um do outro – sobre o escopo do design e, mais tarde, sobre a gestão do design, quando esse assunto começou a aflorar no Brasil na década de 1980. Uma coisa que sempre tivemos em comum foi a certeza de que não havia nenhuma obra que nos satisfizesse, seja pela abordagem rasa, seja pela confusão de conceitos que encontrávamos, seja, ainda, porque sempre achávamos que alguma coisa estava faltando lá – e, muitas vezes, também discordávamos do que faltava.

Enfim, Virgínia tomou fôlego e colocou em marcha o projeto de reunir num livro todo o seu conhecimento, originado de pesquisas, inúmeras consultorias e discussões acadêmicas. Dessa determinação resultou *Gestão de design: estratégias gerenciais para transformar, coordenar e diferenciar negócios*. Fiquei muito honrado pelo convite de prefaciar essa obra – e também com uma pontinha de inveja ao lê-la: este é um livro que eu gostaria de ter escrito.

Uma coisa fundamental que o leitor irá encontrar neste livro é a coerência de conceitos: o cuidado e a profundidade com que Virgínia trata não somente o tema central, a gestão do design, como outros temas subjacentes, que completam e colaboram para o desenvolvimento de seu raciocínio, até chegar a um modelo para ser seguido por empresas, profissionais e estudantes de design.

Que ninguém espere encontrar, ao abrir este livro, frases de impacto ou textos maçantes, pois terá pela frente uma leitura densa, que o fará parar para pensar o design como um tema estratégico, atual e fundamental para a competitividade das empresas.

As duas primeiras partes devem ser lidas com muita atenção.

Primeiro, a autora insere a gestão do design como um processo, que vai além das atividades de um profissional ou de um conjunto de profissionais de design, e envolve todos os escalões em uma organização a partir de uma visão estratégica e uma cultura que permeia a gestão. Coloca, assim, o processo de design como um processo estratégico, que influencia a estratégia empresarial para além do produto e da marca em si.

Para apresentar o design num contexto de gestão, e mais, na gestão estratégica, Virginia nos traz, na parte 2, vários conceitos fundamentais da administração de empresas e o design como uma competência essencial. Também discute a gestão do design em três níveis – perspectiva que, para os estrategistas, é inovadora, criativa e que pode render muitos frutos na competitividade das empresas.

Ainda na parte 2, as relações entre design, inovatividade e inovação são uma discussão à parte, muito bem coordenada ao longo do Capítulo 3. O processo de design e o processo de inovação se encontram e é demonstrado que são indissociáveis. Esse é um aspecto muito importante desta obra e que muitos executivos e mesmo estudantes negligenciam: a inovação é um processo e, nesse sentido, existem dimensões dentro da organização, como as pessoas, o relacionamento, a cultura, a estratégica, além de outras que colaboram para que a empresa seja inovativa. Nesse contexto, o processo da gestão do design colabora em vários aspectos das diversas dimensões para que a organização alcance a esperada inovação e o comportamento inovador.

Poucas vezes li sobre a coordenação do design e seu processo dentro de empresas, em como integrar processos para a gestão do design. De que forma o design pode colaborar para entender e auxiliar o diagnóstico e a estratégia? Como o design trabalha taticamente, no dia a dia, para dar suporte à estratégia? Como colocar em prática a gestão do design? Essas são perguntas que estão na cabeça de muitos gestores, os quais poderão encontrar conteúdo para reflexão e respostas na parte 3.

Nos Capítulos 5 e 6, que estão na parte 4, o livro discute e apresenta estratégias empresariais e também de design. Trata-se da gestão do design na formulação de estratégias, ou seja, métodos e modelos mentais para alcançar objetivos.

Assim, caro leitor, convido-o a ler com atenção essas proposições que auxiliarão executivos e empresários a entender melhor o processo de design e seu papel estratégico na busca da inovação e da competitividade.

Aos estudantes de graduação e pós-graduação, esta obra deverá ser um marco importante para pesquisa e na colocação em prática de projetos.

Enfim, tenha uma boa leitura e aproveite bastante o conhecimento e a experiência que Virginia explicitou neste livro. Este eu acredito estar completo.

Alex Ferraresi
Escola de Negócios
Pontifícia Universidade Católica do Paraná

Apresen*tação*

Por que falar em *estratégias de design*? Primeiramente, porque design é, acima de tudo, uma disciplina importante para o bem-estar social. A World Design Organization – WDO (2020) estabelece como seu objetivo desenhar um mundo melhor, promovendo e partilhando conhecimento do design industrial movido pela inovação que aumente a qualidade de vida do ponto de vista da economia, da sociedade, da cultura e ambiental. Falar em design, portanto, é repensar o mundo em que vivemos.

A complexidade, a volubilidade, a incerteza e a ambiguidade[1] presentes nos problemas atuais levaram à necessidade de se repensar conceitos centrados na tradição do pensamento ocidental e romper com essa visão única diante das novas questões que se apresentam. Assim, sistemas complexos cada vez mais se fazem presentes no contexto do design. Como uma lente, seu processo amplifica questões ambientais, culturais, sociais e econômicas que já vinham sendo postas anteriormente, as quais fazem parte da tradição do design mundial.

Sob esse aspecto, as abordagens metodológicas passaram a sofrer alterações. Nelas, os processos de retroalimentação se tornaram muito mais frequentes, assim como o envolvimento do designer com profissionais de outras áreas e usuários em trabalhos colaborativos, que passou a ser muito mais intenso.

Nesse sentido, este livro tem por objetivo trazer conteúdos relativos ao design e às estratégias que podem ser desenvolvidas para que sua gestão contribua para a transformação, a coordenação e a diversificação de ações a serem desenvolvidas, pensando nesse papel de construção de novas realidades.

---

[1] Esse contexto é frequentemente mencionado usando o acrônimo Vuca (*volatility, uncertainty, complexity* e *ambiguity*), que em português seria Vica (volubilidade, incerteza, complexidade e ambiguidade).

O texto que aqui apresentamos foi pensado, primordialmente, naqueles que estão envolvidos diretamente com o design. Assim, é dedicado, no sentido estrito, a estudantes e profissionais do campo do design. No entanto, no seu sentido amplo, volta-se para os campos da arquitetura, do urbanismo, da comunicação, da administração, bem como a profissionais da indústria criativa, que podem se beneficiar com a abordagem aqui apresentada. Hoje temos consciência de que o design é uma atividade interdisciplinar e que sua relação com outras áreas do saber envolvidas na geração de produtos, serviços, sistemas, experiências e novos negócios são importantes.

Aqui, trata-se o design, do ponto de vista organizacional, como gestão de design. Nessa abordagem, o design é visto como parte integrante da estrutura de empresas e instituições existentes ou a serem criadas, consistindo em uma competência central e elemento colaborador para a construção das estratégias futuras.

O texto é fruto de instigantes questões decorrentes da experiência profissional da autora deste livro, com seus erros e acertos, associadas a um aprofundamento teórico, resultante da experiência acadêmica, da qual participaram colegas e muitos estudantes, especialmente de mestrado e doutorado, que enfocaram o tema ao longo dos últimos anos.

Hoje, a leitura em dispositivos digitais vem crescendo principalmente no que se refere ao público mais jovem, os nativos digitais. Portanto, esse livro está preparado para a sua leitura na forma física e na forma *online*.

Seu texto está distribuído em quatro partes e, no decorrer da sua leitura, você será convidado a expandir o seu estudo assistindo a vídeos e consultando outros materiais disponíveis na internet. Esses materiais podem servir para complementar sua leitura, ampliando os horizontes dos interessados no tema.

Na primeira parte, apresentamos, de modo geral, o design como estratégia. Nela, consideramos o desdobramento do design como projeto e processo. Enfocamos sua relação com a estratégia gerencial, relacionando-a à gestão de design, e com o pensamento de design. Finalizamos com a apresentação da sua evolução como teoria no Brasil.

A segunda parte trata do design no nível estratégico das organizações, abrangendo dois capítulos. Primeiro, relacionamos o design aos estudos da administração, considerando a formulação de estratégias a partir dos conceitos de intento estratégico e pensamento estratégico, na perspectiva futura. Apresentamos também o conceito de competência central e como ela se relaciona com o design. Com base nesses dados, o segundo capítulo desta obra estabelece uma estrutura para a gestão de design, considerando os níveis estratégico, tático e operacional. A seguir, no terceiro capítulo, trazemos o foco para o desenvolvimento estratégico e voltamos nosso olhar para o conceito de inovação, apresentando as diversas diferenças entre termos relativos a ela. Nesse sentido, o texto destaca a importância do contexto e do processo para que a inovação aconteça e ressalta como a inovação pode se associar ao design na construção de um futuro. Por fim, mostra as modalidades de inovação incremental e radical, com ênfase na inovação guiada pelo significado.

Como tema da terceira parte, em que consta o quarto capítulo, o texto foca as táticas associadas ao design para a integração das estratégias com as diversas modalidades possíveis de design. Para isso, mostramos como a análise Swot – termo em inglês acrônimo de *Strengths, Weaknesses, Opportunities, Threats*, que em português se traduz por Fofa – Forças, Oportunidades, Fraquezas e Ameaças – pode contribuir com a área, propiciando a construção de diretrizes e programas, que podem se desmembrar em outros programas. Além disso, apresenta a importância dos processos colaborativos e o papel do gestor.

Porque é preciso materializar as narrativas de design, na quarta parte, de que fazem parte o quinto e o sexto capítulos, damos foco, primeiramente, às proposições de Michael Porter para desenvolver alternativas com base no mercado. Para isso, tratamos das forças competitivas; dos modos de atuar, diferenciando, focando ou reduzindo custos; do papel do portfólio de produtos e dos seus ciclos de vida. Depois, verificamos as abordagens clássicas de desenvolvimento de design, bem como a estratégia do oceano azul e a pesquisa *blue sky*, como modos de fugir ao confronto direto com os concorrentes, ofertando novas propostas de valor por meio da construção de narrativas não visíveis diretamente. Destacamos também a atuação do design para além dos produtos, serviços, sistemas e experiências, bem como a proposição de novos negócios, que pode advir da abordagem característica do design: a abdutiva.

Este livro não pretende esgotar os temas relativos à gestão de design, mas oferecer conceitos e metodologias que podem contribuir para o seu processo nos níveis estratégico, tático e operacional.

Boa leitura!

Como aproveitar
ao máximo este livro

Empregamos nesta obra recursos que visam enriquecer seu aprendizado, facilitar a compreensão dos conteúdos e tornar a leitura mais dinâmica. Conheça a seguir cada uma dessas ferramentas e saiba como elas estão distribuídas no decorrer deste livro para bem aproveitá-las

CONTEÚDOS DO CAPÍTULO:
Logo na abertura do capítulo, relacionamos os conteúdos que nele serão abordados.

APÓS O ESTUDO DESTE CAPÍTULO, VOCÊ SERÁ CAPAZ DE:
Antes de iniciarmos nossa abordagem, listamos as habilidades trabalhadas no capítulo e os conhecimentos que você assimilará no decorrer do texto.

INTRODUÇÃO DO CAPÍTULO
Logo na abertura do capítulo, informamos os temas de estudo e os objetivos de aprendizagem que serão nele abrangidos, fazendo considerações preliminares sobre as temáticas em foco.

SÍNTESE

Ao final de cada capítulo, relacionamos as principais informações nele abordadas a fim de que você avalie as conclusões a que chegou, confirmando-as ou redefinindo-as.

ESTUDO DE CASO

Nesta seção, relatamos situações reais ou fictícias que articulam a perspectiva teórica e o contexto prático da área de conhecimento ou do campo profissional em foco com o propósito de levá-lo a analisar tais problemáticas e a buscar soluções.

PARA SABER MAIS

Sugerimos a leitura de diferentes conteúdos digitais e impressos para que você aprofunde sua aprendizagem e siga buscando conhecimento.

QUESTÕES PARA REVISÃO

Ao realizar estas atividades, você poderá rever os principais conceitos analisados. Ao final do livro, disponibilizamos as respostas às questões para a verificação de sua aprendizagem.

QUESTÕES PARA REFLEXÃO

Ao propor estas questões, pretendemos estimular sua reflexão crítica sobre temas que ampliam a discussão dos conteúdos tratados no capítulo, contemplando ideias e experiências que podem ser compartilhadas com seus pares.

IMPORTANTE!

Algumas das informações centrais para a compreensão da obra aparecem nesta seção. Aproveite para refletir sobre os conteúdos apresentados.

PRESTE ATENÇÃO!
Apresentamos informações complementares a respeito do assunto que está sendo tratado.

PARA REFLETIR
Aqui propomos reflexões dirigidas com base na leitura de excertos de obras dos principais autores comentados neste livro.

MÃOS À OBRA
Nesta seção, propomos atividades práticas com o propósito de estender os conhecimentos assimilados no estudo do capítulo, transpondo os limites da teoria.

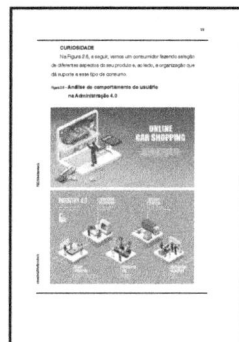

CURIOSIDADE

Nestes boxes, apresentamos informações complementares e interessantes relacionadas aos assuntos expostos no capítulo.

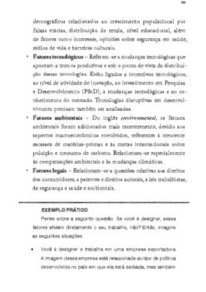

EXEMPLO PRÁTICO

Nesta seção, articulamos os tópicos em pauta a acontecimentos históricos, casos reais e situações do cotidiano a fim de que você perceba como os conhecimentos adquiridos são aplicados na prática e como podem auxiliar na compreensão da realidade.

Introdução

A atividade de design se caracteriza por oferecer produtos, serviços e experiências por meio de uma combinação entre funcionalidade, usabilidade e uso adequado de materiais e processos, mas também por considerar aspectos econômicos e gerenciais inseridos na sua relação com as organizações.

Muitas vezes, a importância do papel do design na economia e sua administração não é tratada com a devida importância. Ele é visto predominantemente como uma contribuição estética. Não que esse papel tenha se esgotado, mas, com a globalização e a crescente competitividade buscada pelas organizações, apoiadas em desenvolvimentos tecnológicos que se apresentam com uma rapidez intensa, inovar passou a ser um ponto fundamental, pois por meio da inovação poderiam ter sua competitividade aumentada, destacando-se da concorrência.

Pela sua posição próxima à inovação, o design tem aspecto central no desenvolvimento das organizações e na construção de cenários, por isso ele é estratégico. A curva de desenvolvimento exponencial da apropriação de novas tecnologias faz com que o design, como artefato, reflita demandas existentes e futuras, bem como construa novos padrões de comportamento social.

Portanto, é importante considerar a instabilidade crescente própria do tempo presente, especialmente a decorrente dos impactos da tecnologia da informação e da comunicação (TIC). Nesse sentido, o uso de dados de consumidores, diretos ou indiretos, propiciados pela integração digital, atua como fonte importante no processo de design. Para isso, buscar compreender a colaboração e a cocriação no contexto das estratégias empresariais, como possibilidades de aproximação em relação ao mercado de produtos, ambientes e serviços, tem sua relevância.

No entanto, inovar não se constitui em um processo criativo sem controle. Inovar significa propor algo novo, de modo a atender a demandas conscientes ou não de consumidores. Inovar tem importância econômica, porque permite uma alavancagem financeira às empresas, que conseguem propor novas soluções a problemas existentes ou que virão a existir, e também importância social, em razão das desigualdades sociais, dos problemas enfrentados pelas minorias.

Tratar da inovação em design tem também, especialmente hoje em dia, novos significados. Torna-se, então, necessário vislumbrar uma nova perspectiva para os negócios, já que enfrentamos uma série de situações anteriormente não imaginadas. Com a pandemia de covid-19, que nos colocou isolados, adotando assim novos hábitos de consumo, precisamos pensar sobre o papel do design – e isso nos faz pensar que tipo de economia almejamos.

Nos fez refletir, ainda, a respeito do consumo dos bens que tínhamos disponíveis, dos deslocamentos que fazíamos, do modo como demonstrávamos nosso afeto. Nossas roupas ganharam novo valor, nossos meios digitais também; a comida passou a ter um novo processo, os ambientes demandaram novos *layouts*; e a informação tornou-se central na nossa vida. Assim, precisamos pensar em novas estratégias de design, o que nos leva a sonhar com novos mundos.

Por esse motivo, o interesse nos processos de design e no seu papel estratégico tem crescido. E ainda vai crescer mais.

Dessa forma, é importante entendermos como o design pode se desmembrar em termos gerenciais em três níveis: o estratégico, o tático e o operacional. O primeiro vincula o design especificamente à estratégia organizacional como um todo; o segundo o relaciona com as articulações a serem desenvolvidas interna e externamente às empresas ou instituições; e o terceiro se volta para a prática projetual em si.

Do ponto de vista organizacional, gerencialmente o design tem como perspectiva a inserção do design como elemento central das empresas, auxiliando na construção de novos cenários por meio de uma visão de mercados futuros, buscando a inovação pela construção de competências próprias. Por outro lado, do ponto de vista do mercado presente, sua gestão é tratada por meio da inovação voltada ao curto prazo, não prescritivo, mas considerando especialmente a pragmática envolvida nas condições, em que consumidores e processos podem ser inseridos em metodologias que serão adotadas para a inovação. Isso demanda a coordenação de vários programas que possam articular criticamente a proposição de novos produtos e serviços que se revestem de significados para os clientes, contribuindo para o posicionamento das empresas.

E é nessa perspectiva que iremos encaminhar nosso pensamento.

Parte 1

ESTRATÉGIAS E DESIGN

Capítulo 1

DESIGN COMO PROCESSO

Conteúdos do capítulo:
- Design: projeto e produto para a solução de problemas.
- O design é sempre estratégico.
- O design do ponto de vista gerencial.
- Contribuições do *design thinking*.
- Evolução do campo teórico no Brasil.

Após o estudo deste capítulo, você será capaz de:
1. explicar o design como projeto e produto na solução de problemas;
2. estabelecer aproximações entre o conceito de estratégia e o de design;
3. relacionar a gestão de design com o processo gerencial;
4. compreender como as estratégias de design se alinham ao *design thinking*;
5. discorrer sobre a literatura relativa às estratégias de design no Brasil.

Neste primeiro capítulo, traremos as bases que conceituam o design, primeiramente, por meio da diferenciação entre a abordagem do design como projeto e como produto, a partir da origem do termo em inglês: *to design* e *the design*.

Considerando a abordagem como processo, do ponto de vista da solução de problemas, o design traça planos para atingir seus objetivos, que consistem nas suas estratégias. Assim, a seguir, apresentaremos a relação entre design e estratégia, destacando a centralidade do design nos aspectos estratégicos voltados à inovação.

Na sequência, abordaremos os aspectos da gestão do ponto de vista administrativo organizacional, com a gestão de design. Trataremos também de como o pensamento em design se tornou uma forma de abordagem que se expandiu a outras disciplinas.

Finalmente, contextualizaremos como essas abordagens se desenvolveram no Brasil.

1.1 Design: projeto e produto para a solução de problemas

Diversas estratégias podem ser utilizadas ao se utilizar o design. Assim, para compreendermos como isso opera, precisamos entender primeiramente que o design é uma disciplina integrativa. Com isso, a habilidade de designers para descobrir novas relações entre signos, coisas, ações e pensamentos são uma indicação de que o design não deve ser visto meramente como uma especialização técnica (Buchanan, 1992). Ele atua diante de processos complexos, que articulam diversas áreas do conhecimento e que devem ser exploradas conforme os problemas que se apresentam.

Existem, portanto, diversas situações, que se apresentam nas diversas áreas da nossa vida, permeadas pelo termo *design*. Por essa característica, na cultura contemporânea, o termo *design* se encontra em expansão, revestindo-se de novos significados e conexões.

Como preconizam os órgãos que tratam do tema, como a Organização Mundial do Design[1] (WDO, 2020) ou os que legislam sobre o ensino de design, o design pode ser entendido como

> um processo estratégico de solução de problemas que orienta a inovação, constrói o sucesso dos negócios e leva a uma melhor qualidade de vida, por meio de produtos, sistemas, serviços e experiências. Liga o que é com o que pode ser possível. Trata-se de uma profissão transdisciplinar, que maneja a criatividade para solucionar problemas, cocriando soluções com o objetivo de gerar um produto, um sistema, um serviço, uma experiência, ou um negócio. Sua característica central é oferecer um modo mais otimista de ver o futuro, pelo enquadramento dos problemas como oportunidades. Liga inovação, tecnologia, pesquisa, negócios e consumidores para oferecer novos valores e vantagem competitiva ao logo das esferas econômica, social e ambiental. (WDO, 2020, tradução nossa)

Pelo texto da WDO, podemos ver que existe um conceito de design como processo e outro como resultado. Assim, para aprofundarmos o nosso conhecimento sobre design, primeiramente precisamos ver como o termo *design* será abordado neste livro. Design pode significar: a) uma intenção, como plano ou projeto (*to design*); ou b) uma qualidade inerente a determinado artefato (*the design*).

---

[1] World Design Organization é a Organização Mundial de Design.

O design como intenção ou projeto é demonstrado por Carvalho (2019), que comenta em seu *site*:

> Se, como eu, você preferir se apoiar sobre os ombros de gigantes em vez de aprender novamente as lições, convém aplicar os melhores processos existentes, em vez de criar seus próprios. Mas com a infinidade de processos de design de produto à sua escolha, parte do desafio é encontrar o caminho certo para a sua situação, sua equipe e sua organização.

Nesse caso, o ponto de partida para a atuação do designer no que se refere à qualidade de atividade sistemática se apoia em uma necessidade de gerar etapas de projeto, controlando as atividades relativas ao produto ou serviço a ser oferecido, ao processo, às pessoas e à organização. Nesse sentido, ele pode ser bem-sucedido, quando oferece um posicionamento mais vantajoso para as empresas e organizações, ou malsucedido, se levar ao fracasso das intenções almejadas.

Já o segundo significado, referente à qualidade inerente a um produto ou serviço, pode ser visto no *blog* "A casa que a minha vó queria", que diz: "Tem muuuitas coisas bacanas na RPM, sério mesmo! Passem lá e confiram outros móveis (Móveis "retrô") com design bem bacana e na pechincha =)" (Medeiros, 2017).

Aqui, o design é reconhecível pelos seus atributos. Com diz o texto, é um design bacana, retrô. E, sob esse segundo aspecto, ele é valorizado. Mas, em outra situação, diferentemente, a expressão poderia ter uma atribuição negativa, condenada. Isso implica o que seria o bom e o mau design.

Podemos dizer que o bom design oferece opções adequadas de uso, usa tecnologias de modo consciente, traz novos simbolismos e, com isso, captura o mercado presente, abre novos campos ou tem um impacto de longo prazo, conferindo vantagem competitiva. Já o mau design envolve um esforço maior de apreensão por parte dos consumidores, mesmo tendo boas ideias. Por falta de foco ou execução, tende a fracassar na competitividade (Bruce; Bessant, 2002).

Com essas duas situações que apontamos, podemos falar, então, em design do ponto de vista do processo e/ou do ponto de vista do resultado. Sob essa ótica, o design de produtos, sistemas, serviços e/ou experiências implica, portanto, um processo projetual, que gera um determinado artefato, e esse artefato gerado pode ser entendido como todo e qualquer instrumento utilizado para o desempenho de uma ação, apoiado em um determinado tipo de consumo e associado a um tipo de produção, seja ela física, seja digital.

Na Figura 1.1, a seguir, podemos ver esses dois tipos de manifestações diferentes de design. No primeiro, destaca-se o processo do projeto da vestimenta e, no segundo, a vestimenta em si, como resultado do processo.

Figura 1.1 – **Design como processo, à esquerda, e design como resultado, à direita**

Outra forma de analisar como o design se manifesta é conforme o setor produtivo ao qual ele se vincula. Ele pode se concretizar, como no exemplo da figura anterior, na geração de novos vestimentas, mas pode também se apresentar como novos modos de locomoção ou de comunicação. Disso pode derivar o que se chama de *design de moda*, *design automotivo*, *design digital*, *design gráfico*, *design de interiores* etc.

Podemos ainda vincular o design ao que hoje se considera como uma abordagem mais integrada: o design de sistemas de produto/serviço (Manzini; Vezzoli, 2002). Ao projetar algo, o designer tem uma série de outras possibilidades de atuação. Por exemplo, o design de um serviço novo de postagem vai implicar o design do sistema de embalagens, do sistema de documentos impressos, do sistema de transporte. Cada um desses sistemas com uma atividade de design em separado, mas que precisa estar integrada em um todo, que é representado pela empresa. O design de sistemas de produto/serviço teve, inicialmente, foco na estratégia ambiental, mas foi ampliado posteriormente, diante do crescimento das tecnologias da informação e comunicação (TICs), e por essa razão se tornou muito presente nas diversas situações de comércio, especialmente com as compras *online*.

Associado ao design de serviços, encontra-se mais um novo campo de atuação: o design de experiências. O design de experiências está relacionado aos estudos relativos à experiência do usuário nas situações em que faz interface com os diversos artefatos. Nesse sentido, pode compreender apenas as relações presentes em um produto em si, como as diversas faces de um aplicativo no celular (Costa, 2009), mas também estar relacionado à experiência que temos ao entrar em uma loja.

No entanto, apesar dessas classificações, o design não se caracteriza essencialmente pela sua setorização, ou, como Buchanan (1992, tradução nossa) denomina, "lugares de invenção"[2]. Ele se caracteriza pelo que há em comum entre todas essas manifestações: um tipo de pensamento diante dos problemas que possa gerar soluções. Por isso, tem um papel importante na inovação, pois seu modo de pensar permite recolocar questões, apontar novas restrições e reciclar antigos debates. Em todos os casos, o design consiste em uma disciplina que trata em última essência da construção de um mundo material que se vincula a contextos socioculturais e econômicos próprios. Design é conceber e planejar o artificial, seja ele plano, seja projeto ou hipótese de trabalho, no qual existe uma intenção de operações com impacto significativo na experiência humana (Buchanan, 1992).

Assim, ao considerarmos as estratégias em design, estamos falando naqueles processos que levam à solução de problemas de diversas ordens. Para isso, precisamos considerar as abordagens metodológicas em uma atividade voltada para solucionar problemas, as quais nos apontam para modos para situações em que se objetiva emitir respostas.

Sob esse aspecto, de modo resumido, a atuação de designers se apoia em duas situações: problema e solução. Enquanto o problema demanda uma abordagem analítica, a solução envolve uma abordagem de síntese – e isso perpassa todo o trabalho do designer.

Nas ciências clássicas, a tradição na solução de problemas consiste em se subdividir o problema em subproblemas até se chegar à menor parte e, depois, juntar as partes e construir a solução para

---

[2] Do original "places of invention", que desmembra o design em design dessa ou daquela especialidade, como design de produto, design gráfico, design de moda, design de embalagem etc.

o problema inicial. Assim, os dois momentos, problema e solução, são vistos em muitas das metodologias de design que apresentam uma estrutura linear, no intuito de que o processo seja conduzido de modo lógico. Essas metodologias incluem retroalimentações, atendendo a demandas que os designers encontram na prática profissional e se inserem em situações em que existem prazos e custos envolvidos.

Porém, a subdivisão do problema em partes e a solução das pequenas partes em separado nem sempre solucionam problemas de design e da nossa vida diária. Saber do que uma nanopartícula se constitui tem sua importância, mas, para que ela seja aplicada no nosso dia a dia, precisamos integrar muitos conhecimentos. Bomfim (1993) coloca de modo claro que vários fatores interagem no desenvolvimento de projetos, assim como no próprio produto. Muitas vezes, a complexidade inerente a esses fatores impede que se perceba claramente a interação entre eles. Por isso, especialmente na contemporaneidade, problemas de design são denominados *wicked problems*, ou problemas complexos[3].

Isso é particularmente presente na contemporaneidade. Como afirma Alvarado (2013-2014), a globalização da economia e a velocidade com que ocorrem as mudanças tecnológicas produzem um ambiente altamente mutável e instável para as empresas. Nesse contexto, os mercados se caracterizam por uma hipercompetitividade, com consumidores que apresentam novas necessidades e buscam por preços mais baixos, afetando a lealdade às marcas. Com isso, a necessidade de as empresas se diferenciarem para gerar uma vantagem competitiva sustentável torna-se presente, já que os ativos

---

[3] O termo vem de Rittel, designer matemático que pensou em uma solução não linear para os problemas de design (Whelton; Ballard, 2002).

tangíveis não são mais suficientes, fazendo com que a inovação se torne imprescindível.

Nesse contexto, a presença de problemas complexos se torna ainda mais visível, pois constituem uma classe de sistema social de problemas que são mal formulados, com informações confusas, para os quais existem muitos clientes e tomadores de decisão.

Isso apresenta especial espelhamento na contemporaneidade, pois ela é composta por volatilidades, incertezas e contradições, para as quais as metodologias consideradas clássicas não são suficientes. Assim, se, por um lado, o método linear se apoia em um problema determinado, com condições definidas, por outro, o design de problemas complexos sugere uma indeterminância geral.

PARA SABER MAIS

Se você tem interesse em aprofundar as questões relativas a complexidade, volubilidade, incerteza e ambiguidade, veja o vídeo indicado a seguir:

VUCA OFICIAL. 18 mar. 2018. Disponível em: <https://www.youtube.com/watch?v=ZuEF76Xs_Mw>. Acesso em: 10 out. 2021.

Neste livro, consideramos essas duas abordagens como complementares. O designer precisa, em alguns momentos, tratar do particular para, depois, retornar ao todo, assim como precisa partir do todo para poder avançar no particular. Precisa ser lógico, mas também criativo.

Para refletirmos mais a respeito de como o pensamento de design opera, Buchanan (2016) o articulou como uma forma plural de quatro fatores, como consta na Figura 1.2, a seguir.

Figura 1.2 – **A estrutura do pensamento de design**

Espírito ou Cultura
Inovação & Criatividade em uma
organização inteira

Ato imaginativo
Observar novas
possibilidades &
transformá-las
em realidade concreta

Pensamento de Design
(Design Thinking)

Investigação criativa
Disciplina & prática
da arte de perguntar
e responder questões

Processos cognitivos do cérebro
Juntar e processar informação
e tomar decisões

Fonte: Buchanan, 2016, p. 13.

Nessa figura, observa-se que existem elementos que se apoiam na criação e na imaginação, mas também nos processos lógicos e organizacionais. Por isso, considerando a gestão do design, podemos dizer que:

> Por essas razões, não é nenhuma surpresa que a **gestão** tenha se tornado uma extensão lógica do novo pensamento do design. A gestão é o elemento de uma organização que confere um certo grau de unidade e coesão a todo e qualquer empreendimento humano. O ambiente é tão conceitual quanto físico. Conceitualmente, a gestão é o enquadramento de valores e visões que serve para realizar um objetivo coletivo. Também é algo que auxilia os indivíduos a atingir os objetivos pessoais dos participantes situados dentro e além da organização. Fisicamente, o contexto é a organização dos recursos necessários à conquista de objetivos e metas. Na teoria geral da gestão, seus aspectos funcionais são: planejamento, organização, direção e controle. Estas são as áreas da aplicação funcional do pensamento do design nas organizações [...]. (Buchanan, 2016, p. 13, grifo do original)

Com isso, é possível pensar que a gestão de design permite uma organização do processo que considera tanto os aspectos criativos e imaginativos do design quanto aqueles relacionados à organização dos recursos disponíveis ou a serem implementados, para que se atinja o real papel do design, seus objetivos e suas metas.

1.2 O design é sempre estratégico

Ao afirmarmos que existem objetivos e metas em design, isso nos leva a concluir que falar em *design* é falar em *estratégia*.

O termo *estratégia*, oriundo do campo militar e adotado pelo campo da administração, significa, genericamente, algo como alcançar objetivos: são planos, métodos ou meios usados para se alcançar ou obter alguma coisa (Abreu, 1982).

A obra mais famosa do campo da estratégia é o livro *A arte da guerra*, de Sun Tzu (544 a.C-496 a.C), popularizado em 1981, cujas estratégias militares abordadas ainda são hoje consideradas e têm inspirados vários autores, em vários estudos sobre estratégias, especialmente no campo da administração (Camargos; Dias, 2003).

A palavra *estratégia*, de origem grega, teve no princípio o significado de arte de liderar uma tropa ou de comandar, mas, com o tempo e seu uso na administração, passou a se relacionar com o termo *gestão*. Com isso, pode também ser definida como plano, método, manobras ou estratagemas usados para alcançar objetivos ou resultados específicos. Ainda em sentido figurado, pode ser sinônimo de *habilidade*, *astúcia* ou *esperteza* (Camargos; Dias, 2003).

PARA SABER MAIS

Como curiosidade, observe essa versão chinesa do livro *A arte da guerra*, de Sun Tzu, feito em bambu, localizado em arquivo da Universidade da Califórnia, na Figura 1.3.

Figura 1.3 – **A arte da guerra, livro de Sun Tzu**

YA/BOT/Alamy/Fotoarena

A seguir, assista a um vídeo em que Tiago Tessmann apresenta as cinco melhores frases de Sun Tzu:

TESSMANN, T. **5 melhores frases de Sun Tzu**. 9 out. 2016. Disponível em: <https://www.youtube.com/watch?v=n4WXKMJuY8A>. Acesso em: 10 out. 2021.

Ora, planejar, executar manobras ou criar estratagemas consistem em habilidades humanas, pois, no dia a dia, traçamos estratégias voltadas a solucionar problemas que encontramos. E essa é a atividade central do administrador. Ao planejar a estratégia, estamos articulando dois fenômenos: profissionalização da gestão e busca por imaginar para que futuro as organizações se orientam (Crainer; Dearlove, 2014).

A formulação de estratégias tem como base um futuro imaginado (Crainer; Dearlove, 2014). Pode tanto se referir a uma forma de solucionar o problema imediato, referente a uma demanda por produto ou serviço, consciente ou não, quanto estar associada de modo amplo ao posicionamento de organizações, em relação ao mercado de curto, médio ou longo prazos.

Uma situação futura é, portanto, alvo tanto do design quanto da estratégia. Ambos se desenvolvem no sentido da construção de uma nova realidade na condição de pensamento sintético. Desse modo, a situação futura alinha-se ao design, já que este se constitui por meio de manifestações – como plano, projeto ou hipótese de trabalho – nas quais existe uma intenção de ações que se voltam para impactos significativos na experiência diária das pessoas (Buchanan, 1992).

Em algumas situações, porém, encontramos o termo *design estratégico*. Trata-se de um termo de uso recente no campo do design para caracterizar um tipo de abordagem relacionada ao design. Mas se o termo é recente, será que o design pode não ser estratégico? Parece que não.

Se voltarmos ao passado, veremos que, no final do século XIX, William Morris (1834-1896) e seus companheiros criaram o movimento britânico Artes e Ofícios[4] apoiados em uma estratégia.

---

4   Arts and Crafts Movement.

Tomando como base a visão de John Ruskin (1819-1900)[5], um crítico à sociedade capitalista industrial, William Morris, também socialista, buscava um mundo em que artesanato e arte se integravam, em oposição aos efeitos negativos da industrialização. A empresa, que a partir de 1875 adotou o nome Morris and Co., teve sucesso mundial, sendo seus produtos ofertados de diversas formas e ainda hoje se encontram à venda (Parry, 1996).

Pode-se dizer, talvez, que a estratégia de William Morris era assistemática ou, ainda, inata. Mas havia uma estratégia. William Morris e seu grupo tinham uma intenção estratégica para a empresa. Nessa estratégia incluíam-se missão, visão e valores estabelecidos, para o que consideravam como o papel do design, embora isso não estivesse sistematizado, como hoje as empresas o fazem.

Isso incluía desde o modo de produção adotado até questões ambientais de respeito à natureza, caracterizando-se como uma ação voltada para o design de interiores e para a arquitetura. Seus designs se caracterizavam pelo uso de flores, plantas, animais, como no papel de parede (Parry, 1996), apresentado na Figura 1.4, a seguir.

---

[5] "A importância de Ruskin na sociedade inglesa do século XIX não se limitou – como provam os seus trabalhos – à arte e à crítica artístico-literária; passou também pelo vincado posicionamento de revolta e oposição em relação às forças da industrialização, que o levou àquela que seria considerada a sua segunda grande preocupação: a reforma social. As suas denúncias, reivindicações e vitórias sociais operaram, na época, reformas e mudanças que são hoje plenamente aceites [sic] mas que, no século XIX, estavam ainda longe de ser realidade" (John Ruskin, 2021).

Figura 1.4 – **Padrão para papel de parede desenhado por William Morris (1834-1896)**

Rawpixel.com/Shutterstock

Portanto, a estratégia do movimento Artes e Ofícios se apoiava em uma visão de mundo carregada de valores e com uma missão a ser desempenhada, assim como seus produtos se traduziam em uma abordagem estética que associava a arte, no sentido do belo, à produção artesanal. Tratava-se de uma estratégia tanto em termos de processo quanto de resultado, nos dois sentidos de design que colocamos anteriormente.

Outro exemplo do design pensado estrategicamente pode ser encontrado nas ações empreendidas por Peter Behrens (1868-1940), na empresa alemã AEG, a partir de 1907. Esse arquiteto não apenas desenhou a nova unidade fabril da empresa, como reviu sua marca, seu material de comunicação e seus produtos, trazendo uma unidade e inserindo o design de modo transversal na empresa (Demarchi; Fornasier; Martins, 2011).

Nesse caso, existem autores que atribuem a essa iniciativa a primeira ação gerencial de design, já que integra o processo de design em diversas manifestações da empresa, transformando-a pela sua ação coordenadora e diferenciadora, o que hoje se denomina *gestão de design*, como pode ser visto na Figura 1.5, a seguir.

Figura 1.5 – **Elementos de comunicação da empresa AEG desenhados por Peter Behrens**

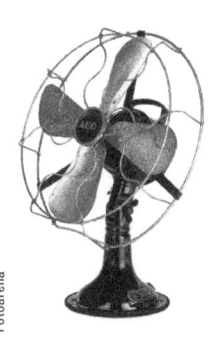

É importante destacarmos que, visando atingir de modo mais seguro os objetivos pretendidos, é preciso ser adotada uma estratégia. Por exemplo, ao se considerar uma organização que enfrenta uma ameaça decorrente de uma nova atuação do mercado, é necessário traçar uma estratégia em resposta, para que não se perca a competitividade. O futuro imaginado, nesse caso, tem um tempo de alcance pequeno, consistindo em uma ação em resposta a uma crise. Em outra situação, um empreendedor pode almejar a abertura de um novo negócio, necessitando, para isso, estabelecer uma estratégia de médio prazo, a fim de que se organize e possa oferecer um produto/serviço de acordo com sua visão de futuro. Outro exemplo seria uma grande empresa que vislumbra um futuro mais longo, para que os seus investimentos sejam orientados a um novo mercado, ainda não existente.

Dessa forma, o posicionamento estratégico de uma organização é definido pelo modo com responde ao problema a ser solucionado, oferecendo, por meio do design, uma nova narrativa, o que define sua *performance* e gera produtos e serviços que se revestem de significados para os clientes.

Assim ao adicionar um adjetivo ao termo *design*, como o adjetivo *estratégico*, é estabelecida uma delimitação conceitual que parece caracterizar um tipo de design particular, mas, efetivamente, o design sempre é estratégico.

1.3 O design do ponto de vista gerencial

Como vimos nos exemplos anteriores, o design pode ser assistemático e não intencional. No entanto, quando partimos da situação em que há um problema a ser resolvido pelo design, ou seja, com intencionalidade e de modo sistemático, ele interfere na estratégia organizacional como um todo, pois há a adoção de estratégias específicas para atingir os objetivos pretendidos.

Sob esse ponto de vista, existe uma contribuição para a ação estratégica da empresa, a inserção de novas relações internas e a concretização de resultados em sistemas de ofertas. Para isso, do ponto de vista gerencial, é necessária uma abordagem transversal, interdisciplinar, relacionada ao design.

Esse tipo de abordagem demanda a promoção do diálogo entre designers e atores envolvidos nos projetos, na busca de uma integração organizacional, de modo a complementar perspectivas internas e externas. Esses diálogos asseguram a proposição de novas visões, para estruturar o potencial existente nas empresas e criar modalidades de recursos voltados à inovação.

Nesse ponto de vista surge o que hoje se denomina *gestão de design*. Ela permite a reformulação da cultura organizacional, promove a competitividade e melhora a vida dos indivíduos (Buchanan, 2016). Nesse processo, a gestão de design pode ser entendida como a administração do processo de design como um todo.

Estudos que relacionassem o design ao desempenho competitivo nas empresas eram raros no passado, quando não inexistentes. Os que passaram a enfocar essa preocupação se intensificaram a partir dos anos 1950, como resposta às ameaças que os produtos sofriam diante da concorrência internacional. O pós-guerra e os novos arranjos industriais que dela se originaram aumentaram a competitividade entre empresas. Nesse contexto, foram destaque as ações da Grã-Bretanha, dos Estados Unidos da América, da Alemanha e do Japão quanto ao desenvolvimento de políticas voltadas à gestão de design (Buchanan, 2016).

O questionamento a respeito da razão do insucesso de produtos considerados de alta qualidade tecnológica e, em alguns casos, da atuação de designers, foi o que desencadeou essa preocupação quanto ao design e sua gestão. A gestão de design surgiu, então, como decorrência dos problemas relacionados à integração do design na estrutura vertical e horizontal das empresas, havendo assim um deslocamento dos estudos em design para os aspectos ligados à sua administração. Fato é que, em 1951, em Aspen, na Conferência Internacional de Design, o tema central foi "Design como função da gestão" (Zaina, 2016).

Com esse interesse pelo tema, o primeiro trabalho que buscou integrar o design às organizações foi o de Michael Farr, nos anos 1960. Naquele momento, a preocupação demonstrada era com os aspectos funcionais do design, sem ainda, no entanto, observá-lo do ponto de vista da gestão estratégica, como ele se desenvolveu mais recentemente (Mozota, 2003). Farr (1994) considerava como passos importantes do gestor de design: investigar os requisitos para um novo produto; definir o tempo e o orçamento para o seu desenvolvimento; estabelecer o *briefing*[6], entregando-o ao designer e/ou à equipe de design e aos demais especialistas relacionados; criar

---

6   *Briefing* é o termo utilizado no campo do design para o documento inicial que estabelece os objetivos e as condições em que o design será operacionalizado.

e gerenciar uma rede de comunicações clara, considerando todos os atores envolvidos no processo de desenvolvimento de novos produtos; e se responsabilizar pela coordenação do projeto, até a linha de produção e embalagem, acompanhando o material gráfico impresso.

A relação do design com aspectos gerenciais foi discutida também por Bruce Archer, que defendia que a função do design nas empresas precisa ser uma responsabilidade de gestão. Em 1965 ele já afirmava que técnicas de decisão de design e de gestão teriam tanto em comum que uma não seria mais do que a extensão da outra (Archer, 1965).

A partir dos anos 1960, uma visão corporativa do design entrou em expansão, e outras empresas adotaram políticas de design para aumentar a sua visão pelos clientes e a sua competitividade no mercado. Por exemplo, a empresa italiana Olivetti usou o design como forma de fortalecimento da marca e associou o pensamento estratégico ao design, o que levou ao sucesso da empresa nos anos 1970. É dessa época a máquina de escrever Valentine, um dos ícones do design, projetada por Ettore Sottsass (Schmittel, [S.d.]).

Esse esforço técnico ficou visível em um cartaz de propaganda da época, que, além de apresentar o produto em si, trouxe as novas formas de uso previstas por ele, bem como seus detalhes formais e a relação com a imagem da empresa, no desenho do nome e das letras nas teclas. Isso demonstra um futuro almejado. Uma estratégia corporativa em design.

PARA SABER MAIS

Para conhecer mais sobre a máquina Valentine, assista ao vídeo:

FERREIRA, J. **Valentine máquina de escrever/arte**. 23 ago. 2016. Disponível em: <https://www.youtube.com/watch?v=err49V3Puxw>. Acesso em: 10 out. 2021.

Outro autor que ajudou na aproximação teórica, relacionando o design e a gestão, foi Peter Gorb[7]. Nos anos 1970, ele publicou trabalhos e organizou a inserção do tema na London Business School. Com isso, não apenas o campo do design foi imerso por questões administrativas, mas também o campo da administração passou a se ocupar do design (Gorb, 1990).

Nesse mesmo sentido, também nos anos 1970 foi criado o Design Management Institute (DMI, 2020c), em Boston, responsável pelo *Design Management Journal* (DMI, 2020a) e o *Design Management Review* (2020b), duas publicações até hoje existentes.

Nos anos seguintes, houve uma expansão do tema, sendo ele objeto de estudo de diversos pesquisadores. No contexto britânico, surgiu a publicação *The Design Agenda: a Guide to Sucessful Design Managent*, de Rachel Cooper e Mike Press (Cooper; Juginger; Lockwood, 1994; 2013), em 1994. No mesmo ano, a então professora da Koen International School of Design, Brigitte Wolf (1994), publicou o livro *Design Management in der Industrie*, em que apresenta vários casos de empresas alemãs que atuavam com uma gestão focada no design.

---

[7] Peter Gorb inseriu o ensino da gestão de design na London Business School em 1976 e publicou, em 1979, o livro *Design and its Use by Managers*. Posteriormente, coordenou a publicação *Design management: Papers from the London Business School*, em 1990 (Gorb, 1990).

Podemos ver, mais recentemente, que esse campo que trata do design do ponto de vista gerencial se expandiu nos últimos anos, com trabalhos de autores que se debruçaram sobre a temática:

- 2003: Brigitte Borja de Mozotta publica o livro *Design Management: Using Design to Build Brand Value and Corporate Innovation*, com versão posterior (2011) em português, que contou com a colaboração de outros autores (Costa; Klöpsch; Mozota, 2011).
- 2003: Bettina von Stamm publica *Managing Innovation, Design and Creativit*, com uma segunda edição em 2008 (Von Stamm, 2008).
- 2006: Kathryn Best publica *Design Management: Managing Design Strategy, Process and Implementation* (Best, 2006).
- 2009: David Hands publica *Vision and Values in Design Management*.
- 2010: Kathryn Best publica *The Fundamentals of Design Management* (Best, 2010).
- 2013: Rachel Cooper, Sabine Junginger e Thomas Lockwood republicam *The Handbook of Design Management*.

Relacionando o design com o campo da administração, essas publicações trazem o design em uma estrutura organizacional, sendo este apontado como fator de sucesso nas empresas.

Existem críticas à abordagem que coloca a gestão de design de modo prescritivo, baseadas nas escolas de administração tradicionais. O argumento utilizado é o de que as características da sociedade atual, com sua alta complexidade, volatilidade, incerteza e ambiguidade, não permitiriam uma ação programada, sistemática e linear.

Porém, os estudos recentes no campo da administração destacam a importância dos aspectos gerenciais, embora com novas abordagens. Os estudos de Gary Hamel (2012b), por exemplo, colocam o planejamento estratégico em um novo patamar, em que um novo modo de gestão deve ser adotado. Hamel (2012a) faz uma analogia da administração do passado como sendo casais fazendo sexo em segredo, em um quarto escuro e fechado, enquanto que, no presente, ela é caracterizada por ele como um piquenique: de modo aberto, participativo, colocando a necessidade de apoio em uma nova abordagem administrativa, que atenda às características atuais.

PARA SABER MAIS

Para aprofundar o assunto, veja uma entrevista que Gary Hamel deu ao programa Globo News:

HAMEL, G. Administração 2.0. **Globonews**: Conta Corrente especial. 2012. Entrevista concedida a Ricardo Lessa. Disponível em: <https://www.youtube.com/watch?v=Iz9hVYrw8hI>. Acesso em: 10 out. 2020.

O comentário de Hamel (2012a) apresenta, assim, uma metáfora para pensarmos sobre como gerenciar o design. Ele não pode mais ser feito por apenas uma pessoa ou por um grupo reduzido de iluminados que sabem mais do que os consumidores, e sim por meio de atividades colaborativas tanto interna quanto externamente.

Sob esse ponto de vista, o processo de gestão de design se constitui em uma abordagem que busca sistematizar a atividade de design como um todo, formalizando os processos internos das empresas por meio de um tipo de administração. Assim, inclui o design no nível estratégico da organização, auxiliando na construção de modalidades para a inovação; passa ao nível tático, em que organiza o processo para que exista a transversalidade do processo como um todo; e, finalmente, atua na materialização de todos os modos de comunicação da empresa, envolvendo o design no nível operacional.

Com isso, a visão da gestão de design se mantém, com a perspectiva da atuação dos designers de modo colaborativo, contribuindo com outros profissionais. O que muda são as atitudes e competências a serem desenvolvidas para que essa atuação se alinhe aos três níveis organizacionais: o estratégico, o tático e o funcional, que serão detalhados em capítulos seguintes.

1.4 Contribuições do *design thinking*

Um dos destaques da literatura da área refere-se ao modo como os designers pensam em relação a outros tipos de profissionais e à complexidade dos problemas com que se defrontam.

Nesse sentido, em 1992, Richard Buchanan publicou o artigo *Wicked Problems in Design Thinking*, no qual advogava a demanda por uma nova abordagem – o "pensamento com design" – por meio de disciplinas integrativas, em vez de disciplinas especializadas. Para ele, existiria pouca esperança de geração de conhecimento que fosse além da literatura ou do laboratório sem disciplinas que integrassem conhecimento, comunicação e ação (Buchanan, 1992).

Nesse sentido, entendemos o *design thinking* como um processo de design iterativo, ou seja, que sofre sucessivos vais-e-vens, centrado no usuário. Nele, a busca pela compreensão do problema e sua solução expande o contexto inicial, permitindo a reformulação da situação definida por meio de um nível ampliado de compreensão do problema proposto. Com isso, pode gerar estratégias alternativas, reconfigurando a situação como um todo.

Essa visão desloca a abordagem do design por modalidades de atuação – como design de moda, design gráfico, design digital – para uma abordagem centrada em problemas complexos, como o design de sistemas, o design de produtos/serviços ou o design de negócios.

O termo *design thinking* foi adotado como denominação para a abordagem de projeto pela empresa Ideo. Usando o mesmo pensamento integrador de disciplinas, a partir dos anos 1990, o conceito foi explorado e difundido com a publicação do trabalho de Tim Brown (2009), denominado *Change by Design: How Design Thinking Transforms Organizations and Inspires Innovation*, e do livro *Design Thinking*, de Ambrose e Harris (2010).

Mais recentemente, com a expansão do uso do *design thinking*, o Design Council britânico, em 2004, propôs uma representação gráfica para explicitar o modo como ele opera, denominada *Double Diamond*, ou seja, "diamante duplo", pela configuração gráfica que adotaram (Design Council, 2021a). Observe, a seguir, a Figura 1.6.

Figura 1.6 – **Double Diamond**

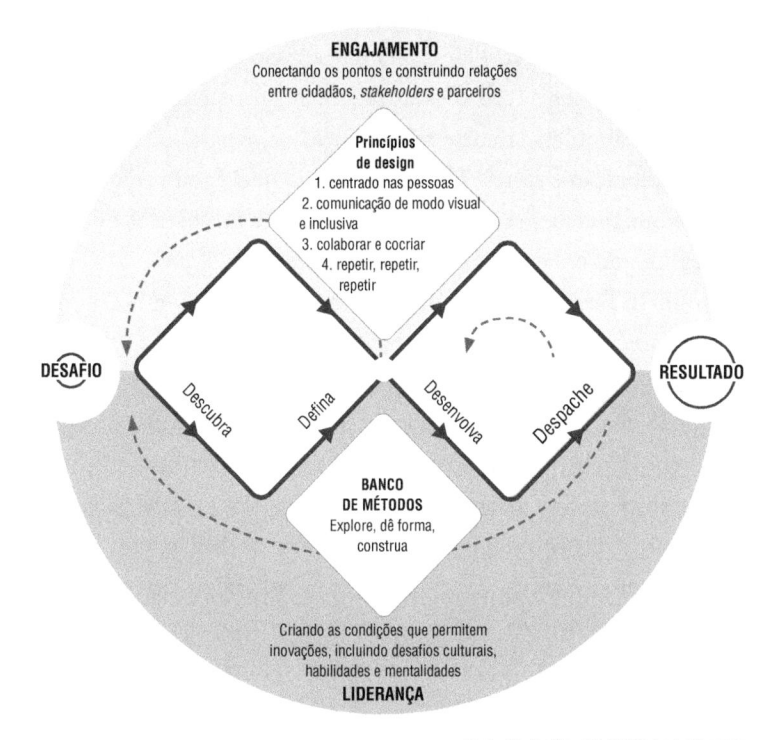

ENGAJAMENTO
Conectando os pontos e construindo relações entre cidadãos, *stakeholders* e parceiros

Princípios de design
1. centrado nas pessoas
2. comunicação de modo visual e inclusiva
3. colaborar e cocriar
4. repetir, repetir, repetir

DESAFIO — Descubra — Defina — Desenvolva — Despache — RESULTADO

BANCO DE MÉTODOS
Explore, dê forma, construa

Criando as condições que permitem inovações, incluindo desafios culturais, habilidades e mentalidades
LIDERANÇA

Fonte: Design Council, 2021b, tradução nossa.

Nessa figura, percebe-se que um desafio inicial se desdobra em quatro etapas para atingir o resultado final: descobrir, definir, desenvolver e despachar. Essas etapas estão mediadas pelos princípios de design: ser centrado nas pessoas; ser comunicativo; ser colaborativo e cocriativo; ser interativo, gerando o engajamento; enquanto a liderança se dá a partir do banco de métodos: explorar, dar forma e construir.

O *design thinking* se apoia, portanto, em um processo que se expande, nas etapas de descoberta e de desenvolvimento, e se sintetiza, nas etapas de definição e despache Essa visão traz, de certo modo, o que as metodologias clássicas já apresentavam: o processo de design como uma alternância entre movimentos de expansão e contração, ou de exploração e síntese (Jones, 1974), ao qual foram adicionadas as retroalimentações por meio dos princípios e dos bancos de métodos, assim como o engajamento e a liderança.

Kathryn Best, em 2011, publicou *What can design bring to Strategy? Design Thinking as a Tool for Innovation and Change*, em que ela destaca o papel do design para a inovação e para a mudança, aproximando o modelo dos aspectos estratégicos. Nesse sentido, essa abordagem do *design thinking* destaca como o conceito influenciou a estrutura do termo *strategic design*, ou, em português, *design estratégico*.

A partir das abordagens do Politécnico de Milão, esse design definido como estratégico se incluiu na abordagem especialmente relacionada aos sistemas que integram produtos, serviços e estratégias de comunicação, por meio de uma rede de atores que gera e desenvolve valor (Zurlo, 2007; Cautela, 2007; Poli.design, 2021).

O *strategic design* pode ser considerado um processo para a criação de estratégias que geram valor para as empresas, para os seus fornecedores, para as comunidades afins e para os consumidores finais, dentre outros (Freire, 2017). Ele se apoia, segundo Alvarado (2013-2014), na conecção entre o ponto de vista do design e suas práticas, a visão estratégica dos negócios e o enfoque de pesquisa com base nas ciências sociais. Nele, o designer atua como intérprete, orientador e materializador de novas estruturas organizacionais. E, com isso, o design contribui para a inovação, auxiliando no delineamento de processos e na materialização da sua ação em produtos e serviços, como demonstram, de forma inicial, as ações dos designers nas empresas anteriormente apresentadas.

Essa corrente de pensamento se expandiu primeiramente por meio dos trabalhos de Ezio Manzini. Para ele, as estratégias de design se apoiam em três ações interdependentes: 1) reconhecer o problema real e os recursos sociais para solucioná-lo; 2) propor estruturas organizacionais e econômicas para ativar esses recursos; e 3) construir e comunicar uma visão ampla para conectar atividades locais diversas e orientá-las coerentemente (Manzini, 2014). Como se observa, a abordagem parte da situação-problema, e não das questões gerenciais relativas à integração do design nas empresas.

Com o uso do *design thinking* por outras áreas – como a administração de empresas e a oferta do tema como disciplina de seus cursos –, sua expansão foi bastante grande, tornando-se ferramenta utilizada com frequência por diversas empresas. Do mesmo modo, o termo *design estratégico* se apresenta em muitas publicações que tratam das questões relacionadas à inovação por meio do design.

Portanto, apesar de considerarmos todo o design estratégico, você vai ouvir falar nesse modo particular de design, o *design thinking*, muitas vezes.

1.5 Evolução do campo teórico no Brasil

No Brasil, o interesse pela gestão de design começou a ter um tratamento científico e aplicado a partir dos anos 1990. Dois fatores foram decisivos para o crescimento dessa disciplina: o primeiro se refere à abertura do mercado brasileiro no governo de Fernando Collor de Mello, enquanto o segundo diz respeito ao avanço do processo de globalização das economias, que impactou todos os países. Nesse contexto, no governo de Fernando Henrique Cardoso, houve a criação, associada ao Serviço Nacional de Aprendizagem Industrial (Senai), do Programa Brasileiro do Design (PBD) em 1995 (Magalhães, 1997).

Na mesma época, foi publicada a pesquisa *O estágio atual de gestão do design na indústria brasileira – 1998* (CNI, 1999) e instituído o Prêmio CNI de Gestão de Design, que teve várias edições com a participação das federações das indústrias de outros estados brasileiros.

Claudio Freitas de Magalhães atuou na formatação desse evento. Anteriormente, em 1991, havia realizado um curso de especialização em *marketing*, que serviu como base para a construção do seu trabalho de mestrado no Programa de Gerência da Produção da Coppe-RJ (Instituto Alberto Luiz Coimbra de Pós-Graduação e Pesquisa de Engenharia), na linha Gestão da Qualidade, em 1993. O trabalho, intitulado *Design estratégico: integração e ação do design industrial dentro das empresas*, destacava a necessidade de integração do design no nível estratégico das organizações, via a qualidade sob a ótica da centralidade do usuário ante o consumidor (Magalhães, 2021).

Na mesma época, o Senai CETIQT (Centro de Tecnologia da Indústria Química e Têxtil), localizado no Rio de Janeiro, tinha como atribuição a promoção do design no PBD do Governo Federal. Assim, Magalhães foi convidado a escrever um livro sobre a mesma temática e fundar no mesmo órgão o Instituto de Design (ID), que realizava pesquisas para "verificar oportunidades reais de design em empresas reais que o Senai Cetiqt trazia" (Magalhães, 2021).

Nesse contexto, surgiu o curso Gestão do Design Textil e do Vestuário e o livro *Design estratégico: integração e ação do design industrial dentro das empresas*, publicado pelo Senai (Magalhães, 1997, 2021).

Ainda em decorrência desses esforços, em março de 1998, em Florianópolis – Santa Catarina – e em Campina Grande – Paraíba – foi realizado um *workshop* sobre a gestão de design, ministrado pela professora Brigitte Wolf, então vinculada à Koeln International School of Design (Wolf, 1998). Posteriormente, essa professora esteve no Brasil em diversas ocasiões, atuando em atividades ligadas à gestão de design.

Esses dois pesquisadores, Claudio Magalhães e Brigitte Wolf, foram os que primeiro introduziram de modo sistemático uma nova visão do design, colocando-o associado à estratégia voltada para os processos de inovação. Ambos consideram o ponto de vista gerencial como foco central do design, bem como tratam a sua inserção como competência empresarial, buscam inseri-lo desde as definições estratégicas macro até as abordagens micro[8] e, por fim, consideram as questões corporativas e a integração de todos os processos de comunicação das organizações (Kistmann, 2001).

Em estudo recente, percebe-se que as pesquisas em gestão de design no Brasil têm crescido (Sierra; Fedechen; Kistmann, 2019). Além disso, verifica-se que a maior concentração se dá no sul do país, com estudos em desenvolvimento na Universidade do Vale do Rio dos Sinos (Unisinos), na Universidade da Região de Joinville (Univille), na Universidade Federal de Santa Catarina (UFSC), na Universidade Federal do Paraná (UFPR) e na Universidade Estadual de Londrina (UEL), como mostra a Figura 1.7, a seguir.

---

8   Entendemos como estratégias macro aquelas que estão vinculadas ao nível estratégico da gestão e, como micro, as que estão vinculadas ao nível operacional.

Figura 1.7 – **Distribuição geográfica dos grupos de pesquisa em gestão de design no Brasil**

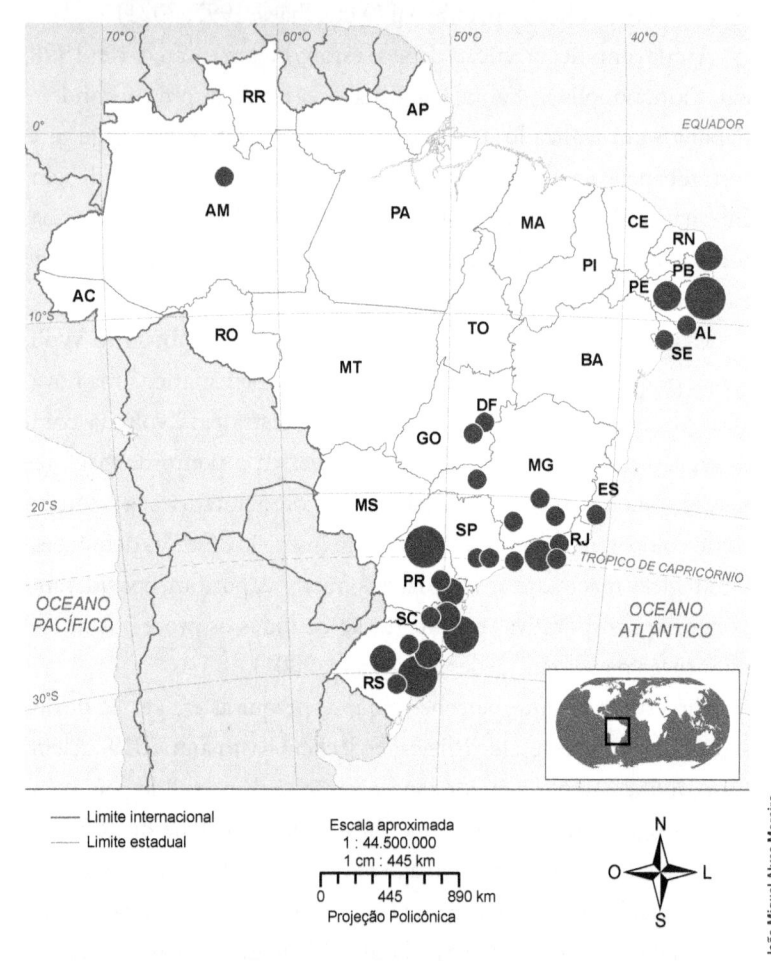

Fonte: Sierra; Fedechen; Kistmann, 2019, p. 86.

Por outro lado, a outra vertente, apoiada na visão de Manzini (2014) e na expansão do *design thinking*, levou à abordagem centrada nas problemáticas definidas pelos usuários e com eles, o que leva a uma visão da solução de problemas centrados no design. Essa abordagem está presente nos estudos dos pesquisadores da pós-graduação em design da Unisinos, em especial, nos trabalhos de Celso Scaletsky.

Nessa vertente, as metodologias de design se voltaram a proposição de sistemas, processos e serviços na solução de problemas. O designer passa a atuar como intérprete, orientador e materializador de novas estruturas organizacionais, podendo apresentar contranarrativas às estratégias organizacionais, propondo novos artefatos e conceitos que não eram previstos, sendo essencialmente colaborativo (Scaletsky, 2016).

Com isso, podemos dizer que as duas correntes possuem como finalidade inserir o design de forma transversal à organização, sendo que a gestão de design se preocupa mais com os aspectos gerenciais e metodológicos pertinentes a essa inserção, enquanto o *strategic design* foca sua ação na busca pela solução de problemas.

Com isso, de modo simplificado, a primeira se relaciona ao processo geral do design do ponto de vista gerencial, enquanto a segunda se refere ao processo de solução de problemas. No entanto, como sempre, o design é essencialmente estratégico para o sucesso das organizações, constituindo-se uma resposta a problemas com os quais designers e gestores de design se defrontam.

Estudo de caso

Para iniciarmos o desenvolvimento do pensamento voltado ao design como estratégia, vamos observar como se deu o seu processo no desenvolvimento das embalagens da linha Sou da empresa Natura.

A Natura iniciou o processo ao buscar um novo conceito de negócio. O desafio que se apresentava era o de ocupar um espaço intermediário de preço ainda não ocupado pela empresa. Com isso, a nova linha de produtos precisava apresentar uma nova proposta de valor para o novo consumidor, oferecendo um produto de qualidade, a baixo custo e sem desperdício.

Buscava-se, assim, a lucratividade do produto final, a sustentabilidade ambiental, que valoriza a marca Natura, e a ocupação de um novo nicho de mercado. Do ponto de vista estratégico, o novo design deveria ser orientado pela inovação na oferta de um novo tipo de consumo a fim de manter a qualidade dos produtos ofertados pela empresa, deixando de lado o que era supérfluo, reduzindo o custo de produção e não agredindo o meio ambiente.

Como primeira tática, foi definida a criação de uma célula de desenvolvimento interno, chamada Projeto Essencial, que contou com profissionais de várias áreas, como especialistas de embalagens, negócios, *marketing* etc., trabalhando transversalmente. Foram também contratadas duas agências externas, convidadas a participar desse processo colaborativo: a Tátil e a Questtó Nó. Nesse processo colaborativo de cocriação, os designers precisaram atuar de modo a integrar as ações de desenvolvimento, interagindo com os demais profissionais e com os fornecedores externos, realizando uma "costura" dos diversos pontos de vista de que participavam.

Para o desenvolvimento da linha, efetuou-se primeiramente uma pesquisa etnográfica, em que visitas às casas dos futuros consumidores foram feitas, para se compreender o que consideravam importante. Nela, os pesquisadores observaram como as pessoas usavam os produtos de higiene pessoal e como os armazenavam.

As questões que orientaram o projeto estavam apoiadas principalmente na busca por uma embalagem de baixo impacto ambiental e baixo custo. O que poderia ser retirado de uma embalagem para apenas chegar ao essencial? Será que o produto sustentável precisaria ser caro? Será que poderiam eliminar o produto e o refil?

Assim, pensou-se em retirar do produto tudo para que restasse apenas o essencial. No entanto, a solução ambientalmente correta deveria ser atraente o suficiente para conquistar o consumidor. Além disso, usar o produto até a última gota era uma resposta de consumo consciente por parte dos novos consumidores.

No desenvolvimento, foi calculado o resultado do impacto do desenho na busca por uma solução que atendesse a questão do mínimo impacto no meio ambiente e os desejos dos futuros consumidores. Assim, o design desenvolvido para a linha Sou apresenta uma inovação que rompe com o tradicional, pois não oferece um frasco, como tradicionalmente são os frascos de *shampoo*, sabonete líquido, hidratante e condicionador. Por meio de um trabalho conjunto com os fornecedores, a nova alternativa foi encontrada: o uso de um filme em rolo para a produção das embalagens, em vez do uso de frascos vazios, que normalmente são transportados até a empresa para serem envasados, reduzindo assim o impacto ambiental.

No desenvolvimento, durante os cálculos constantes para determinar a melhor forma, a cocriação com o fabricante da máquina e os fornecedores de matéria-prima, bem como o ajuste de ângulos e cortes, foram determinantes para que a produção não tivesse ruídos. E, nesse processo, a empresa precisou investir em um novo maquinário, alterando a linha de produção.

Além das embalagens, os designers cuidaram de outros elementos de comunicação da empresa. Desde o nome *Sou*, mínimo, alinhado à redução de custo e impacto, o processo de design integrou diversas manifestações da linha. A gota, como elemento determinante da forma, além de ser a forma mínima da água, reforça de modo sígnico o conteúdo, o que propiciou a configuração de uma embalagem nova, passível de fabricação no processo definido.

Como resultado, a empresa abriu um novo mercado para si e se diferenciou da concorrência, sofrendo um processo de transformação liderado por uma visão estratégica nova.

Esse caso demonstra como o design pode atuar de modo integrado com todos os demais setores da empresa, como ele pode contribuir para o processo de inovação, como contribui para a mudança na cultura empresarial – esses são alguns exemplos de estratégias diferentes associadas ao design.

Fonte: Sciamana; Kistmann, 2016.

SÍNTESE

Neste capítulo, trouxemos, primeiramente, a noção de design como projeto e como produto. O primeiro é relativo ao processo de desenvolvimento para vários setores produtivos, evidenciando, porém, que o setor não é o que caracteriza o design, e sim a sua forma de atuação. O segundo, como resultado do processo, é uma classificação que se torna importante para compreendermos que este livro trata do primeiro uso do termo – *to design* –, demonstrando a complexidade da abordagem na contemporaneidade.

Em seguida, relacionamos o termo *estratégia* ao termo *design*, destacando que esses dois termos têm uma visão orientada ao futuro, sendo que, do ponto de vista da administração, *estratégia* significa estabelecer o modo como se pretende alcançar um determinado objetivo. Vimos também que as empresas precisam ter um intento estratégico e planejar para alcançá-lo. Com isso, trouxemos a noção de que todo design precisa ser estratégico e que essa adjetivação é um pouco confusa, apresentando exemplos de como há muito o design demonstra essa característica.

Na sequência, destacamos que o estudo a respeito do tema é recente, apresentando duas vertentes: uma alinhada aos processos de gestão, ou seja, de caráter sistematizador da administração do design, e outra que considera o design como um processo originário do *design thinking*, caracterizando-se pela construção criativa de aparatos sociotécnicos com novos significados.

Na primeira vertente, observando-se a evolução do campo teórico, vemos que a inserção do design na estrutura organizacional faz com que ele se torne uma competência central, na linha da gestão de design. Na segunda, do ponto de vista da oferta de produtos, ambientes e serviços, o conceito se vincula ao desenvolvimento de propostas que visam atender a demandas dos consumidores, mas também impactando a estratégia empresarial.

Portanto, as duas vertentes possuem por similaridade a noção de que o design pode modificar a estrutura organizacional, embora uma visão considere essa mudança estruturada de modo abrangente, considerando a estrutura organizacional como passível de planejamento, enquanto a outra parte da colocação de um problema específico, particular, para gerar a modificação empresarial.

Finalmente, abordamos como a temática se desenvolveu no Brasil, destacando a sua importância para a competitividade das empresas nacionais.

QUESTÕES PARA REVISÃO

1. O texto do capítulo apresenta dois tipos de significado para o termo *design*. Quais são eles? Como eles se diferenciam?

2. O design é sempre estratégico. Explique com suas palavras o porquê.

3. Marque verdadeiro (V) ou falso (F) nas afirmativas a seguir.

    ( ) Design de sobrancelha é design como estratégia.
    ( ) O design sempre é estratégico.
    ( ) O Double Diamond é uma representação do *design thinking*.
    ( ) A gestão de design não considera estratégias de design.
    ( ) O design se preocupa com as questões complexas da contemporaneidade.

Agora, assinale a alternativa que apresenta a sequência correta:

- a. F – V – V – F – V.
- b. F – F – V – V – V.
- c. V – V – V – F – V.
- d. F – V – F – F – V.
- e. F – V – V – V – F.

4. Escolha qual a melhor alternativa para complementar a frase. São alvos do design e das estratégias:

    - a. a síntese na oferta de soluções que impactam na realidade.
    - b. o desenvolvimento de pensamento voltado ao passado.
    - c. a busca por ferramentas para o uso na guerra.
    - d. o trabalho de Sun Tzu.
    - e. a proposição pensamento não criativo.

5. Assinale a alternativa que completa a frase corretamente. O acrônimo Vuca representa uma sociedade:

    - a. transparente, coerente, futurista e abrangente.
    - b. ambígua, complexa, volúvel e incerta.
    - c. veloz, universal, categórica e analítica.
    - d. volúvel, única, colaboradora e abrangente.
    - e. transparente, colaboradora, incerta e analítica.

QUESTÕES PARA REFLEXÃO

1. As questões filosóficas do ponto de vista do design como disciplina teórica reforçam a necessidade de uma abordagem presente centrada nas incertezas, na complexidade, nas ambiguidades e na volatilidade que a contemporaneidade apresenta. Esse cenário é denominado pelo acrônimo Vuca. Reflita sobre esse contexto e busque uma situação de design em que isso pode ser demonstrado. Anote para discutir em grupo.

2. A pandemia decorrente da covid-19 trouxe inúmeras situações impensáveis em dias anteriores. Elas se apresentaram, em alguns casos, como problemas que foram solucionados por designers. Identifique um exemplo e faça um breve comentário sobre ele. Depois, leve esse exemplo para discutir com o seu grupo, justificando a sua escolha.

3. Você viu que os problemas de design são, na sua maioria, complexos. Primeiro, veja o que caracteriza esses problemas e depois pense em uma situação da sua vida diária que poderia servir de exemplo. Comente que fatores determinariam a complexidade desses problemas.

4. A designação *design estratégico* pode estar vinculada ao gerenciamento de processos ou ao modo de atuação, ou seja, à busca de novas estratégias competitivas. Considerando o estudo de caso, dê um exemplo para o uso gerencial e outro para a busca de competitividade.

PureSolution/Shutterstock

Parte 2

O DESIGN
NO NÍVEL ESTRATÉGICO
DAS ORGANIZAÇÕES

Chaosamran_Studio/Shutterstock

Capítulo 2

ADMINISTRAÇÃO ESTRATÉGICA E DESIGN

Conteúdos do capítulo:
- Design e bases da administração estratégica.
- Design e planejamento e pensamento estratégicos.
- O futuro e o intento estratégico associado ao design.
- Competência essencial e design.
- A estrutura da gestão de design.

Após o estudo deste capítulo, você será capaz de:
1. compreender como o design se relaciona com a administração estratégica;
2. reconhecer os elementos que compõem a administração estratégica – o planejamento estratégico, o pensamento estratégico e a gestão estratégica – e como eles afetam o design, impactando o resultado que se obtém ao final do processo de gestão;
3. demonstrar como o intento estratégico pode atuar na formação de competências, impactando o design;
4. estabelecer a distinção entre os três níveis da gestão de design.

Este capítulo trata dos processos de design associados à visão macro da administração estratégica. Como vimos, a atividade estratégica, assim como a de administrar ou gerenciar, faz parte do nosso dia a dia, e isso vem de longa data. Mas, tratada de modo racional e visando ao sucesso dos negócios, essa atividade é relativamente recente, pois surgiu a partir do final do século XIX.

Com o surgimento da ciência, os métodos racionais passaram a fazer parte das atividades de administração em geral. Do mesmo modo, o design de novos produtos, sistemas, serviços ou novos negócios, como processo na busca de soluções de problemas, precisa de algum tipo de sistematização gerencial, pois demanda atitudes eficientes e eficazes, em virtude dos riscos envolvidos em razão dos prazos exíguos para o desenvolvimento.

A partir do início século XX, com a Revolução Industrial[1], os procedimentos e os processos gerenciais sistemáticos foram se modificando. Primeiramente, apoiando-se predominantemente na tecnologia e nos sistemas produtivos, como na produção seriada. Sob esse aspecto, por exemplo, a empresa Consul, hoje pertencente ao grupo Whirpool, nos anos 1970 tinha um estoque altíssimo de geladeiras, pois a gestão empresarial focava na produção para depois fazer a comercialização. E esse era o padrão gerencial da época, que envolvia igualmente o design.

Porém, nos anos 1980, esse cenário se alterou, pois os processos gerenciais passaram a ser definidos predominantemente pelo mercado, impactando os processos produtivos. Isso acontece em decorrência da tecnologia de informação e da globalização dos mercados,

---

1 *Revolução Industrial* é o nome dado às mudanças decorrentes do uso das máquinas nos processos produtivos e as mudanças que elas operaram nas relações de trabalho e consumo.

que trouxeram novos elementos e nova abordagem para o cenário da produção de produtos, ofertas de serviços, experiências e sistemas. Nesse sentido, a produção enxuta acarretou um novo modo de organização, ficando a linha fordista reduzida em importância, já que o modelo japonês permitia uma flexibilidade maior, pois permitia o consumo por faixas populacionais[2].

Hoje, a evolução da tecnologia, chamada agora de *4.0*[3], tem igualmente impacto nos processos administrativos e, como consequência, no design. Portanto, ao falarmos em estratégias em design precisamos considerar o contexto que hoje se apresenta.

O modelo proposto por Archer (1974) define como etapa primeira do processo de desenvolvimento a formulação das políticas relacionadas ao planejamento estratégico pelo gestor geral do processo. Assim, designers e gestores de design precisam conhecer e compreender primeiramente como as teorias do campo da estratégia na administração se configuram, identificando o que as diversas escolas de administração trazem como contribuição para o uso das estratégias em design.

Além disso, precisam entender como estabelecer um intento estratégico, buscando com isso uma posição competitiva para o negócio. Desmembrando o intento estratégico na formação da competência central e suas derivações em produtos centrais e produtos finais, pode-se perceber como esses modos de alavancar a competitividade das empresas pode se desdobrar.

---

[2] O modelo fordista de produção se apoiava na tecnologia mecânica, na produção seriada e no consumo de massa. Já o modelo japonês, baseado no sistema na empresa automotiva Toyota, passou a trabalhar com células de produção, no consumo por nichos, ou customizado sob demanda, com forte influência da tecnologia digital.

[3] A tecnologia 4.0 é aquela que expande o modelo Toyota, com a inserção da robótica e a expansão dos sistemas digitais.

Esses aspectos têm interferência direta naquilo que denominamos *gestão de design no seu nível estratégico*, como veremos a seguir.

2.1 Design e bases da administração estratégica

Imaginemos uma empresa que não tem qualquer tipo de controle sobre o que faz. Isso traria como consequências muitos riscos. Os problemas que surgissem poderiam ocasionar: perdas financeiras e a consequente redução do lucro previsto; atrasos no lançamento de produtos, fazendo com que a empresa perdesse oportunidades competitivas; erros na concepção de partes do produto, o que poria em risco a vida dos consumidores, entre outros. Assim, os estudos que buscam melhorar a atuação das empresas procuram evitar essas situações.

A necessidade de algum tipo de processo sistematizado gerencial, que busque atitudes eficientes e eficazes para minimizar riscos envolvidos e melhorar o atendimento a prazos exíguos para o desenvolvimento de novos produtos ou serviços, advém, especialmente, das mudanças consolidadas no início do século XX com a Revolução Industrial.

Podemos ver um exemplo claro dessa mudança no design de louças que a fábrica de Josiah Weedgwood, ainda no século XVIII, passou a introduzir. Atenta às modificações que surgiam no mercado da classe média, a empresa passou a produzir uma louça de qualidade para atender consumidores da classe média emergente, que não dispunham de recursos para adquirir as caras louças oriundas da China ou de Meissen e Sèvres. Além de outras inovações, Weedgwood passou a vender seus produtos por meio de catálogos, que apresentavam diversos modelos e padrões decorativos (Kistmann, 2001; Dennis, 2000).

Veja o exemplo da Figura 2.1, a seguir.

Figura 2.1 – **Padrões gráficos para louça Weedgwood**

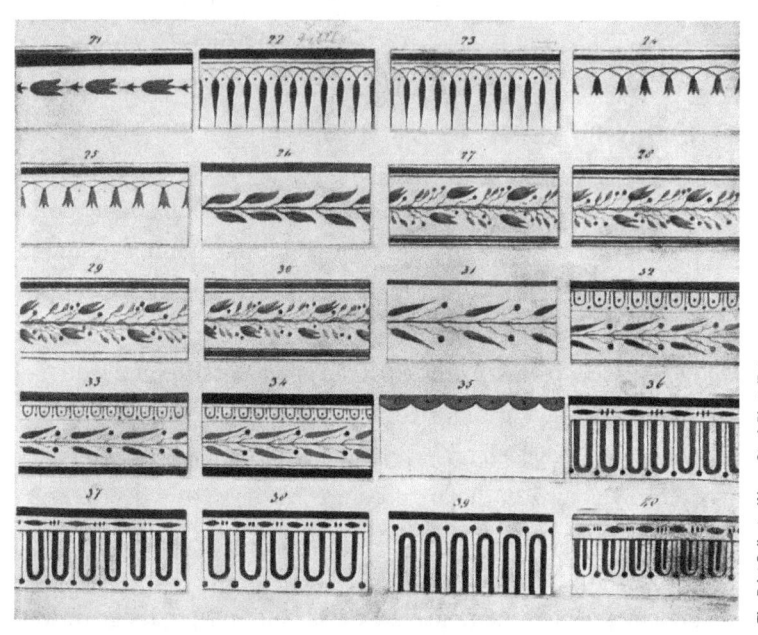

The Print Collector/Alamy Stock Photo/Fotoarena

Essas ações aconteciam ainda sem um processo sistematizado no campo da administração das empresas. Mas, tão logo esses processos surgiram, a base predominante eram os métodos científicos, com a abordagem racional dos processos gerenciais. Do mesmo modo, no campo do design, o processo na busca de soluções de problemas adotou posturas que ordenavam as etapas de trabalho, como demonstrado nas metodologias projetuais.

Esse quadro se alterou ao longo do tempo, e hoje entendemos por *administração* os processos que buscam a eficiência e a eficácia das ações desenvolvidas pelas organizações, por meio do planejamento, da liderança, da organização e do controle (Williams, 2010).

Nesse contexto, a expressão *administração estratégica* advém de uma herança militar na construção do corpo teórico dessa área, assim como o termo *estratégia*, associado à guerra, como vimos no Capítulo 1. Esse vínculo se enfatiza ao analisarmos a história da administração como ciência. Nela, podemos ver que muitos dos principais estrategistas tiveram formação militar. Outros eram oriundos das escolas de engenharia, as quais tiveram como origem as escolas militares (Abreu, 1982; Camargos; Dias, 2003).

No Brasil, isso impactou a criação das universidades e especialmente as escolas de engenharia e administração (Gremski, 2014). Por essa herança, usamos os termos *estratégico*, *tático* ou *funcional* e *operacional*, que vêm do campo militar, para designarmos os diferentes níveis em que a administração acontece.

Sob esse ponto de vista, é de se destacar Frederick Taylor, que formulou os princípios da administração científica, em 1911, e iniciou o estudo da administração como ciência. Esse norte-americano, engenheiro, no início do século XX, preconizava a adoção de métodos racionais e padronizados e máxima divisão de tarefas (Garcia, 2015). Ele instituiu os departamentos de métodos e tempos, que controlavam o trabalho feito nas organizações, ironizados por Charles Chaplin.

PARA SABER MAIS

Para complementar, assista ao filme *Tempos Modernos*, de Charles Chaplin. Nele você poderá ver como Chaplin criticava o sistema de produção com base no controle, no planejamento, na divisão das tarefas, na repetitividade. O filme está disponível no seguinte endereço eletrônico:

TEMPOS modernos. Direção: Charles Chaplin. EUA, 1936. 83 min. Disponível em: <https://www.youtube.com/watch?v=Bv1sdRGRb8k>. Acesso em: 10 out. 2021.

As proposições de Taylor se relacionavam aos fatores econômicos envolvidos no processo administrativo, o que levou a uma abordagem planejada, imbuída de cálculo racional, pela busca da eficiência e de objetivos definidos.

Decorrente dessa nova visão, Henry Ford introduziu a produção em fluxo contínuo, em que as funções dos operários eram "subdivididas e reduzidas aos seus elementos essenciais, permitindo a extrema especialização de tarefas simples e monótonas que podiam ser repetidas incessantemente e com grande rapidez" (Denis, 2000, p. 103).

Isso impactou o design nos seus anos iniciais, em que o processo produtivo repetitivo, compassado e padronizado era determinante. Nesse contexto, o modelo fordista de produção predominava na condição de orientação ao design[4] em geral, cujo ícone é o Modelo T, da empresa Ford (Sparke, 2002), como podemos observar na Figura 2.2, a seguir.

---

[4] Neste livro, usamos o termo *design* de modo amplo, considerando-o como a atividade criativa que busca a oferta de novos produtos, sistemas, serviços e experiências. Portanto, embora o design automotivo, na época, fosse uma atividade predominantemente de engenharia, aqui o consideramos como design.

Figura 2.2 – **Fábrica Ford Motor Company e seu modelo T**

Apoiando-se em uma outra base teórica, fundamentada com base em Max Weber, denominada *teoria da burocracia*, Jules Henri Fayol, francês de formação militar, traçou os fundamentos do que ele chamou de *teoria clássica da administração*, a qual deu origem ao grupo de pesquisadores que igualmente veem a administração do ponto de vista interno. Mas, diferentemente de Taylor e da teoria da burocracia, Fayol via a empresa a partir do topo da organização. Ele pensava na estrutura formal das empresas e no uso de princípios administrativos pelos seus altos escalões. Essa teoria assume um formato mais teórico, calculado e estabelecedor de uma hierarquia organizacional, na qual o administrador precisaria planejar, organizar, comandar, coordenar e controlar, buscando a eficiência e a produtividade (Chiavenato, 2010).

Veja a seguir, na Figura 2.3, a simulação de um organograma de uma empresa, decorrente dessa visão.

Figura 2.3 – **Organograma de uma empresa hipotética**

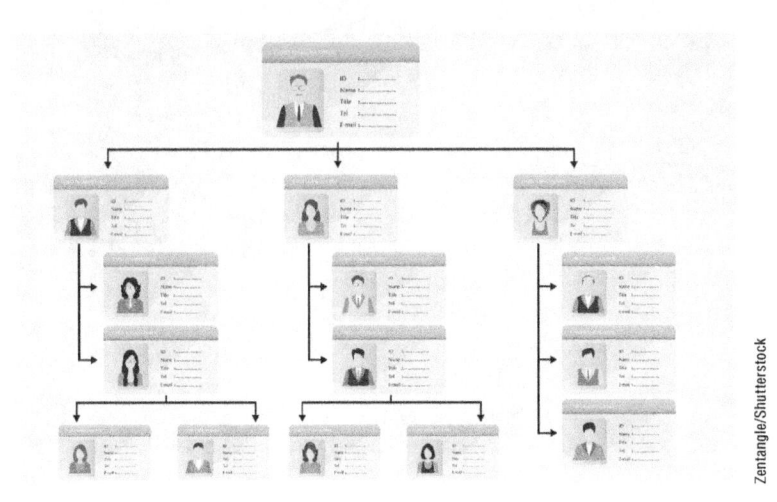

Zentangle/Shutterstock

Os trabalhos de Fayol impactaram as gestões de empresas norte-americanas, que passaram a adotar modelos um pouco mais descentralizados, mais adaptados às condições do mercado, hierarquizando também o tipo de consumo a ser buscado.

Segundo Mozota (2003), o design tornou-se profissão nos Estados Unidos como resposta à crise econômica de 1929. Os primeiros designers atuavam como consultores autônomos e criavam com finalidade comercial, permitindo a convergência entre o industrial e o criador, que adaptava a forma à moda vigente.

Nesse contexto, é marcante o trabalho de Alfred Sloan, na General Motors (GM), que desenvolveu normas e procedimentos adotados a essa nova visão as quais impactaram o design dos veículos da empresa (Sparke, 2002). Uma das suas principais contribuições foi a criação de um portfólio de marcas a ser desenvolvido pelos designers para atingir diferentes mercados, como apresenta a Figura 2.4, a seguir.

Figura 2.4 – **Design de diferentes marcas da Chevrolet para diferentes faixas da população**

Madele, Ken Morris, Margo Harrison/Shutterstock

Nesse caso, os Cadillacs eram voltados à camada mais rica da população, os Buicks, para a classe alta, os Oldsmobile, para a classe média alta, os Pontiacs, para a classe média "média", e os Chevrolets, para a classe média baixa. Além disso, a empresa introduziu uma variedade de cores, diferentemente do modelo T da Ford, que era sempre preto (Sparke, 2002).

No final dos anos 1950, surgiu a teoria estruturalista, sugerindo integrar as propostas anteriores e continuando a se apoiar na racionalização dos processos para obter o máximo de eficiência. Essa teoria impactou o design em relação ao que hoje chamamos de *gestão de design*, porque colocou a estrutura organizacional subdividida em níveis: o nível institucional, o nível gerencial e o nível técnico (Chiavenato, 2003).

Apesar dessa visão, em alguns momentos, apresentar pouca evolução, é bom lembrar que, após a Segunda Guerra Mundial, a tecnologia disponível permitia avanços novos no desenvolvimento de produtos e na produção, bem como na oferta de serviços disponíveis. Entendendo essas mudanças, Peter Drucker retomou os pensamentos da teoria clássica, dando ênfase aos objetivos a serem atingidos, preconizando a prática da administração para se atingir os resultados almejados (Santana, 2020). Resumidamente, nessa teoria, os aspectos relativos à departamentalização, à racionalidade no trabalho e às estruturas foram revistos e adaptados à nova realidade. Para isso, os princípios a serem seguidos eram: planejar, organizar, comandar e controlar.

Vemos que essa base teórica aprofunda a divisão da gestão em níveis, passando a organizá-la em nível institucional, nível gerencial e nível operacional, os quais estão relacionados à administração, bem como em nível de execução, relacionado à execução em si. Com isso, a autoridade se estabelece em grau hierárquico do institucional ao operacional (Chiavenato, 2003).

Essa visão impactou a estrutura das organizações, expandindo o que vimos em relação à General Motors, criando uma administração central que apresentava diversas divisões. Hoje, esse tipo de estrutura pode ser visto, por exemplo, na empresa Whirpool. Originária da Multibrás, ela congrega as marcas Brastemp, Consul, Kitchen Aid, B. Blend e a empresa Compra Certa (Whirpool, 2021).

Esse tipo de estrutura causou outra mudança significativa, fazendo com que a ênfase nos clientes das empresas passe a ter papel preponderante. E, nesse sentido, a formulação de objetivos a serem atingidos, apoiados em valores, passa a ser uma nova abordagem teórica, na busca pela eficiência e pela eficácia.

PARA SABER MAIS

Talvez você já tenha visto a série *Mr. Selfridge*, baseada na vida de Harry Gordon Selfridge, criador da expressão "O cliente tem sempre razão", que representa um bom exemplo do que preconizava a teoria neoclássica. Se ainda não conhece a série, procure saber mais sobre ela.

MR. SELFRIDGE. Direção: Anthony Byrne e John Strickland. Londres: ITV Studios Global Entertainment, 2013-2016. Série de TV.

O conjunto das teorias propostas por Taylor, a teoria estruturalista de Fayol e as proposições de Drucker têm como foco as tarefas e a estrutura organizacional, diferentemente das teorias que apresentaremos a seguir, em que o foco passa a ser as pessoas, com suas capacidades e limitações. Nessa nova visão, que se interpõe temporalmente às teorias anteriores, percebemos como os membros das organizações interagem e criam uma cultura organizacional. A abordagem é ainda interna, mas é vista sob a influência das teorias comportamentais, denominadas *teoria das relações humanas, teoria comportamental* e *teoria do desenvolvimento organizacional*.

A primeira surgiu com os trabalhos de Elton Mayo, que em 1932 criou a teoria das relações humanas, concentrando-se nos aspectos relativos às pessoas, impactando os estudos relativos ao comportamento organizacional. Nesse sentido, a teoria das relações humanas vê como a informalidade afeta os processos gerenciais e destaca a motivação, a liderança, a comunicação e as atividades de grupo. Nela, porém, a organização é vista como um sistema social fechado (Chiavenato, 2010).

Nessa mesma linha estão os trabalhos de Abraham Maslow, Douglas McGregor e Frederic Herzberg, com o estabelecimento da teoria comportamental, que tem foco nos indivíduos e na relação destes com o contexto fechado das empresas. Com isso, para se administrar uma organização, é importante considerar o fato de que os estilos gerenciais afetam o resultado das empresas pelas suas tomadas de decisões, integrando os objetivos individuais e organizacionais (Chiavenato, 2010).

Já a teoria do desenvolvimento organizacional surgiu nos anos 1960, tendo como foco o fortalecimento e o desenvolvimento das organizações. Ela se apoia na teoria comportamental, mas com uma visão sistêmica. Portanto, vê a organização como fechada, tendo o ponto de vista da sua estrutura e das pessoas que a compõem.

Essas teorias não impactaram diretamente o design, mas afetaram o modo como ele se relacionava com os processos gerenciais, buscando uma atuação mais integrada com os diversos departamentos, bem como tiveram relação direta com os estudos ergonômicos, que, mais adiante, iriam implicar questões relativas ao que hoje denominamos *experiência do usuário*, pelas características relacionadas ao comportamento humano.

PARA SABER MAIS

Para aprofundar noções do design centrado no usuário, assista ao vídeo indicado a seguir:

DON NORMAN: o termo "UX". 2 jul. 2016. Disponível em: <https://www.youtube.com/watch?v=9BdtGjoIN4E&feature=emb_logo>. Acesso em: 10 out. 2021.

Porém, administrar considerando as tarefas, a estrutura organizacional e os comportamentos passa a ser o foco de um novo grupo de teorias, em que o ambiente onde se insere a empresa ou a organização é o foco. Sob essa ótica, vêm os trabalhos da teoria dos sistemas, das teorias estruturalista e neoestruturalista e da teoria da contingência (Chiavenato, 2003). Em comum, essas novas teorias encontraram espaço na supremacia do desenvolvimento tecnológico, que se voltava para o sucesso das organizações, representado pela articulação de sistemas mecanizados e controlados, com regras simples e passíveis de acompanhamento.

A teoria dos sistemas tem por base a tecnologia, embora seu fundamento venha das ciências naturais. Ela foi desenvolvida a partir dos estudos de Ludwign von Bertalanfy e, na administração, teve importância por propor uma visão integrada dos diversos componentes da organização. Esses estudos, de caráter sistêmico, impactaram as metodologias de design, especialmente com os trabalhos de John Cristopher Jones (1974), como seu livro *Design Methods: Seeds of Human Futures* e, muito mais adiante, os trabalhos da empresa Ideo, com o seu Design Kit e os Methods Cards (Ideo, 2021a).

PARA SABER MAIS

Para saber mais sobre as ferramentas desenvolvidas pela Ideo, visite o *site*:

IDEO. **Design Kit**. Disponível em: <https://www.designkit.org>. Acesso em: 10 out. 2021.

Já a segunda, a teoria estruturalista, dos anos 1950, combina a teoria clássica e a das relações humanas. Ela demonstra a importância da análise interna da organização, assim com o ambiente em que se insere, também adotando uma visão de integração dos diversos componentes de modo sistêmico. Dela se originou a teoria neoestruturalista, que se apoia no conceito da competitividade sistêmica (Chiavenato, 2003).

No entanto, nos anos 1960, iniciou-se uma nova mudança na administração estratégica, agora trazendo a visão da empresa como um sistema aberto, em constante integração com o ambiente em que se insere. Dessa visão surgiu a terceira modalidade: a teoria da contingência. Como o próprio nome diz, uma coisa pode acontecer ou não, dependendo da contingência. Assim, nessa abordagem, a empresa e sua administração dependem também do ambiente externo, que está em mudança constante. Portanto, o próprio processo administrativo é variável e decorrente dos dois ambientes: o interno e o externo.

Nessa perspectiva, os contingencialistas entendem que tudo é relativo e altamente inter-relacionado, o que indica que as estratégias que determinada organização irá adotar dependem de fatores como seu tamanho, seus concorrentes, sua capacitação tecnológica, e assim por diante. Os comportamentos são, portanto, guiados pelas diferentes configurações contextuais, o que amplia a diversidade de concepções de estratégia a assumir. Sob essa teoria, verificamos que não existe uma melhor forma de organizar; ao contrário, a organização depende da contingência, sendo um sistema aberto. Para ela, o ambiente é constituído pelas condições tecnológicas, legais, políticas, econômicas, demográficas, ecológicas e culturais (Chiavenato, 2003).

Sob esse guarda-chuva, surgiram os primeiros estudos relacionados à gestão de design. Isso porque muitos projetos desenvolvidos adequadamente do ponto de vista da tecnologia ou do consumidor não tinham repercussão positiva, sendo arquivados pela falta de compreensão do ambiente interno e externo em que se inseriam. E, sob esse aspecto, cresceram tanto os estudos relativos ao comportamento do consumidor quanto processos gerenciais facilitadores do design nas empresas.

Mais recentemente, especialmente a partir dos anos 1980, com a concorrência decorrente da globalização dos mercados, houve um aumento do planejamento estratégico focado em mercados incertos. Assim, a flexibilidade e a interconectividade passaram a ser elementos importantes, mudando o conceito de estratégia. Sob esse ponto de vista, o conceito dos sistemas autopoiéticos[5] biológicos é trazido para a administração das organizações, contribuindo especialmente para a teoria da contingência.

PARA SABER MAIS

Para entender a teoria autopoiética, assista ao vídeo a seguir: O QUE É autopoiesis? 16 maio 2020. Disponível em: <https://www.youtube.com/watch?v=lNQxi_iFG0w>. Acesso em: 10 out. 2021.

Na teoria da contingência, a estrutura organizacional se divide em nível estratégico (institucional), nível mediador (intermediário) e nível operacional. Veja como Chiavenato (2003) apresenta essa estrutura na Figura 2.5, a seguir.

---

[5] Sistema autopoiético é um sistema que se reproduz autonomamente.

Figura 2.5 – **Relação dinâmica entre os níveis de gestão e o meio ambiente**

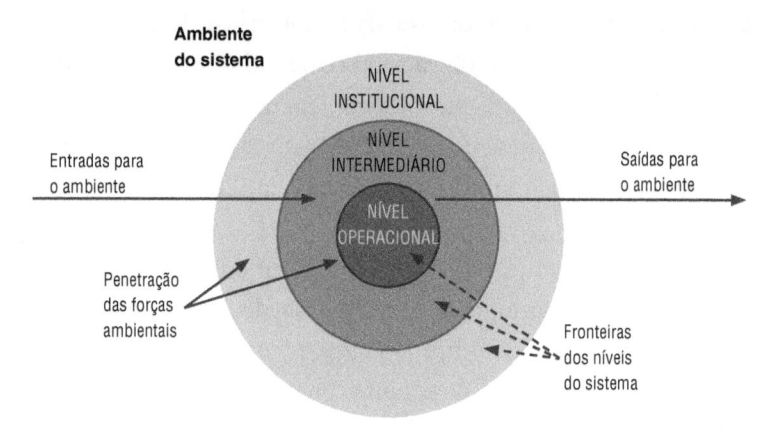

[Diagrama com círculos concêntricos mostrando Nível Institucional, Nível Intermediário e Nível Operacional, com setas indicando Entradas para o ambiente, Saídas para o ambiente, Penetração das forças ambientais e Fronteiras dos níveis do sistema. Ambiente do sistema.]

Fonte: Chiavenato, 2003, p. 525.

Mais recentemente iniciou-se uma nova fase, em que os aspectos administrativos sofrem influência dos avanços tecnológicos, trazendo a necessidade de reflexão a respeito do papel da administração. A chamada *Indústria 4.0* ou *Quarta Revolução Industrial*, que se originou de uma política adotada pelo governo alemão formalizada em 2013, caracteriza um novo modo de produção, em que há uma redução no ciclo de desenvolvimento de produtos, incluindo a perspectiva da produção customizada, a redução do trabalho humano nas linhas de produção e os controles informatizados. Ela pressupõe a inovação social (Morrar; Arman; Mousa, 2017; Bruno, 2017) e, nesse sentido, vincula-se à proposição de Hamel, denominada *humanocracia* (Hamel; Zanini, 2020). Importante destacar que esse novo contexto passou a ter papel preponderante entre os objetivos organizacionais, com consequência direta no design.

CURIOSIDADE

Na Figura 2.6, a seguir, vemos um consumidor fazendo seleção de diferentes aspectos do seu produto e, ao lado, a organização que dá suporte a esse tipo de consumo.

Figura 2.6 – **Análise do comportamento do usuário na Administração 4.0**

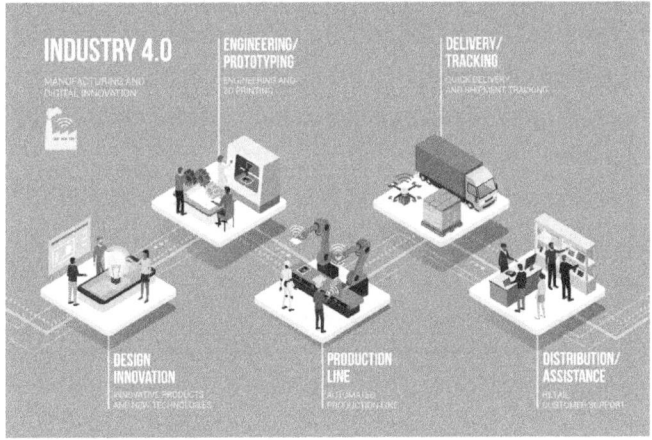

FGC/Shutterstock

elenabsl/Shutterstock

Nessa nova realidade, a administração precisa atuar de modo mais próximo aos consumidores e ser mais sustentável. Portanto, precisa ser interativa e humana. Por isso, as habilidades e atitudes apoiadas na empatia, na criatividade, no pensamento crítico devem ser características do gestor, pois impactam diretamente os valores e a cultura da organização. Além disso, a hierarquia, os processos e as rotinas devem ser flexíveis (Hamel; Zanini, 2020).

Na produção em série, as empresas se organizavem segundo os estilos de vida dos grupos sociais, como vimos no caso da GM com os seus carros, na Figura 2.4. Agora, os consumidores constroem seus produtos a partir de uma plataforma, que possibilita o atendimento aos microgrupos de consumidores.

PARA SABER MAIS

Como curiosidade, veja o seguinte artigo científico:

SPINILLO, C. G. et al. Animações procedimentais em saúde: proposta de metodologia de design para a Universidade Aberta do Sistema Único de Saúde/Universidade Federal do Maranhão. **InfoDesign**, São Paulo, v. 17, n. 3, p. 80-103, 2020. Disponível em: <https://www.infodesign.org.br/infodesign/article/view/845/512>. Acesso em: 10 out. 2021.

Assista também ao comercial apresentado no *link* a seguir:

NEUFELD, C. **When Community Clicks**: the Lego Ideas Story. Disponível em: <https://blog.chaordix.com/when-community-clicks-lego-ideas-story>. Acesso em: 10 out. 2021.

2.2 Design e planejamento e pensamento estratégicos

Especialmente no campo da administração, o termo *estratégia* possui muitos significados: política, objetivos, táticas, metas, programas, entre outros, dependendo do contexto (Mintzberg; Quinn, 2001). Mas, de modo geral, as estratégias podem ser vistas como um padrão que se estabelece, sendo acompanhado por uma corrente de ações tomadas pelos membros da organização, ou seja, pelas ações estratégicas decorrentes do plano traçado (Mintzberg; Waters, 1985).

Essas ações podem ser gerais ou específicas, podendo se relacionar às estratégias no nível macro e às estratégias no nível micro. Como vimos anteriormente em Chiavenato (2003), os processos administrativos podem ser desenvolvidos em níveis. Porém, essas estratégias estão longe de serem uma abordagem determinista e mecanicista, pois não possuem receitas.

No capítulo anterior, vimos como a empresa Natura traçou uma estratégia para o lançamento da linha Sou. Foi uma estratégia que envolveu os níveis macro e micro da empresa para ocupar um novo nicho de mercado. Assim, entendemos que estratégia consiste em um alvo a ser atingido.

Naquele caso, vimos também que, para serem estabelecidas, as estratégias precisam de um plano para instituir o conjunto de mudanças a serem realizadas na busca pela competitividade. Para isso, usamos a expressão *planejamento estratégico* como definidora do processo que uma organização estabelece para ser competitiva, ou seja, para alcançar a sua estratégia.

Por meio do planejamento estratégico, as empresas ou organizações adotam posturas que conduzem suas tarefas, pensam na sua estrutura, consideram os recursos humanos, definem tecnologias importantes e se posicionam diante do ambiente externo e interno.

No caso da Natura, a estratégia adotada era deliberada: conseguir um novo mercado. No entanto, verifica-se que, no modo deliberado, a estratégia pretendida pode ou não se realizar.

Por outro lado, uma estratégia que segue o padrão emergente, ou seja, acompanha as mudanças que se apresentam sem um planejamento sistemático, sugere que a empresa carece de planejamento e que seus resultados se realizam independentemente das intenções. Mas essa abordagem pode trazer resultados positivos porque está alinhada ao contexto.

Por exemplo, na epidemia da covid-19, pudemos ver o surgimento de uma série de produtos que não foram planejados, decorrentes de estratégias emergentes.

Vacinas foram produtos que não tiveram um planejamento anterior, mas foram desenvolvidas a partir de um padrão emergente. O mesmo podemos dizer das inúmeras variedades de máscaras, das mais eficientes e adequadas às mais alinhadas com a moda. Temos máscaras com estampas em tecido, máscaras de uso hospitalar, máscaras com tecidos oriundos do setor de moda esportiva etc.

Se o planejamento estratégico pode ser compreendido como um processo metodológico gerencial estabelecido pela organização, buscando uma interação com o ambiente, o pensamento estratégico consiste no processo contínuo, dinâmico e interativo de formulação de estratégias, caracterizando-se por ser intuitivo e inovador, criativo e incentivador de todos os níveis da organização (Mintzberg,

2004). Portanto, pensar de forma estratégica é diferente de planejar estrategicamente.

Nesse caso, para conseguir os objetivos estratégicos, fruto do pensamento estratégico, é necessário planejar estrategicamente, em um processo contínuo de decisões, nem sempre organizadas, em alguns casos intuitivas e suscetíveis a mudanças (Mintzberg, 2004).

Como decorrência do planejamento estratégico, surge a gestão estratégica, a qual deve por o planejamento em prática, atuando nos seus diversos níveis funcionais. Assim, a administração estratégica engloba o planejamento estratégico e a sua administração.

Nesse aspecto, podemos dizer que a gestão de design no nível estratégico precisa estar alinhada ao pensamento estratégico, ao planejamento estratégico e à gestão estratégica da organização.

Em relação ao modo como essa administração é realizada, Mintzberg, Ahlstrand e Lampel (2000) apontam dez linhas de abordagem. Elas estão organizadas em **escolas de administração estratégica**. Aqui, o termo *escolas*, não faz referência ao significado que adotamos ao usá-lo no nosso dia a dia, mas às diversas abordagens que a administração apresenta, já que o campo da estratégia organizacional é recente e dinâmico, apoiando-se em abordagens teóricas diversas.

Elas são: a escola de design (termo aqui usado como concepção, e não em referência ao design como estamos aplicando neste livro), a escola do planejamento, a escola de posicionamento, a escola empreendedora, a escola cognitiva, a escola de aprendizagem, a escola do poder, a escola cultural, a escola ambiental e a escola de configuração (Mintzberg; Ahlstrand; Lampel, 2000).

No entanto, Vasconcelos (2011), após uma pesquisa realizada no Brasil, verificou que essa classificação não se adequa ao nosso modo gerencial, na medida em que os gestores tendem a adotar medidas que misturam diferentes tipos de planejamento estratégico. Para esse autor, os gestores no Brasil adotam três posturas de planejamento, conforme indicado a seguir.

- **Como plano deliberado, intencional e racional** – Aproxima-se da abordagem clássica, com ênfase em modelos como a análise Swot (*Strengths, Weaknesses, Opportunities, Threats*), os sistemas de planejamento estratégico, a análise de indústria de Porter, o mapa da cadeia de valor[6], a matriz BCG[7], as curvas de aprendizagem e o diamante de competitividade.
- **Como dimensão de inovação** – Mistura a abordagem evolucionista e a processual, usa o processo emergente e enfoca a visão, a inovação, a mudança, o *insight*[8], a coragem e o aprendizado a partir dos ambientes naturais e simbólicos.
- **Como dimensão de contexto social** – É um processo de adaptação a fatores humanos, sociais e contextuais, sob o ponto de vista sistêmico, enfatizando a adaptação.

---

[6] É uma representação do fluxo de bens de um fornecedor para o consumidor por meio da organização.

[7] A sigla BCG significa *Boston Counsolting Group*, autor da técnica que analisa, no portfólio da empresa, o peso de cada produto em relação ao lucro.

[8] *Insight* é um termo em inglês que designa a atividade cognitiva repentina e clara como um faixo de luz.

IMPORTANTE!

Para compreender o pensamento estratégico e o planejamento estratégico nos contextos organizacionais, foi realizada uma pesquisa em duas empresas nacionais. Nela, verificou-se que a formulação de estratégias a partir de um planejamento estratégico acontecia nos dois contextos organizacionais: pensamento e planejamento. Porém, a prática do pensamento estratégico só começava a ser uma preocupação direcionada à construção da imagem institucional à medida que as pessoas habilitadas passaram a pensar estrategicamente. Isso tornava possível a construção de práticas sociais por meio de processos de comunicação, favorecendo a execução do planejamento estratégico. Assim, o pensamento estratégico aprimora e integra o processo estratégico, resultando ações que se sedimentam e solidificam a identidade e a reputação de uma organização. (Moresco, Marchiori; Gouvea, 2014)

Mintzberg (2004) escreveu um livro em que discute o surgimento e a queda do planejamento estratégico. Ao traçar críticas ao planejamento clássico, ele adverte que as estratégias não emergem do planejamento, mas que os planejadores podem encontrar, reconhecer, formalizar, suportar, integrar e programar as estratégias que surgem. E isso, além de reforçar a importância do pensamento estratégico, não elimina a necessidade da construção da estratégia. Dessa forma, podemos perceber que, inicialmente, o termo *administração* trazia em sua origem uma conotação de tendência à subordinação e à obediência, mas o seu conceito evoluiu e hoje o termo tem como significado a condução racional das atividades das organizações, buscando a criatividade, a inovatividade e a colaboração.

Nesse sentido, Hamel e Zanini (2020) falam que, em vez da burocracia característica da gestão passada, nos dias de hoje precisamos de uma "humanocracia". Para isso, são necessários processos que interagem entre si e sejam mediados por um gerenciamento, no intuito de se obter um resultado eficaz.

PARA SABER MAIS

Para saber mais sobre a "humanocracia", assista ao vídeo a seguir:

HUMANOCRACY: Gary Hamel. 27 ago. 2020. Disponível em: <https://www.youtube.com/watch?v=mYT99Mts-zc>. Acesso em: 10 out. 2021.

Mas por que precisamos conhecer esses conceitos? Porque eles afetam diretamente as ações de design, já que estratégias são ações coordenadas que envolvem um contexto, espacial e temporal, e estão condicionadas às condições ambientais, sendo mediadas por agentes. A adoção de um planejamento estratégico irá afetar as estratégias em design a serem adotadas. Além disso, o tipo de administração estratégica que uma organização toma para si afeta os processos de design como um todo. Nesse contexto, o design no nível estratégico precisa se alinhar à estratégia geral da organização, contribuindo, inclusive, para a sua formulação.

2.3 O futuro e o intento estratégico

Outro conceito importante, sob o ponto de vista da administração estratégica, refere-se ao intento estratégico. Esse termo foi definido por Gary Hamel e C. K. Prahalad (Hamel; Prahalad, 1995), ao observarem o sucesso das empresas japonesas no mercado mundial. Eles viram que, diferentemente das empresas ocidentais, as quais focavam na adequação das estratégias aos recursos disponíveis, as empresas japonesas tinham estabelecido objetivos bastante audaciosos. Para isso, alavancaram novos recursos por meio de um intento estratégico. Para demonstrar isso, dentre outros exemplos, eles trouxeram o modo como a empresa Canon conseguiu suplantar a Xerox, e a Komatsu, a Cartepillar.

Intento estratégico, portanto, significa o que a organização aspira para si a longo prazo. Um propósito ou uma direção que pretende tomar.

As organizações definem seu intento estratégico com a finalidade de manter ou buscar nova vantagem competitiva. Por isso, ele leva à necessidade de mudanças específicas nas suas ofertas de valor, afetando as capacidades disponíveis e os recursos a serem desenvolvidos.

Muitas empresas estabelecem a sua competitividade com base no sucesso de seus concorrentes, buscando copiar os resultados por eles obtidos. Mas isso não oferece uma diferenciação que sustente a competição, já que, além de perceptível, muitos irão adotar a mesma estratégia. Nesse sentido, a construção do intento estratégico, na busca de uma lacuna de longo prazo, é o que dará a vantagem competitiva real e de difícil cópia, pois, além de ter um tempo prévio para a sua construção, a organização consegue construir internamente um novo modo de conceber suas ofertas de valor, o que não é fácil de se copiar.

O intento estratégico afeta diretamente a visão da organização e, por conseguinte, as suas definições estratégicas, bem como sua missão, suas diretrizes, seus objetivos e seus planos.

Hamel e Prahalad (1995) colocam pontos importantes na construção do intento estratégico: a construção de camadas competitivas, a busca pelos "tijolos" perdidos, a mudança no envolvimento do pessoal e a competitividade apoiada na colaboração. As camadas competitivas se estabelecem com base em uma arquitetura estratégica; os tijolos perdidos originam as competências centrais a serem formadas; a mudança no envolvimento do pessoal liga-se ao processo de aprendizagem coletivo; e a colaboração é um modo de acelerar o processo de oferta de valor.

A Figura 2.7, a seguir, mostra de modo simplificado como essa abordagem se configura.

Figura 2.7 – **Intento estratégico e seus desdobramentos**

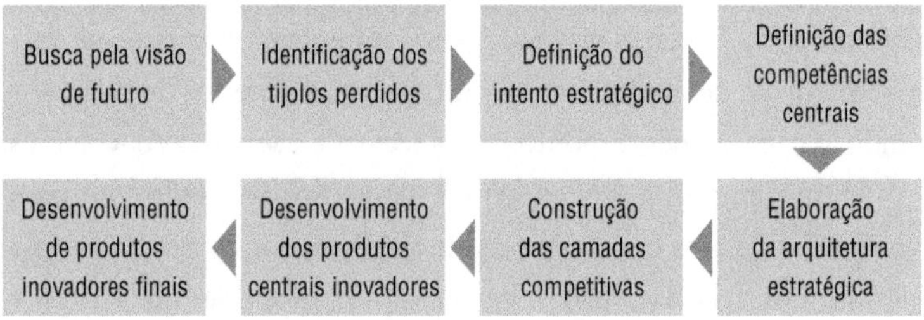

Busca pela visão de futuro	Identificação dos tijolos perdidos	Definição do intento estratégico	Definição das competências centrais
Desenvolvimento de produtos inovadores finais	Desenvolvimento dos produtos centrais inovadores	Construção das camadas competitivas	Elaboração da arquitetura estratégica

Fonte: Elaborada com base em Hamel; Prahalad, 1995.

Esse esquema apresenta-se de modo linear, para fins de ilustração, mas, na prática, muitas dessas atividades acontecem em um processo iterativo, de retroalimentação.

Sob o ponto de vista do intento estratégico, o design pode colaborar na construção da visão de futuro da organização e na busca pelos tijolos perdidos, contribuindo para a sua construção. Isso porque designers possuem um tipo de pensamento híbrido, que associa o pensamento lógico, presente predominantemente nos profissionais da administração e da engenharia, com o pensamento intuitivo, que possibilita o desenvolvimento de visões a respeito do futuro com base nos estilos de vida dos consumidores e nas suas experiências com diferentes empresas.

Veja a frase de Ernest Gismondi, da empresa Artemide: "Mercado?! Que Mercado!!! Nós não olhamos para as necessidades do Mercado. Nós propomos coisas para as pessoas" (Verganti, 2003, tradução nossa).

A princípio, parece que a empresa Artemide propõe coisas aleatoriamente. Mas, não. Com a definição do intento estratégico, essa proposição está respaldada em *insights* sobre como o futuro se concretizará.

Podemos considerar que, com o avanço da Inteligência Artificial (AI), essas construções fictícias, que formam narrativas, poderão ser trabalhadas de modo computacional. De qualquer modo, podemos ainda afirmar que, nesse processo, a atividade de design surge para dar materialidade a essas construções. Isso pode acontecer em todas as etapas do processo e, especialmente, na construção de protótipos, como no caso do automóvel Fiat Crie, que consta no estudo de caso ao final deste capítulo, ou na criação inicial de uma marca. Como o intento estratégico tem impacto direto na visão, na missão e nos valores da organização – e, por conseguinte, no nível estratégico –, o design participa nesse nível da sua construção com a definição de todos os elementos de comunicação interna e externa da empresa. De modo mais específico, o design auxilia na definição do nome, do *slogan*, do design gráfico da marca, do material de comunicação interno e externo, do design do interior de suas instalações e da sua arquitetura.

PARA SABER MAIS

Você sabe como a empresa Apple desdobrou a sua competência essencial em design? Ela escolheu seu nome, desenvolveu a sua marca e a aplicou em diversos elementos, os quais transmitem a identidade da empresa, que se vincula ao seu intento estratégico. Por mais que não o conheçamos, podemos ver que ele se traduz pela emoção, pela inteligência, pela surpresa, pelo desejo que a maçã representa.

No caso da Apple, é possível perceber a integração do design em todos os elementos de comunicação da empresa com o seu público, atuando no desmembramento do seu intento estratégico.

APPLE. Disponível em: <https://www.apple.com/br>. Acesso em: 20 dez. 2021.

2.4 Competência essencial e design

Pelo seu cunho estratégico, a administração visa ao desenvolvimento das empresas com base em uma visão de futuro que ela estabelece para si, criando um intento estratégico. Sob esse aspecto, as estratégias de design devem acompanhar esse futuro imaginado, para o qual deve oferecer algum tipo de produto, serviço, sistema ou experiência, como o valor ofertado pela organização. Mas, para isso se tornar realidade, é necessário algum tipo de administração em termos de design. Portanto, a administração do design e a administração de empresas tem ligações implícitas.

Hamel e Prahalad (1989, p. 70, tradução nossa) consideram que a inovação competitiva se apoia na busca do que eles denominam *loose bricks* ("tijolos perdidos"). É como se o futuro fosse uma parede e nela existissem alguns tijolos faltando em relação ao que se tem no tempo presente. Então, para serem competitivas, as empresas precisam descobrir que tijolos são esses, pois eles podem vir a oferecer uma vantagem competitiva pela surpresa que as irá diferenciar.

Assim, os objetivos a serem estabelecidos são encontrados por meio de um nicho futuro, em que os maiores competidores raramente conseguirão comercializar produtos, serviços, sistemas ou negócios similares. Para isso, é preciso construir uma competência essencial, ou seja, construir uma base fora do território usual que os atuais líderes ocupam, propiciando uma diferenciação com a oferta de alto valor que será percebido pelos clientes/consumidores (Hamel; Prahalad, 1995).

Com a criação de uma competência essencial, busca-se um lucro resultante da vantagem competitiva, que pode vir de um segmento de produto, de uma fatia da cadeia de valor ou de um mercado geográfico particular (Hamel; Prahalad, 1995).

Para identificar se uma competência é essencial, três perguntas devem ser feitas: 1) Ela provê acesso potencial a uma ampla variedade de mercados?; 2) Constitui uma contribuição significativa para os clientes, percebida com os benefícios do produto/serviço/sistema final? 3) É de difícil imitação pelos concorrentes?

Portanto, mais importante do que observar os concorrentes, é preciso que a organização observe as oportunidades que o futuro oferece e crie competências adequadas a eles.

Para Hamel e Prahalad (1995), a construção de competências essenciais[9] com base no intento estratégico apresenta pouco risco de competitividade, já que elas abrem novos mercados, inovam significativamente e são difíceis de serem copiadas.

Observe como isso pode ser visto em três empresas conhecidas, no Quadro 2.1, a seguir.

Quadro 2.1 – **Competências essenciais em empresas**

Empresa	Exemplos de competências centrais
Sony	Miniaturização
3M	Substratos e adesivos
Philips	Tecnologia de meios óticos

Fonte: Couto, 2020.

Um outro exemplo é como a Empresa Brasileira de Aeronáutica S/A (Embraer) conseguiu inovar com a oferta de aviões de pequeno porte, que atendem a rotas menores, e criou um novo mercado competitivo no qual as suas competências se adequavam, gerando para si uma competência essencial que lhe deu suporte para isso.

---

9 Do original *core competence*, que pode ser também traduzido como "competência central" (Hamel; Prahalad, 1995).

PARA SABER MAIS

Como curiosidade, veja o artigo *Competitividade nas alturas*, de Illan Avrichir e Miguel P. Caldas:

AVRICHIR, I.; CALDAS, M. P. Competitividade nas alturas. **GV Executivo**, v. 4, n. 3, p. 47-51, ago./out. 2005. Disponível em: <http://bibliotecadigital.fgv.br/ojs/index.php/gvexecutivo/article/download/34392/33189>. Acesso em: 10 out. 2021.

Outro aspecto importante na construção das competências essenciais é que elas se desdobram em produtos essenciais, produtos centrais, que geram unidades de negócios, e produtos finais. Veja a Figura 2.8, a seguir, proposta por Hamel e Prahalad (1995).

Figura 2.8 – **Representação da competência essencial em forma de árvore**

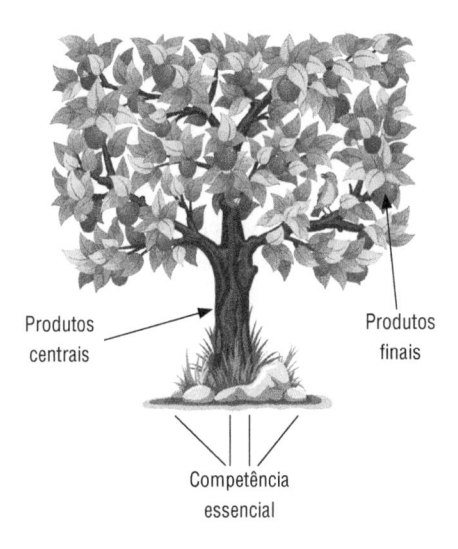

Para isso, as empresas, ao buscarem os seus intentos estratégicos, definem as competências essenciais a serem desenvolvidas. Isso significa desenvolver o aprendizado constante, para uma nova oferta de valor ao consumidor final. Conforme Couto (2020), podemos visualizar como essas competências se desdobram em produtos centrais e produtos finais na empresa Sharp. Com a competência central definida – como competência em ótica, processamento de sinal digital, filme fino, processamento de símbolo, gravação digital, estado sólido, fabrico de precisão, sistemas, fotografia e conversão de sinal –, são apontados os seguintes produtos centrais: filtro digital, adaptador, misturador digital, transmissão, gravação multicanal. Deles se desdobram os produtos finais: memória de alta densidade, receptor de satélite, amplificador do microfone, microcassete sem fita, sintetizador, disco audio digital, equipamento de gravação PCM, cassete PCM e órgão eletrônico,

Os exemplos que Hamel e Prahalad (1995) trazem, de empresas bem-sucedidas que criaram competências essenciais apoiadas em intentos estratégicos voltados ao futuro, são de empresas de grande porte. No entanto, essa abordagem, com base na construção de competências essenciais, apoiadas na definição de um intento estratégico, tem se expandido, inclusive para empresas de pequeno porte, pois a disponibilidade de dados na rede da internet, com o uso da tecnologia da informação e da comunicação (TIC), permite traçar novos horizontes. Ainda que de menor alcance, podem servir de alavancagem competitiva.

Nesse sentido, as empresas italianas têm construído as suas competências essenciais pela sua capacidade tecnológica associada a uma abordagem de design forte, como vimos no caso da luminária da Artemide. Isso lhes assegura um distanciamento de curto prazo dos seus seguidores, pois essas empresas criam uma tendência, que é seguida por diversos outros fabricantes, alguns de outras nacionalidades. Desse modo, a participação do design é muito importante no caso dessas empresas em que o ciclo de vida dos produtos é bastante curto, já que os seguidores aparecem rapidamente com a exposição dos produtos nas feiras internacionais – dentre as quais destacamos as que acontecem em Milão, além de outras mundo afora.

2.5 A estrutura da gestão de design

Como vimos, a administração estratégica se inicia pela definição de um intento estratégico que deriva na construção da competência essencial da empresa. Hamel e Prahalad (1995) mencionam que empresas não precisam ter muitas competências, mas competências que as diferenciem. Sob esse aspecto, construir uma competência em design pode ser determinante também na diferenciação que a empresa cria para si em relação às outras, especialmente se isso se relacionar às demais competências que buscou.

Por isso, vamos agora nos aprofundar em questões relativas à estrutura administrativa que o design pode desenvolver para auxiliar nessa construção.

Como vimos, a gestão de design propõe uma classificação da sua atuação em três níveis: o estratégico, o tático e o operacional. Essa classificação é decorrente da necessidade de se integrar o design em todas as atividades organizacionais, alinhando as ações desses três níveis. É importante destacar, no entanto, que essa classificação serve apenas como um modo de sistematizar o conhecimento a respeito do design e sua gestão. Ela tem a finalidade de aclarar os processos que descrevemos. Em outras palavras, classificamos a gestão de design nessas categorias para os designers, ou administradores que se responsabilizam pelo design, poderem acessar melhor os conceitos e usá-los na proposição de ações. Na prática, porém, elas aparecem muitas vezes sobrepostas e sem a mesma ordem que iremos ver aqui.

De modo geral, essa estrutura triádica pode ser representada de forma integrada e retroalimentado continuamente, já que o término de um processo gera o subsequente. Portanto, o nível estratégico vem antes do tático e este último, antes do nível operacional.

A Figura 2.9, a seguir, demonstra como isso pode ser representado.

Figura 2.9 – **Níveis da gestão de design e suas relações com a estrutura gerencial geral das organizações**[10]

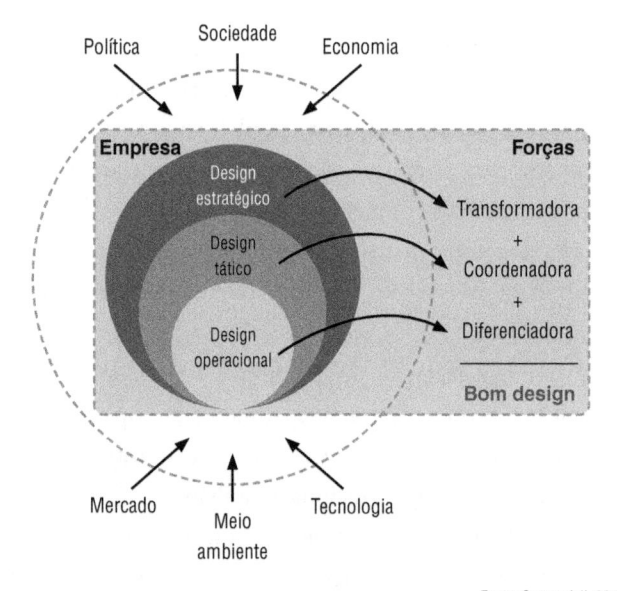

Diagrama: círculos concêntricos representando Empresa com Design estratégico, Design tático e Design operacional; setas externas indicam Política, Sociedade, Economia (acima) e Mercado, Meio ambiente, Tecnologia (abaixo); à direita, Forças: Transformadora + Coordenadora + Diferenciadora = Bom design.

Fonte: Carnasciali, 2014, p. 108.

---

[10] Alguns autores utilizam os termos *design estratégico*, *design tático* e *design operacional* como resultado das ações dos níveis estratégico, tático e operacional.

Portanto, em relação ao gerenciamento do design, podemos dizer que ele se desmembra a partir da estrutura gerencial da empresa como um todo. Além disso, devemos considerar que empresas que possuem estruturas muito rígidas e verticalizadas dificultam o processo de inovação e de design.

Como podemos observar, o nível estratégico do design se relaciona ao planejamento estratégico, à definição do intento estratégico e à identificação das lacunas a serem preenchidas no futuro. Pelo seu potencial de mudança, o nível estratégico atua como transformador da empresa.

O nível tático, por sua vez, apoia-se no design no nível estratégico e ocorre quando são construídos os programas e projetos a serem adotados. Caracteriza-se, assim, pelo papel de coordenação que o design desempenha.

Por sua vez, é no nível operacional que acontece a atividade precípua do design, o projeto de produtos, serviços, sistemas, experiências ou de novos negócios.

Podemos ver no Quadro 2.2, a seguir, as principais características decorrentes do papel das estratégias guiadas pelo design, conforme Carniatto (2008).

Quadro 2.2 – **Relação entre o papel das estratégias guiadas pelo design e as características das ações decorrentes**

Papel das estratégias guiadas pelo design	Características principais
Visualizador das estratégias e prospectador de competências centrais	Busca desenvolver ações para a estratégia futura da empresa, de curto, médio e longo prazos. São consideradas demandas sociais, tendências, ações, assim como o impacto futuro da empresa no mercado.
	Busca construir a competência central da empresa, especificando como esta difere dos demais competidores. Assim, a empresa considera o usuário, mais do que um fornecedor de dados, como um prospector.
Provedor do processo de design	Busca desenvolver estratégias para melhorar o processo de design. Nesse sentido, destaca-se a estrutura da organização. Promove situações para o surgimento de novas estratégias a partir dos níveis básicos da organização.
Explorador de mercados	Busca identificar um largo espectro de informações relativas aos usuários e ao mercado. Pode ser considerada como uma consultoria de mercado, que cobre tendências e *insights*.

Fonte: Elaborado com base em Carniatto, 2008.

É ainda importante destacar que as táticas, pelo que significam, podem estar no nível estratégico, no nível tático e também no nível operacional. Confuso? Observe a Figura 2.10, a seguir.

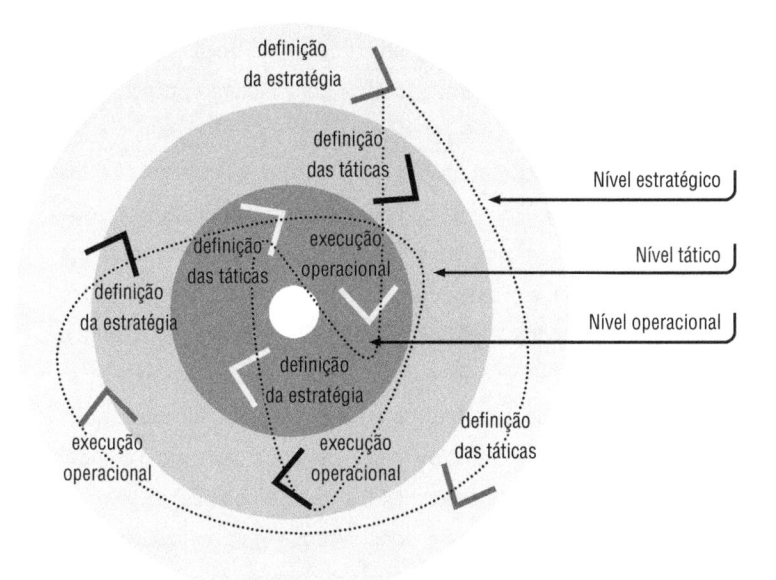

Figura 2.10 – **Os níveis da gestão de design e sua relação com o estabelecimento de estratégias, táticas e operações**

Como podemos observar, para o estabelecimento das estratégias, é necessário que a empresa defina como vai fazer isso e, a seguir, execute essa ação, por isso, o estabelecimento das estratégias teria em si também um nível tático e um nível operacional. Do mesmo modo deve ocorrer nos demais níveis, até que o resultado do nível operacional possa novamente se voltar a outras estratégias.

Estudo de caso

Ao longo deste capítulo, vimos como os processos gerenciais se desenvolveram e que eles se complementam. Verificamos também como a gestão que se orienta para as novas tecnologias que se apoiam na informação e na comunicação passou a ser explorada.

Nesse sentido, tem destaque a participação colaborativa dos atores, tanto internos quanto externos às empresas, de modo que isso impacta o design de todas as interfaces da empresa em relação aos seus clientes/consumidores, influenciando produtos, design de interiores, definição de *naming*[11], design gráfico para a marca e decorrentes elementos de comunicação interna e externa, além de aspectos relativos ao design digital, elementos que devem ser desenvolvidos de modo integrado de forma a atender aos objetivos estratégicos definidos pelas empresas.

Esses aspectos foram considerados pelo executivo João Ciaco, gestor de brand, *marketing* e comunicação da empresa Fiat Chrysler Automobiles para a América Latina, como apresenta o artigo *Fiat: Criatividade, imaginação e emoção envolvendo o consumidor* (Meio e Mensagem, 2020), a partir do qual baseamos este estudo de caso.

Olhando para como os consumidores se comportavam, João Ciaco verificou que, "Antes de irem para as concessionárias, 95% dos consumidores já pesquisam na internet itens fundamentais como o preço, as condições de compra e as avaliações do produto. Assim, já sabem o que os outros estão falando do carro e já

---

[11] *Naming* é um termo inglês que se refere à função de dar nome a empresas ou produtos.

sabem também se ele cabe no seu bolso" (Meio e Mensagem, 2020). A jornada do consumidor, portanto, se iniciava, em alguns casos, meses antes da compra do produto em si.

Esse consumidor, que cada vez mais adotava hábitos de compra de carros usando as plataformas digitais, demandava uma forma administrativa que atuasse nesse cenário de instabilidade. Por isso, João Ciaco criou uma estrutura organizacional específica, que compreende o núcleo de criação, conteúdo e *performance* digital da Fiat, o CRIE (Meio e Mensagem, 2020).

Essa área ficou sob a diretoria de comunicação, *marketing* e sustentabilidade em São Paulo, reunindo 40 pessoas, formadas tanto por profissionais internos da empresa quanto por parceiros externos. Esses profissionais estudavam e repensavam a atuação da empresa diariamente, buscando soluções que atendessem a esse novo consumidor, que eles consideravam mais exigente e inserido em um mercado com múltiplas opções. Para isso, realizaram pesquisas que exploravam novos desenvolvimentos, envolvendo as unidades de suas fabricas ao redor do mundo (Meio e Mensagem, 2020).

Além disso, em Betim, Minas Gerais, a gestão passou a se desenvolver em um laboratório que realizava testes com as novas tecnologias da Indústria 4.0: utilizava robótica, análise de dados, simulação, sistemas de integração e automação, Internet das Coisas[12], manufatura aditiva, *big data*[13], realidade aumentada, segurança cibernética e computação em nuvem, buscando melhorar

---

[12] *Internet das Coisas*: termo que vem do inglês *Internet of Things* e denomina a tecnologia que integra digitalmente diferentes produtos

[13] Por *big data* entendemos o processo de coleta e análise de grande volume de informações digitais.

todas as interfaces dos produtos com o cliente/usuário, implementar novos processos e reduzir custos (Meio e Mensagem, 2020). Esse laboratório trouxe algumas inovações que foram implementadas na fábrica, como: robôs colaborativos, para complementar o trabalho dos operadores; realidade aumentada, com os óculos 3D[14], *joysticks* e tela de projeção; testes digitais que verificam processos antes de serem instalados fisicamente; e 14 conjuntos de exoesqueletos na linha de montagem e logística, para "reduzir o esforço muscular e melhorar as condições ergonômicas dos operadores" (Meio e Mensagem, 2020).

Por meio da avaliação constante de cada veículo em particular, com foco no movimento do mercado e dos consumidores, resultados em termos de design foram gerados. Projetos inovadores buscaram atingir uma parcela cada vez maior da população, pelas suas características de baixo impacto ambiental, segurança e conectividade tecnológica. Além disso, ergonomia, conforto e prazer ao dirigir foram também levados em conta nos projetos dos modelos Argo, Ducato, Cronos e Jeep (Meio e Mensagem, 2020).

Em paralelo, ações de *marketing* foram desenvolvidas, envolvendo design digital e de animação. Em 2019, para o Fiat Argo, foi produzido um filme, *Argo Shake Shake*, atingindo 2,7 mm de visualizações no Instagram (unidade que reflete o grau de retenção das pessoas, em milhões) e 5,8 milhões de pessoas no Facebook. Nas redes, o total ultrapassa 3 milhões de visualizações (Meio e Mensagem, 2020).

---

14 Óculos 3D são dispositivos que permitem a visão de produtos digitais reais ou virtuais em 3 dimensões.

Em 2020, a marca Fiat ocupava a 10ª posição no *ranking* Brand Dx/M&M de valor de marca (Meio e Mensagem, 2020).

Agora, pense nos aspectos relacionados à administração estratégica e ao design.

Considerando as decisões tomadas pelo diretor de *branding*[15], *marketing* e comunicação, o que você pensaria em relação a tarefas, estrutura, pessoas, tecnologia e ambiente que estariam relacionadas ao design? Lembre-se de que:

- nas tarefas, a racionalização e o planejamento são o ponto focal;
- a estrutura leva em conta como a organização se configura;
- as pessoas interagem nas atividades, buscanco o objetivo organizacional;
- a tecnologia permite a execução das tarefas, mediadas pelas pessoas;
- e o ambiente, interno e externo, precisa ser considerado.

---

15 *Branding* é um termo em inglês que significa, genericamente, "marcar". Vem da marcação do gado, que queima a pele do boi com uma ferramenta, e se coloca como a denominação para a área da administração que estuda os processos de construção de marcas.

SÍNTESE

No primeiro tópico deste capítulo, vimos os conceitos da administração estratégica e suas correntes, a fim de poder compreender como o design se relaciona com ela em sua gestão. Pudemos observar que, na administração estratégica, diversas modalidades de enfrentamento da situação se estabelecem, umas mais e outras menos sistemáticas, resultando em proposições gerenciais ou de projeto. Isso porque o sucesso das empresas nem sempre se dá a partir de um futuro planejado de modo consciente.

Muitas vezes, as ações gerencias acontecem em circunstâncias inesperadas e intuitivas, apoiadas, muitas vezes, em indivíduos que empreendem com base em sua formação, experiência e cognição particular. Porém, grandes empresas, em que os investimentos são de grande monta, o planejamento das ações estratégicas, dentre elas o design, precisa ter algum tipo de controle, na medida em que erros podem impactar financeiramente e em termos de tempo de desenvolvimento, afetando o resultado no mercado, o que faz com que o planejamento seja pensado hoje a partir de novas tecnologias de comunicação, que agilizam o processo de gestão e incentivam a colaboração.

Pudemos também verificar a importância que as empresas devem dar ao pensamento estratégico como base para o planejamento estratégico, a fim de impactar o resultado do design. O pensamento estratégico se relaciona com o processo de design, especialmente no que se refere ao *design thinking*, pois este favorece a formação de uma cultura de inovação.

Além disso, verificamos como o intento estratégico precisa se desmembrar em competências a serem formadas e fortalecidas para que a empresa consiga, no futuro, alcançar o mercado almejado. Dentre essas competências, destaca-se o design, para que a empresa possa se diferenciar.

E, finalmente, observamos como se configura a estrutura da gestão de design, tendo em mente que essa estrutura é uma sistematização da realidade e, portanto, não confere garantia para que o processo assim aconteça, sendo necessária a análise de cada caso em particular. Para isso, o design fica desmembrado em três funções – a estratégica, a tática e a operacional – relacionadas, respectivamente, às funções de transformação, coordenação e diferenciação, que conjuntamente buscam levar a um bom negócio, numa sequência *top down*[16].

QUESTÕES PARA REVISÃO

1. O texto apresenta três níveis da gestão de design. Quais são esses níveis em ordem do mais geral ao particular?

2. A quais funções se relacionam os níveis da gestão de design?

3. Assinale as afirmativas indicadas a seguir como verdadeiras (V) ou falsas (F).

( ) Intento estratégico pode ser considerado uma pretensão da empresa em relação ao futuro.

( ) Intento estratégico é uma ação que já se concretizou.

( ) Definir o intento estratégico é importante para o design no nível estratégico.

---

16 *Top down* significa, neste caso, uma sequência do nível estratégico para o operacional, embora os níveis operacional ou tático da gestão também possam influenciar o nível estratégico.

( ) O design no nível estratégico pode contribuir para a definição do intento estratégico.

( ) Do intento estratégico surgem as competências essenciais.

Agora, assinale a alternativa que apresenta a sequência correta:

a. V – F – V – V – V.
b. F – V – V – V – F.
c. F – V – V – F – V.
d. V – F – V – V – F.
e. F – V – F – V – V.

4. Escolha qual a melhor alternativa para complementar a frase a seguir. A administração estratégica:

   a. apresenta sempre a mesma configuração.
   b. independe do tipo de empresa.
   c. teve uma herança nas estratégias de guerra.
   d. sofre influências somente do contexto social.
   e. não precisa se adaptar à realidade contemporânea.

5. Assinale a alternativa que apresenta as escolas da administração:

   a. Escola clássica de administração, escolas comportamentais de administração, escolas das teorias ambientalistas.
   b. Escola não clássica de administração, escolas comportamentais de administração, escolas das teorias ambientalistas.
   c. Escola de administração comparada, escolas comportamentais de administração, escolas das teorias ambientalistas.

d. Escola clássica de administração, escolas de administração coginitiva, escolas das teorias ambientalistas.

e. Escola clássica de administração, escolas de administração cognitiva, escolas das teorias comportamentais.

QUESTÕES PARA REFLEXÃO

1. A administração 4.0 trouxe para as organizações um novo cenário gerencial, em que os processos de informação desempenham grande papel. Reflita sobre esse contexto e busque pontos da administração 4.0 que podem afetar o design e sua gestão. Anote para discutir em grupo.

2. Identifique um exemplo de uma pequena empresa em que a gestão de design tenha os três níveis propostos sobrepostos. Faça um breve texto sobre a empresa e leve ao seu grupo para discutir.

3. Ao longo do texto, você viu como é importante a participação do design no nível estratégico da organização e em que medida isso pode contribuir para o sucesso das empresas. Reflita e comente como isso pode interferir no design de um produto, um sistema, um serviço ou uma experiência.

4. O texto do capítulo aponta para o caráter de retroalimentação do design nos seus três níveis. Você poderia dar um exemplo de como esse processo de retroalimentação acontece? Anote e leve a discussão ao seu grupo de estudos.

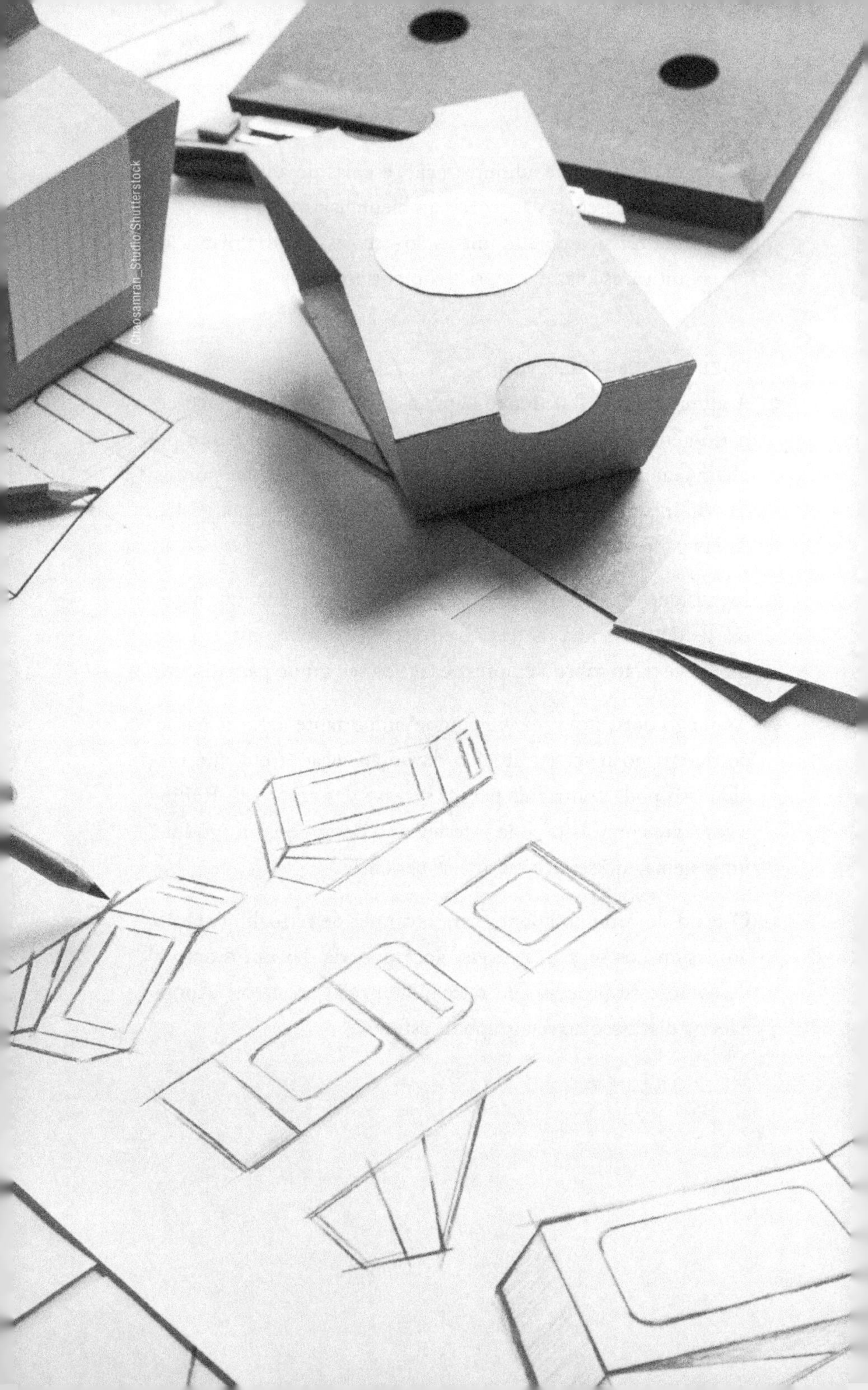

Capítulo 3

O DESIGN INOVADOR

Conteúdos do capítulo:
- Inovação, inovatividade e design inovador.
- A importância do contexto e do processo de inovação.
- Pesquisa prospectiva como base para a inovação em design.
- Identificação e construção do futuro com o design.
- Inovação incremental e radical com o design.

Após o estudo deste capítulo, você será capaz de:
1. perceber as diferenças entre inovação, inovatividade como potencial e design inovador;
2. discorrer sobre o contexto e o processo de inovação associados ao design;
3. considerar a pesquisa prospectiva para a definição de políticas de design e inovação;
4. identificar elementos para a construção do futuro com o design;
5. caracterizar a inovação incremental e radical ou disruptiva e a inovação guiada pelo design, voltadas às estratégias em design.

Agora que você sabe da importância em se pensar no futuro para a construção de competências essênciais, você poderá ver como essa construção se relaciona com a inovação. Desse modo, neste capítulo nos voltaremos mais especificamente aos aspectos da inovatividade e da inovação em relação a produtos, serviços, experiências e negócios inovadores.

Apresentaremos também o modo como é possível identificar mudanças nos cenários, o que auxilia a busca pela inovação. A partir das pesquisas de prospecção, verificaremos as tendências que podem ser criadas e detectadas.

Finalmente, iremos explorar a inovatividade em graus diversos, de acordo com as características da empresa e do seu mercado. Especialmente, veremos como a inovação guiada pelo design pode impactar a inovação tecnológica e como ambas, quando combinadas, podem produzir produtos com alto grau de inovação.

É sobre isso que iremos tratar agora.

3.1 Inovação, inovatividade e design inovador

Estratégias devem ser elaboradas para que as empresas se destaquem por serem únicas. Para isso, elas precisam inovar, ou seja, trazer algo que ninguém ainda trouxe para o mercado.

Para melhor compreendermos como se originam esses produtos inovadores, precisamos então trabalhar alguns novos conceitos que se associam à inovação e ao design. Nesse sentido, veremos primeiro as diferenças que existem entre os diversos termos associados à inovação, os quais às vezes são tratados como sinônimos, mas guardam características distintas.

Comecemos com o termo *descoberta*. Um cidadão tcheco, ao colher cogumelos, descobriu uma espada e um martelo que datavam da Idade do Bronze, com pelo menos 3300 anos (Barreiros, 2020). Sua surpresa inicial levou a uma pesquisa posterior. Mas essa foi uma descoberta ao acaso, diferentemente daquelas que podem ser resultantes de buscas intencionais, como em descobertas científicas, que têm o objetivo de empurrar a fronteira do conhecimento. Um exemplo de descoberta científica foi o achado do crânio do fóssil de Luzia, considerado o fóssil mais antigo do Brasil. Com essa descoberta, uma série de discussões científicas a respeito da origem dos primeiros habitantes das Américas se desdobraram, fazendo com que o conhecimento das nossas origens fosse mais bem compreendido (Brasil de Fato, 2018).

CURIOSIDADE

Como exemplo desse tipo de pesquisa, na Figura 3.1, a seguir, podemos ver o trabalho de um grupo de cientistas em busca por achados arqueológicos.

Figura 3.1 – **Busca por descoberta científica**

Gorodenkoff/Shutterstock

Agora, o conceito de **invenção** consiste em uma atividade que busca um resultado prático, sendo fruto de uma intenção em solucionar um problema. As invenções podem ser fruto da experiência prévia de alguém, mas, também, estão associadas às pesquisas científicas. Por questões comerciais, as invenções são normalmente protegidas pela legislação de propriedade intelectual. A invenção da lâmpada, por Thomas Edson, é um exemplo clássico de invenção, que se apoia no desenvolvimento de uma técnica no uso da eletricidade.

CURIOSIDADE

Outra invenção pode ser vista na Figura 3.2, a seguir, uma besta, inventada por Leonardo da Vinci.

Figura 3.2 – **Arco do tipo besta, inventado por Leonardo da Vinci**

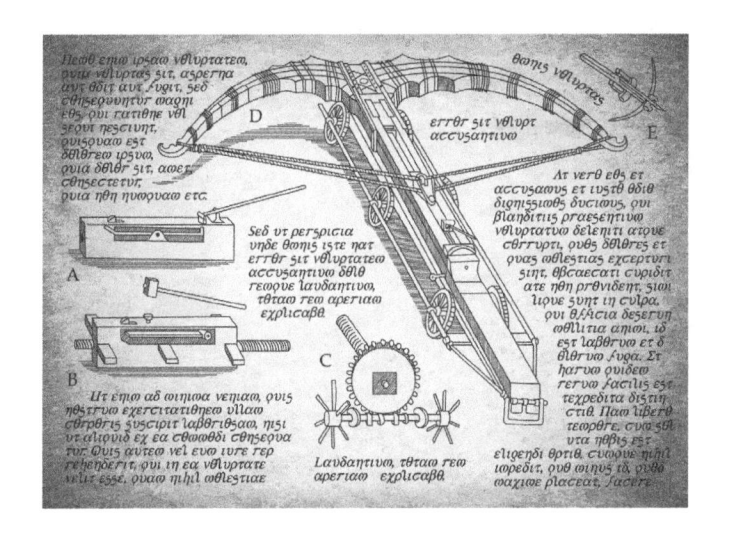

Muitas invenções se convertem em inovação, ao serem exploradas comercialmente. E essa é a característica principal da inovação, cujo objetivo é o desenvolvimento de uma invenção, uma tecnologia, um produto ou um processo com a finalidade comercial. Por exemplo, a invenção do telefone, atribuída a Alexander Graham Bell, que visava solucionar problemas de comunicação de deficientes auditivos, acabou se tornando uma inovação pela sua disseminação como produto e serviço de comunicação para todos.

CURIOSIDADE

Observe a Figura 3.3, a seguir. Nela, temos um produto inovador.

Figura 3.3 – **Produto inovador: drone**

Dmitry Kalinovsky/Shutterstock

O drone é inovador, porque gerou resultados comerciais para a empresa que o produz e comercializa.

As inovações podem ser classificadas em categorias distintas, segundo o Manual de Oslo (Finep, 2005):

- a implementação de um produto (bem ou serviço) novo ou significativamente melhorado;
- um processo ou um novo método de *marketing*;
- um novo método organizacional nas práticas de negócios, na organização do local de trabalho ou nas relações externas.

É possível observar que esses três aspectos estão relacionados ao design.

IMPORTANTE!

Você se recorda do caso da Natura, apresentado no Capítulo 1? Reflita sobre quais categorias de inovação estão presentes naquele exemplo.

Recentemente, o campo da inovação passou a ser bastante explorado na literatura da área do design, em que se destacam os aspectos referentes aos processos inovadores. Design inovador é aquele que diferencia a empresa das demais, com uma característica única e nova, que se reverte em sucesso comercial. Ele impacta os processos internos e externos da empresa e redefine o seu posicionamento, além de possibilitar produtos centrais e produtos finais inovadores. No entanto, nem toda novidade é inovadora. Para isso, ela precisa ter uma resposta positiva do mercado, destacando a empresa das demais.

Estudo de caso

Costa (2020), ao realizar uma avaliação comparativa, também conhecida como *benchmarking*, em empresas automotivas, relacionou algumas competências focadas por elas, considerando o futuro do carro autônomo. Ele encontrou os seguintes aspectos relativos à missão e aos valores das empresas pesquisadas: colaboração, abertura, diversidade, evolução e transparência.

No mesmo estudo, Costa (2020) destacou como produtos centrais plataformas e serviços veiculares, em associação a outras empresas. O autor destacou também os artefatos necessários para o compartilhamento de veículos autônomos, que resultarão em novos produtos finais.

Inovador é o atributo de conceitos, teorias ou modelos que não existiam previamente, bem como produtos, sistemas ou processos que possuem características de diferenciação em relação ao estado atual da arte. Um produto, um sistema, um serviço, uma experiência ou um negócio inovador são aqueles em que foi aplicada a inovatividade. A inovação decorre de proposições benéficas à sociedade e, por isso, as novas soluções podem ser inseridas no mercado produtivo e consumidor.

> **IMPORTANTE!**
> Agora que você já sabe o conceito, ao usar o termo *inovador*, tenha cuidado para não aplicá-lo sem ter a certeza de que realmente a proposição de design a que você se refere foi uma inovação.

3.2 A importância do contexto e do processo de inovação

Apesar de contar com os objetivos definidos, a inovação em si é uma atividade sistêmica, complexa, diversificada e decorrente de aprendizado e de interações entre os diversos atores e recursos envolvidos. Portanto, inovar não é uma ação independente das empresas, e muito menos do design, de modo isolado. Podemos dizer que o que determina ou não a inovação está relacionado ao ecossistema e ao processo de inovação à disposição, os quais sedimentam uma cultura criativa nas empresas (Mesacasa, 2018).

Kumar (citado por Dubberly, 2004) apresenta uma figura que resume o processo de inovação. Nela, o processo está organizado em quatro campos, que se orientam, na vertical, do real para o abstrato e, na horizontal, do conhecer para o fazer. Partindo de uma hipótese, trata-se de um processo em expiral, pois, eventualmente, o ciclo precisa novamente ser refeito. Veja a Figura 3.4, a seguir.

Figura 3.4 – **O processo da inovação**

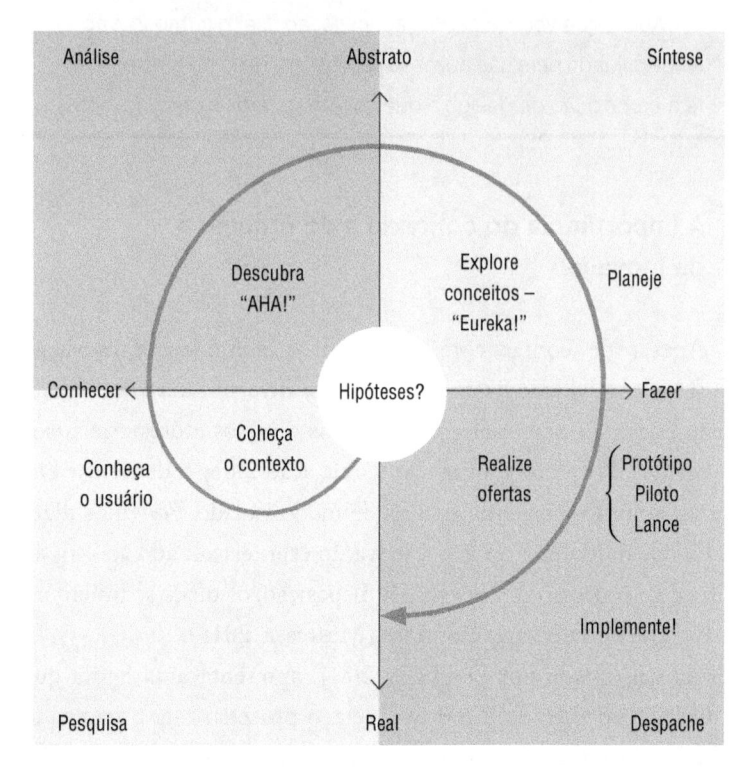

```
        Análise              Abstrato              Síntese

                        Descubra      Explore
                         "AHA!"      conceitos –      Planeje
                                      "Eureka!"

   Conhecer ←          Coheça    Hipóteses?              → Fazer
                      o contexto
       Conheça                         Realize        ⎧ Protótipo
       o usuário                       ofertas       ⎨ Piloto
                                                      ⎩ Lance

                                                    Implemente!

        Pesquisa              Real                Despache
```

Fonte: Dubberly, 2004, p. 125, tradução nossa.

Devido a sua complexidade, os processos de inovação nem sempre são bem definidos em suas etapas e decisões. Apesar disso, podemos dizer que o processo de inovação consiste em um conjunto de tarefas, sequenciais ou não, a serem realizadas ao longo do tempo, que são definidas de acordo com cada situação. Por exemplo, se estamos buscando uma inovação de longo prazo, o processo tem uma característica, mas se estamos buscando uma solução para um problema presente, a característica do processo será outra. E, mais além, se tratamos da inovação em uma grande empresa, o processo terá características distintas daquele que seria aplicado a uma pequena ou média empresa.

Quando são de longo prazo e voltados principalmente para as grandes empresas, os processos orientados à inovação devem estar conectados com o estabelecimento de um intento estratégico e com a construção de competências a ele relacionadas, voltadas a uma visão de futuro, como abordamos no Capítulo 1. Para a construção desse intento, são importantes as pesquisas denominadas *macro*, ou seja, de base, que apontem para um horizonte de longo prazo.

Nesse trabalho inicial, em que as empresas buscam a definição do seu intento estratégico, é necessário que uma política de design se desenvolva. Nesse momento, o design auxilia na construção da comunicação da filosofia da empresa, participa como catalizador e sintetizador de conhecimentos e informações geradas e ajuda na construção de valor a ser ofertado ao mercado na busca de inovação. Por essa atuação, o design no nível estratégico busca contribuir para a formação da imagem da empresa por meio de todas as comunicações, externas e internas, que ela estabelece (Mozota, 2003). Com a definição do intento estratégico, são estabelecidas as competências associadas ao desenvolvimento dos produtos centrais, que posteriormente irão gerar os produtos finais, devendo igualmente o design acompanhar esse processo.

Por exemplo, uma empresa do setor do vestuário, ao buscar uma nova tecnologia na confecção de tecidos de pele de peixe, precisa primeiramente desenhar o processo de produção da pele de peixe, para, a seguir, desenhar as vestimentas a serem comercializadas. A pele de peixe consiste em um produto central, enquanto a vestimenta pode ser o produto final.

CURIOSIDADE

A empresa Osklen produziu uma camiseta preta, inovando não apenas na cor, como também na cadeia produtiva do processo do algodão. Lançada em edição limitada, ela foi confeccionada em *e-cotton*, uma malha de algodão brasileira, com certificação sustentável. Por isso, atende a boas práticas sociais, ambientais e econômicas. Essas características impactam na visão da maneira de vestir dos consumidores e na divulgação nas mídias. A coleção da Osklen, a Black Edition, foi mencionada na Vogue Brasil, dentre outras publicações, demonstrando como a inovação pode impactar o consumo (Sucesso SA, 2019). Vemos, nesse caso, como o desenvolvimento de uma tecnologia com parceiros externos foi importante para o design voltado à moda na empresa.

Assim como as novas tecnologias, se o design se estabelece como uma competência central da empresa, é preciso também que ele seja incluído na fase inicial, ou seja, como uma estratégia empresarial. No nível estratégico, ele tem como atribuição contribuir para o processo de transformação da empresa, em busca de novos horizontes. (Mozota, 2003)

De modo resumido, o processo de inovação, associado ao design nos seus níveis estratégico, tático e operacional, apresenta uma estrutura que parte da pesquisa prospectiva, estabelecendo uma visão de futuro apoiada na inteligência de mercado, na prospecção tecnológica e em sinais fracos de tendências, por meio de uma percepção reflexiva e intuitiva (Fialkowski, 2019). Com isso, são estabalecidas a missão, a visão e os valores, que interagem com o intento estratégico da empresa, relacionados ao nível estratégico do design. Desse modo, no processo de inovação, as empresas passam a criar cenários que, pela idealização e pela conceitualização, irão construir a sua competência central. Nesse estágio, produtos centrais podem ser estabelecidos e associados a metaconceitos alinhados ao nível tático do design. Esses produtos centrais permitem a geração de novos negócios e a construção de produtos finais inovadores, no nível operacional do design, alinhados à competência central que assim se estrutura (Hamel; Prahalad, 1995).

A Figura 3.5, a seguir, resume esse processo.

Figura 3.5 – **O processo de inovação associado à gestão de design**

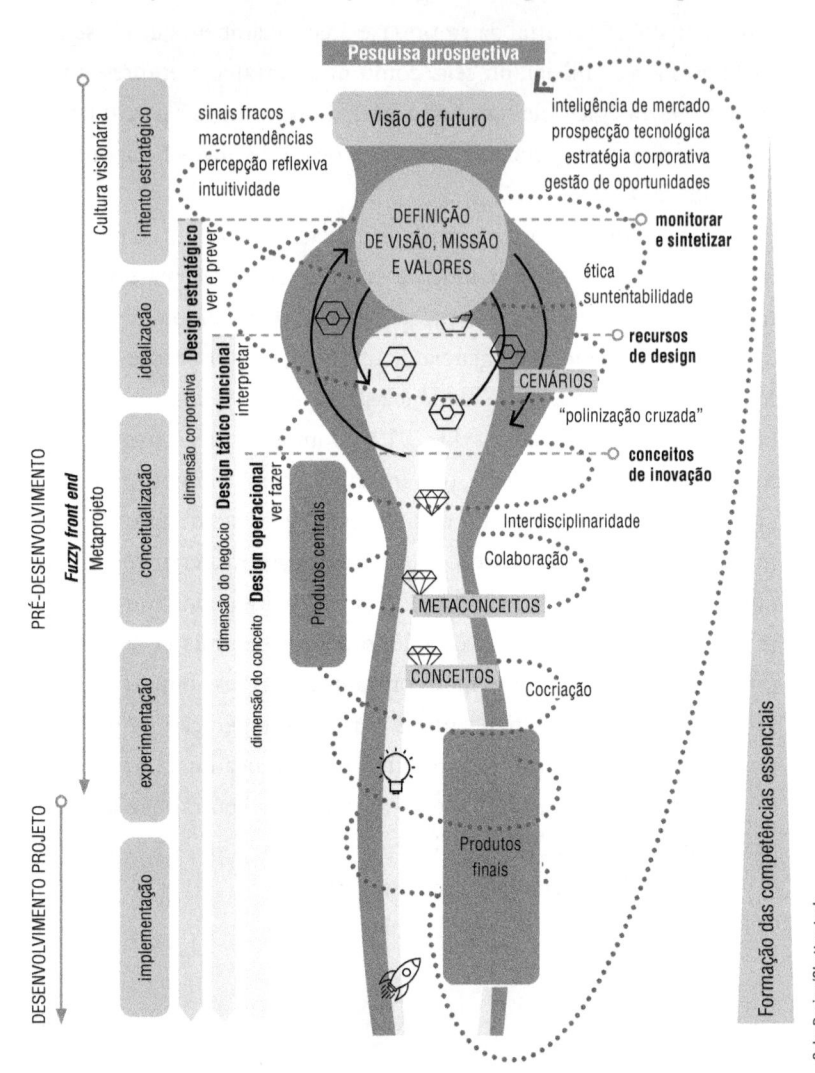

Pesquisa prospectiva

Visão de futuro

sinais fracos
macrotendências
percepção reflexiva
intuitividade

inteligência de mercado
prospecção tecnológica
estratégia corporativa
gestão de oportunidades

DEFINIÇÃO
DE VISÃO, MISSÃO
E VALORES

monitorar
e sintetizar

ética
suntentabilidade

recursos
de design

CENÁRIOS

"polinização cruzada"

conceitos
de inovação

Produtos centrais

Interdisciplinaridade
Colaboração

METACONCEITOS

CONCEITOS

Cocriação

Produtos
finais

PRÉ-DESENVOLVIMENTO
Fuzzy front end
Metaprojeto

DESENVOLVIMENTO PROJETO

Cultura visionária

intento estratégico
idealização
conceitualização
experimentação
implementação

dimensão corporativa **Design estratégico** ver e prever
dimensão do negócio **Design tático funcional** interpretar
dimensão do conceito **Design operacional** ver fazer

Formação das competências essenciais

Fonte: Elaborado com base em Hamel; Prahalad, 1995; Fialkowski, 2019.

Na fase de idealização, ideias são geradas interna ou externamente à empresa, apoiando-se em informação, conhecimento e criatividade. Consumidores, fornecedores, concorrentes, especialistas, institutos de pesquisa, universidades e fontes de informação diversas são a base para essa etapa (Mesacasa, 2018), e o design atua como um dos intérpretes desse futuro vindouro, em razão de seu pensamento intuitivo, associado ao lógico, bem como pelo treinamento para criatividade e linguagem de representação.

Em uma segunda etapa, as ideias geradas precisam ser avaliadas considerando o mercado, a tecnologia, o fator humano e o alinhamento com os negócios, refinando a ideia primeira (Mesacasa, 2018). Nessa segunda etapa, o design contribui elaborando *mockups*[1], acompanhando testes e verificando como os conceitos propostos na primeira etapa são recebidos.

A seguir, as ideias devem ser submetidas a testes com *feedback* sobre seu desempenho (Mesacasa, 2018). Trata-se de uma fase em que o design tem o papel de detalhar os elementos dos produtos finais, que devem estar alinhados com o posicionamento da empresa. E, finalmente, a inovação pode ser disponibilizada para os consumidores.

Ao longo desse processo, a construção das competências se inicia, sendo gradativamente incorporada à empresa em um processo de aprendizagem.

Magalhães (1997) destaca que o design precisa se integrar aos processos decisórios, interagindo com todas as áreas relevantes e atuando como uma ferramenta para as organizações atingirem seus objetivos, por meio da adequação entre suas capacidades e o

---

1 *Mockups* são modelos preliminares bi ou tridimensionais que simulam os produtos, a fim de se verificar adequações ao uso.

seu ambiente de atuação. O design, nesse contexto, pode ser utilizado como catalizador, sintetizador e materializador de conhecimentos e informações. Nesse processo, as pesquisas de tendências são importantes para a revisão das previsões de longo prazo e para o atendimento a demandas novas, que surgem no contexto geral.

Além disso, no dia a dia, a empresa precisa rever seu portfólio de produtos finais e reagir diante das mudanças no mercado, diferenciando-se nas ofertas de valor na busca de processos de inovação voltados ao curto prazo.

Mas apenas o processo em si não determina o sucesso em termos de inovação. É necessário considerar onde ele ocorre, ou seja, o seu ecossistema.

O ecossistema de inovação é constituído por um conjunto de elementos que estimulam a interação e a cooperação entre diversos agentes. Por exemplo, parques tecnológicos, incubadoras, associações, dentre outros, são importantes participantes de ecossistemas de inovação. Isso se relaciona também ao modo como a inovação se espalha. Com isso, ao ser explorada por outras empresas em diversos canais, a inovação potencializa a lucratividade por ela gerada, causando um impacto econômico pela sua difusão (Finep, 2005).

PARA SABER MAIS

Você já ouviu falar no Vale do Silício? Ele é um ecossistema que propiciou a inovação de muitos produtos que nos circundam. Se você quiser saber mais, veja:

ORÉFICE, G. Tudo que você precisa saber sobre o Vale do Silício. Pequenas Empresas & Grandes Negócios, 20 fev. 2020. Disponível em: <https://revistapegn.globo.com/Startups/noticia/2020/02/tudo-que-voce-precisa-saber-sobre-o-vale-do-silicio.html>. Acesso em: 10 out. 2021.

Uma empresa pode ser caracterizada como inovativa quando exibe práticas que promovam a idealização, o aprimoramento, a experimentação e a implementação de novas ideias, que podem resultar em produtos, sistemas, serviços, experiências e negócios. Para isso, ela faz uso de um conjunto integrado e dinâmico de capacidades, comportamentos, processos e atividades que levam à inovação. E o conjunto desses elementos determina o grau de inovatividade que a empresa apresenta (Quandt; Bezerra; Ferraresi, 2013).

Esses elementos – capacidades, comportamentos, processos e atividades – se apoiam em dimensões sustentadoras da inovatividade, relacionadas à estratégia, à cultura, às práticas gerenciais e aos processos que articulam os conhecimentos e a gestão da inovação (Quandt; Bezerra; Ferraresi, 2013). Essas dimensões podem ser caracterizadas da seguinte forma (Mesacasa, 2018):

- **Estratégia** – A estratégia, o intento e a competência a ser criada, a missão e os objetivos definidos pela administração geram a inovação.
- **Liderança** – O líder, ou os líderes, é(são) o(s) responsável(is) pela condução do processo de inovação, tornando a inovação uma parte da mentalidade da empresa.
- **Cultura** – As crenças, os valores e as normas da organização interferem no potencial inovador da empresa, pois afetam os processos, as políticas, os sistemas e os comportamentos.
- **Estrutura organizacional** – Refere-se a estruturas flexíveis, gestão orientada a processos que se apoiam em inovações administrativas, assim como processos produtivos associados a inovações tecnológicas, ligadas a condições operacionais.

- **Processos** – A inovação é uma atividade contínua, composta de tarefas descontínuas, ou seja, processos, orientados a projetos.
- **Pessoas** – Pessoas preparadas e estimuladas criam o conhecimento necessário à inovação.
- **Relacionamentos** – Redes internas (Pesquisa e Desenvolvimento – P&D, *marketing*, produção) e externas (clientes, fornecedores, sócios, entre outros) de colaboração mútua e todos aqueles com alguma capacidade de ajudar na inovação constituem elementos centrais da inovação.
- **Infraestrutura tecnológica** – Permite a maximização dos lucros a longo prazo, e o empreendedorismo alinhado à orientação tecnológica aumenta o grau de inovação.
- **Mensuração** – Avaliar permite uma melhor gestão da inovação e da capacidade futura de inovar.
- **Aprendizagem** – A volatilidade do tempo presente demanda um aprendizado organizacional constante, mas também a possibilidade de inovação; desse modo, a gestão do conhecimento pode contribuir bastante na gestão de inovação organizacional, apoiada no conhecimento tácito, implícito ou explícito.

Ora, por que precisamos saber isso? Porque o processo de design depende igualmente desses fatores para produzir produtos, sistemas, serviços, experiências ou mesmo configurar novos negócios inovadores. Não basta apenas querer inovar.

> **Estudo de caso**
>
> Veja esse caso: um escritório de design elaborou um móvel para uma empresa catarinense. O produto foi apresentado em um concurso de design e conseguiu ganhar um prêmio, mas ele nunca chegou a ser comercializado, apesar de a empresa haver contratado e pago pelo serviço. Assim, apresentando uma novidade em termos formais, o móvel não chegou a se configurar em uma ação inovadora. Por quê? Porque a estrutura organizacional, o posicionamento do líder e os relacionamentos da empresa não se ajustavam ao novo produto. A empresa não estava plenamente preparada para ele. Ela não possuía uma estrutura com as dimensões sustentadoras da inovação.

Estudos a respeito da inovação se intensificaram nos últimos anos. Mas é importante alertar que o conceito de inovação ainda apresenta alguns sombreamentos que precisam ser explorados com mais profundidade, pois existem algumas divergências. Por exemplo, os aspectos relativos ao impacto econômico da atividade ainda suscitam dúvidas.

Embora esteja em grande parte associada a P&D, a inovação pode acontecer em todos os tipos de empresas: de pequeno, médio e grande porte. Além disso, a inovação pode ser encontrada em qualquer setor da economia, inclusive em serviços públicos, como saúde e educação.

Em termos de políticas de design, o capital simbólico formado pelo conhecimento em design permite a empresas e países atingirem vantagens econômicas e políticas. O governo brasileiro tem promovido timidamente a ciência para o desenvolvimento nacional. Programas de apoio concentrados nas questões da inovação e na perspectiva de um posicionamento do país no cenário global, o que contribui para a competitividade das empresas e instituições, são importantes para o fortalecimento do design nacional (Kistmann, 2001).

3.3 Pesquisa prospectiva como base para a inovação em design

Frequentemente, designers iniciam o processo de desenvolvimento de produtos tentando entender o consumidor. Normalmente, essa abordagem leva à oferta de mudanças incrementais, adequadas ao curto prazo (Hamel, Pralahad, 1995; Verganti, 2009; Trott, 2012; Hamel, 2012b). Isso acontece porque essa busca se apoia em uma visão do "aqui e agora". Porém, para a obtenção de uma inovação radical, as respostas não estão nos usuários (Norman; Verganti, 2013), e sim na compreensão dos desejos futuros do consumidor. Para isso, é necessário o apoio das estruturas das ciências sociais para analisar os resultados (Bürdek, 2006).

A pesquisa prospectiva consiste em um caminho potencial para a inovação, já que ela permite identificar e compreender os valores dos consumidores e buscar meios para atender os desejos deles de modo proativo. Para isso, gestores de design precisam ser capazes de: identificar essas tendências a tempo de usá-las estrategicamente, posicionando-se no mercado; lançar novos produtos, percebendo uma necessidade latente; e abrir um novo mercado, norteando o processo de inovação das organizações (Fialkowski, 2019).

A pesquisa de prospecção é tratada tanto do ponto de vista lógico quanto do intuitivo, razão por que deve se apoiar na diversidade de informações e no pensamento criativo. Designers têm muito a contribuir para esse processo prospectivo, participando da equipe multidisciplinar e do planejamento futuro e promovendo transformações que permitam a oferta de produtos e serviços diferenciados, considerando inclusive as propostas para as cidades criativas (Kelley, 2001; Daros, 2018).

O campo da pesquisa de prospecção envolve aspectos diversos: a prospecção em si, os cenários e os estudos do futuro. A prospecção pode ser considerada como estudos conduzidos para a obtenção de dados a respeito do futuro, de curto, médio e longo prazos. A pesquisa de cenários refere-se à construção de uma narrativa que se estabelece por meio das prospecções; e estudos do futuro abrangem todos os tipos de estudos relacionados à tentativa de compreender o futuro (Back, 2008).

Nos estudos prospectivos, designers e gestores de design podem prever fenômenos por meio do desdobramento dos sinais percebidos e, com isso, antecipar determinadas situações (Fialkowski, 2019).

As técnicas de construção de cenários e as pesquisas de tendências fazem parte dos estudos prospectivos. Esses estudos são "conduzidos para obter informações sobre eventos futuros, apoiando decisões tanto de curto prazo, focadas em análises de setores específicos; como até de longo prazo, com base em uma avaliação mais ampla das mudanças sociais, políticas, econômicas e tecnológicas" (Fialkowski, 2019, p. 35).

Os estudos prospectivos são parte da gestão do conhecimento e das atividades de inteligência, já que a construção de cenários consiste em um modo de gerir conhecimento nas organizações com objetivo estratégico.

> A gestão do conhecimento é o processo de coordenação deliberada e sistemática das pessoas, da tecnologia, das atividades e da estrutura de uma organização com objetivo de adicionar valor por meio do uso do conhecimento para a inovação. Essa coordenação é alcançada por meio da criação, do compartilhamento e aplicação do conhecimento assim como pela alimentação de lições aprendidas e das melhores práticas que compõem a memória corporativa, e ainda, suportada por uma cultura de aprendizagem. (Ferraresi, 2010, p. 23)

Fialkowski (2019, p. 48) aponta que, na prospecção, "pequenos fragmentos de informação podem conter sementes de inovação, que podem [...] significar uma grande ruptura". Esses sinais fracos, oriundos de informações mal estruturadas, esparsas e desconexas, por isso difícil de serem identificados, podem ser elementos importantes para a inovação. Nesse sentido, a inteligência estratégica serve como suporte nas empresas, uma vez que trata de modo sistemático a busca, a obtenção e a associação de informações relevantes para a formação de estratégias empresariais.

Hoje, o conjunto de tecnologias e métodos para lidar com a análise de dados, que permite a empresas evoluírem seu modelo analítico, compõe o *big data*, que se apoia na Tecnologia da Informação e Comunicação (TIC), permitindo acesso a quantidades volumosas de dados que podem se converter em informações para a construção de previsões. Cada vez mais, esse modo de pesquisa é utilizado para a construção de cenários futuros. Em equipes multidisciplinares e com esses dados, designers poderão participar da oferta de novas soluções para o mercado (Fialkowski, 2019).

No longo prazo, a oferta de produtos inovadores se apoia na busca pelos "tijolos faltantes" no cenário futuro. Com isso, as empresas podem construir as suas competências centrais, das quais se originam os produtos centrais e os produtos finais (Hamel; Pralahad, 1995). Isso é importante, uma vez que o ato de seguir as demais empresas está focado em uma estratégia apenas voltada aos clientes, o que leva à seguinte questão: Será que os clientes de hoje serão os clientes de amanhã? Por isso, designers e gestores de design precisam verificar as necessidades não articuladas, que permitirão às empresas inovar. Inovar é criar cenários, em que novos produtos, serviços, sistemas, experiências e negócios possam se inserir.

No curto prazo, o que pode ser previsto hoje não necessita da construção de cenários, já que estes correspondem a uma incerteza do ambiente. A construção de cenários se apoia na busca para além do que se conhece, permitindo encontrar novas ideias a partir das quais é possível construir o futuro (Jayme, 2009; Buck; Herrmann; Lubkowitz, 2019).

No tempo presente, a construção de cenários torna-se ainda mais importante, pois a rapidez e as mudanças em termos de mercado e tecnologia geram um ambiente flexível, volúvel. Cabe, assim, ao designer a sensibilidade para perceber as mudanças rápidas de modo a propor soluções aos novos problemas que se originam.

Mas o futuro não é um dado pronto. Ele consiste em um conjunto de dados e eventos dos quais participam diversas variáveis e diversos atores, que configuram um contexto ficcional na forma de um cenário. Essa característica ficcional dá aos cenários futuros uma instabilidade inerente, mas também oferece uma oportunidade de reflexão a respeito dos caminhos a serem seguidos. Apesar de se considerar que as projeções futuras de longo prazo não possuem grande efetividade, pela falta de precisão que oferecem, a construção de cenários possui horizontes diversos. Por exemplo, imaginar como será o futuro em um ano é muito diferente de imaginar como será o futuro em cinco anos.

Bürdek (2006) aponta que a técnica de construção de cenários futuros começou a ser usada de modo intenso como instrumento de trabalho após as guerras mundiais, pois essa técnica se origina do campo militar, expandindo-se aos campos da economia, da gestão e do planejamento. A partir de então, essa técnica de prospecção vem sendo usada por empresas e institutos de pesquisa que usam dados para construir uma visão de futuro. Hoje, existem diversas modalidades de construção de cenários, cada qual aplicada a um tipo de horizonte. Elas determinam o tipo de inovação que se pode obter, como veremos a seguir.

PARA SABER MAIS

Para saber mais sobre a construção de cenários futuros, acesse o seguinte *link*:

WEIGEL, J. **O que é Foresight?** 17 jan. 2020. Disponível em: <https://www.youtube.com/watch?v=JcZCgwPSk_4>. Acesso em: 10 out. 2021.

3.4 Identificando e construindo o futuro com o design

Estaremos, aqui, tratando de fenômenos que muitas vezes não acontecem de modo sequencial e independente. Nesse caso, a divisão dos estudos em relação ao futuro de modo desmembrado – por meio da construção de cenários e da formulação de tendências em tópicos – serve para facilitar a compreensão desses conteúdos. Como em toda atividade de concepção, tem-se uma fase de exploração e uma fase de síntese. A Pestel (acrônimo de *Política, Economia, Social, Tecnologia, Ambiente* e *Legislação*, e que ainda pode incluir a *Ética*) é uma ferramenta de exploração, já que a primeira atividade no uso da técnica de construção de cenários consiste em identificar um horizonte de curto, médio ou longo prazo. No entanto, o futuro não é um dado fixo, mas sim uma narrativa construída a respeito dele, a qual sofre influências constantes ao longo do tempo. Trata-se de um esforço em fazer descrições plausíveis e consistentes a respeito de situações futuras (Wright; Spers, 2006).

Com isso, profissionais ligados ao design devem buscar as principais condicionantes que comporão o caminho entre o presente e o futuro, indicando as ações que precisam ser adotadas. Portanto, a construção de cenários pode ser entendida como a construção de uma narrativa fluida, que oferece múltiplos *insights* sobre a mudança, a progressão dos eventos e o aprendizado organizacional necessário para se posicionar estrategicamente. Porém, designers e gestores de design devem atentar para o fato de que a construção de cenários não pode ser vista como uma atitude mecanicista (Pereira, 2017).

Na construção de cenários, é importante observar os fatores políticos, econômicos, sociais, tecnológicos, ambientais e legais, os quais configuram os cenários futuros. Por causa deles, foi desenvolvida a ferramenta de diagnóstico do ambiente externo que utiliza o acrônimo Pestel, mencionada antes, para a construção de cenários futuros do ponto de vista macro. Como vimos, em alguns casos, acrescenta-se mais um E, referindo-se ao fator ético (CIPD, 2020).

Por ser uma técnica de análise macro para a compreensão abrangente do contexto futuro, a construção de cenários precisa ser acompanhada passo a passo. Veremos a seguir o que significa cada letra da Pestel (Silva, 2020):

- **Fatores políticos** – Consideram a intervenção governamental nos diversos fatores que conduzem a sociedade. Estabilidade e instabilidade trazem consequências sociais e atuam como vetores da rentabilidade econômica. Investimentos em infraestrutura trazem benefícios em geral. Legislação trabalhista, ambiental e comercial impacta o desenvolvimento da economia futura. Apoio ao sistema educacional e de saúde também são vitais para o desenvolvimento nacional, regional e local.
- **Fatores econômicos** – Referem-se ao crescimento econômico, à inflação, ao câmbio, aos juros e a taxas de desemprego. Podem ser micro ou macroeconômicos. Os fatores microeconômicos estão ligados ao modo como os consumidores empregam suas rendas, enquanto os fatores macroeconômicos relacionam-se com a economia global no que se refere às condições de oferta e demanda.
- **Fatores sociais** – As influências culturais, as crenças e os valores da sociedade afetam também o modo como os consumidores reagem ao consumo em geral. É importante observar dados

demográficos relacionados ao crescimento populacional por faixas etárias, distribuição da renda, nível educacional, além de fatores como interesses, opiniões sobre segurança em saúde, estilos de vida e barreiras culturais.

- **Fatores tecnológicos** – Referem-se a mudanças tecnológicas que apontam a termos produtivos e sob o ponto de vista da distribuição dessas tecnologias. Estão ligados a incentivos tecnológicos, ao nível de atividade de inovação, ao investimento em Pesquisa e Desenvolvimento (P&D), a mudanças tecnológicas e ao conhecimento do mercado. Tecnologias disruptivas em desenvolvimento precisam também ser analisadas.
- **Fatores ambientais** – Do inglês *environmental*, os fatores ambientais foram adicionados mais recentemente, devido aos aspectos macroeconômicos envolvidos, referentes à crescente escassez de matérias-primas e às metas internacionais sobre poluição e consumo de carbono. Relacionam-se especialmente às compensações ambientais e às mudanças climáticas.
- **Fatores legais** – Relacionam-se a questões relativas aos direitos dos consumidores, a patentes e direitos autorais, a leis trabalhistas, de segurança e saúde e ambientais.

EXEMPLO PRÁTICO

Pense sobre a seguinte questão: Se você é designer, esses fatores afetam diretamente o seu trabalho, não? Então, imagine as seguintes situações:

- Você é designer e trabalha em uma empresa exportadora. A imagem dessa empresa está relacionada ao tipo de política desenvolvida no país em que ela está sediada, mas também aos mercados em que ela pretende se inserir. Portanto, por exemplo, o design de embalagem que você vai desenvolver precisa considerar essa imagem, no sentido de explorar aspectos positivos da origem do produto em relação ao mercado externo.

- Você trabalha em um escritório que desenvolve jogos eletrônicos. Como designer de jogos, você precisa entender como os consumidores finais despendem seus recursos para a aquisição dos jogos. Isso afeta como eles avaliam os produtos e serviços.
- Você é um designer gráfico e está desenvolvendo algo para um anúncio publicitário. É importante, nesse caso, considerar os valores em relação, por exemplo, a grupos minoritários.
- Considerando os aspectos tecnológicos, pense que você está desenvolvendo um aplicativo para celular. Nesse caso, precisa considerar a disponibilidade de acesso à tecnologia pelos usuários. Outro exemplo, nesse caso, pode ser o modo como investimentos são feitos para a introdução de novos componentes em determinados produtos, como a Internet das Coisas – do inglês IoT. Esses fatores podem demandar importação de tecnologias, terceirização de atividades e produção da tecnologia no exterior.
- No que se refere ao meio ambiente, existem hoje diversas tecnologias para minimizar os impactos ambientais. Como designer de produto, é importante considerar esse aspecto, principalmente porque ele afeta os setores produtivos, levando as empresas a práticas de responsabilidade sustentável, do ponto de vista tanto social quanto econômico ou ambiental.

- Em termos legais, se você não estiver ciente das modificações que acontecerão, ou não atuar de modo que sua empresa se resguarde legalmente, seu design terá problemas no futuro. Por exemplo, o modo de ensino a distância, que cresce dia a dia, precisa de amparo legal para a sua aplicação. Além disso, se a empresa atua nos mercados externos, a legislação internacional deve ser considerada.

- Mais recentemente, foi adicionada a esses fatores a questão ética. Isso inclui princípios morais que afetam o desenvolvimento de produtos, serviços, experiências ou negócios futuros. O comércio justo, o trabalho escravo e infantil, assim como o voluntariado, a contribuição filantrópica, ativista ou de caridade, são fatores que contribuem para a construção do cenário futuro. Aqui, então, se incluem também estereótipos sociais, questões de gênero e raciais, que afetam o design.

Por sua dinamicidade inerente, esses fatores trazem possibilidades de influências diversas, inclusive não previstas, fazendo com que a construção de cenários precise ser pouco a pouco acompanhada para que esse futuro previsto, quando chegar, esteja alinhado ao que se pretende em termos de oferta.

É preciso destacar que a construção dos cenários não consiste em uma evolução do passado nem do presente, embora deles se origine. Portanto, é muito importante que designers e gestores de design se desvinculem das amarras que o passado e o presente colocam. Além disso, é importante uma visão que considere o contexto global, pois a competitividade ocorre quando a empresa se posiciona diante dos mercados globais.

A análise com a técnica Pestel permite vislumbrar eventos que poderiam passar desapercebidos e que impactam o desenvolvimento de um produto. Esses eventos tanto podem ser explorados de modo positivo como podem consistir em ameaças que não são facilmente detectadas.

> Por exemplo, se você descobrir que haverá um aumento de 15% no crescimento da população em uma determinada cidade, isso pode ser excelente para os seus negócios. Porém, se o aumento for predominantemente de idosos, enquanto o seu mercado-alvo está na faixa de 20 a 30 anos, isso poderá ser uma chance de alcançar um novo público com um novo produto [...] [Pode ser também que você possa ver] que seu mercado-alvo está se movendo em direção a um novo canal de mídia social. E essa seria uma oportunidade ideal de criar uma campanha de marketing antes do seu concorrente. (Silva, 2020)

Portanto, com a identificação desses cenários, é possível estabelecer tendências que poderão afetar o setor em que a empresa se insere. No entanto, se a empresa, seus gestores e designers não tiverem a capacidade de executar o que vislumbram na previsão futura, não obterão o sucesso que pretendem. Do mesmo modo, se tiverem uma habilidade executiva grande, mas não uma previsão do futuro do setor em que atuam, não terão o êxito que almejam (Hamel; Prahalad, 1995).

A pesquisa de prospecção por meio da construção de cenários procura identificar situações futuras ainda não bem delineadas, voltadas principalmente para a construção de estratégias de longo prazo.

Por outro lado, a pesquisa de tendências busca identificar fatos já em crescimento, ou seja, elementos que podem alterar o cenário em médio ou curto prazo, dependendo do setor em que o design se aplica.

> **PRESTE ATENÇÃO**
>
> Pense no setor da moda. Nele, o ciclo tem sido bastante curto, uma vez que são analisadas tendências voltadas às estações climáticas. No caso do design de móveis e do design de interiores, as orientações não oscilam com tanta frequência, e são as feiras internacionais que apontam para as tendências que já estão sendo exploradas. Também em setores em que as mudanças ocorrem de modo mais lento, em razão dos altos investimentos necessários, as tendências são pesquisadas mais espaçadamente.

O termo *tendência* tem sua origem no campo do vestuário. Primeiro, os costureiros eram os que ditavam as tendências, que se convertiam em moda (Jayme, 2009). Posteriormente, sua sistematização passou a ser aplicada aos negócios, com o propósito de ajudar a indústria têxtil no pós-guerra (Marques, 2014).

No campo dos estudos a respeito das tendências, podemos encontrar os termos *hype*, *moda* e *tendência*. Eles têm seus significados relacionados a dois fatores: a intensidade com que ocorrem e o tempo de permanência (Fialkowski, 2019). Na Figura 3.6, a seguir, podemos ver como esses termos se relacionam a esses dois fatores.

Figura 3.6 – **Hype, tendência e moda**

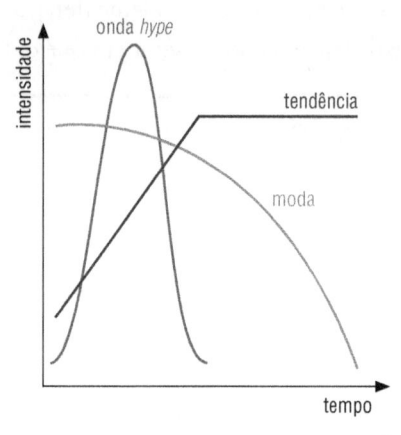

[Gráfico: eixo vertical "intensidade", eixo horizontal "tempo", mostrando três curvas identificadas como "onda hype", "tendência" e "moda".]

Fonte: Fialkowski, 2019, p. 33.

O *hype*, ou onda, é um fenômeno que viraliza com grande intensidade e em curto espaço de tempo. Já a moda, fenômeno dominante tomado como modelo, tem um início de alta intensidade, mas cai ao longo do tempo. Por sua vez, a tendência representa um fenômeno que se manifesta como um comportamento relacionado ao espírito do tempo e com a sensibilidade anunciada por sinais, que cresce e permanece por um determinado período, sendo regida por impacto, durabilidade e causa (Fialkowski, 2019).

A pesquisa de tendências pode servir tanto para formular como para identificar uma tendência. No primeiro caso, serve para estabelecer estratégias que vão orientar o direcionamento estratégico das empresas, com consequências no tipo de oferta de valor que as empresas fazem, o que faz com que sejam seguidas por outras. No segundo, serve para se acompanhar tendências já em andamento, para que as empresas possam investir em novas ofertas, mas sem a preocupação de inovar.

Quando a preocupação é com a inovação, a antecipação da curva de tendência vem de uma gama de informações mutantes, como vimos na técnica Pestel. Mas, no caso da identificação de tendências já em curso, elas podem ser procuradas observando-se "para que serve a informação, que tipo de informação deve-se procurar, como chegar à informação específica e setorial e, [sic] como explorar e personalizar a informação" (Jayme, 2009, p. 43).

O processo de prospecção de tendências é constituído por fases distintas. Primeiramente, busca-se a obtenção de dados do cenário vislumbrado ou que determinou a tendência. Esse material é editado, buscando-se similaridades e cruzamentos possíveis entre os dados coletados. A seguir, a tendência é formulada ou definida pela análise e interpretação desses dados (Fialkowski, 2019).

No caso de tendências já em andamento, é possível perceber a causa do surgimento e o modo como elas se manifestam. Com base nisso, podem ser traçadas previsões e estabelecidos parâmetros que constroem as tendências, como conceitos, formas e materiais. Isso, em geral, é apresentado na forma de *mood boards*[2], cadernos de tendências ou outros meios de representação (Fialkowski, 2019).

A pesquisa de tendências é disponibilizada por empresas que se especializam nesse tipo de estudo, algumas com metodologia de investigação própria, outras que apenas estabelecem a interpretação e a difusão com base em dados de outras instituições. Grandes empresas, em alguns casos, apresentam departamentos para a realização do monitoramento de tendências.

---

[2] *Mood boards* são painéis gráficos que apresentam os sentimentos que o designer busca no seu projeto.

Para facilitar o trabalho das empresas na identificação de tendências em andamento, instituições diversas apresentam periodicamente os cadernos de tendências. Nele, podem ser visualizados os elementos visuais e conceituais que orientam essas tendências. No Brasil, o Serviço Nacional de Aprendizagem Industrial (Senai) e o Serviço Brasileiro de Apoio às Micro e Pequenas Empresas (Sebrae) publicam esses cadernos para fomentar setores, como moda, joias, mobiliário, calçados e cerâmica de revestimento (Jayme, 2009). Esses materiais são úteis para as empresas que estabelecem uma estratégia de acompanhamento das tendências. Em geral são empresas de médio ou pequeno porte, que não têm tradição nos estudos prospectivos. No entanto, Bürdek (2006) critica o comércio dos cadernos de tendências, pelo fato de eles não auxiliarem as empresas em uma reflexão crítica a respeito do futuro, de modo que elas tirem suas próprias conclusões.

Essa crítica se baseia no fato de que as tendências são construções narrativas apoiadas na detecção de cenários futuros, para os quais são formuladas hipóteses. Por isso, a construção dessas narrativas deve ser elaborada caso a caso, resultando em formas diferentes. As tendências tanto podem construir narrativas teóricas – por exemplo, a tendência ao consumo autoral[3] –, como podem ser criadas por empresas, por meio da definição de estratégias para lidar com esses novos cenários, como o lançamento de produtos inovadores.

Precisamos também destacar que, depois de saber como os cenários poderão se desenvolver, é importante que as empresas tracem tendências que possam influenciar a atuação de seus produtos,

---

[3] Consumo autoral é um tipo de consumo em que os consumidores participam do processo de construção do produto ou da marca.

serviços, sistemas, suas experiências ou seus negócios. Para isso, é necessária a participação dos diversos setores da empresa, buscando as implicações que podem decorrer dos cenários encontrados por meio da formulação de hipóteses estratégicas. Essas hipóteses podem se converter em objetivos estratégicos futuros.

3.5 Inovação incremental e radical com o design

Quando falamos em *inovação*, por estar associada à criatividade, podemos pensar que ela acontece como uma centelha que atinge o cérebro de um ser iluminado: o designer. Certamente, o design consiste na aplicação de conhecimentos que geram artefatos inovadores, mas, efetivamente, para que a inovação aconteça, em especial nas grandes empresas, é necessário que ela não seja pensada isoladamente.

A inovação acontece principalmente por meio de processos colaborativos, que trazem ao mercado algo novo, que se reverte em sucesso no contexto em que se insere, seja pela aprovação dos pares, seja pela utilização dessa novidade em outras ações que nela se apoiam. Assim, a inovação não deve ser considerada como um fim, mas sim como um meio. Por isso, designers precisam sempre considerar a inovação, seja ela uma novidade trivial, seja ela uma novidade incremental ou radical, como em seu contexto amplo (Kistmann, 2014).

Os processos que buscam a inovação devem estar articulados com o intento estratégico definido, integrados com a competência central e associados à visão, à missão e aos valores que a empresa definiu para si, como vimos na Figura 3.6 Assim, neste tópico, vamos analisar as modalidades em que a inovação acontece.

Os estudos relativos à inovação apontam cinco momentos da evolução dela no tempo. No primeiro momento, que abrangeu o período entre os anos 1950 e a metade dos anos 1960, a inovação era predominantemente empurrada pela tecnologia, e considerava-se que ela vinha das descobertas científicas, resultando em novas linhas de produtos para o mercado. Em um segundo momento, da metade de 1960 ao começo dos anos 1970, foi considerada como "puxada pelo mercado", e tinha como ponto central a identificação das necessidades dos usuários – daí os avanços decorrentes de muitos estudos ergonômicos. Já o terceiro momento, do início de 1970 até metade de 1980, foi definido como *modelo acoplado*, fazendo a união dos modelos anteriores e tendo como foco o controle financeiro, com a busca por redução de custos e racionalização para inovar. A quarta geração, dos meados de 1980, é chamada de *modelo integrado*, quando o processo de globalização se intensificou, devido à busca de maior velocidade no processo de inovação em razão dos curtos ciclos de vida dos produtos. E, finalmente, a quinta geração despontou nos anos 1990, com a cumulação de competências tecnológicas, redes estratégicas de relacionamentos, velocidade no atendimento, flexibilidade e adaptação a alterações no mercado e, especialmente com as TICs, sendo denominada *integração de sistemas e redes* (Mesacasa, 2018).

Quanto aos tipos de inovação, os quais trazem os principais conceitos a respeito desse assunto, são: inovação incremental e inovação radical. Deste último se desdobra a inovação radical de significado. Cada tipo acontece conforme o grau de impacto e a modalidade de sua operação. Os tipos também podem ocorrer de acordo com as funções técnicas, de uso ou simbólicas (Ono, 2006) ou mesmo ser orientados pelo mercado, pela tecnologia ou pelo design (Verganti, 2009).

Uma inovação com base na função técnica se caracteriza pelas modificações obtidas a partir do uso de materiais, processos ou acabamentos; a inovação a partir do uso propõe novas formas em que o usuário se relacione com o objeto; e a inovação simbólica proporia a incorporação de propostas estéticas e culturais novas no contexto desses novos artefatos. (Kistmann, 2014, p. 85)

Veremos agora como as inovações se classificam segundo o grau de impacto.

Como vimos, o olhar do presente ao futuro é o ponto inicial do processo de inovação. Mesmo ao estabelecer um posicionamento estratégico com base em uma situação presente, pode-se buscar a inovação, embora seus resultados sejam satisfatórios em curto prazo (Hamel; Prahalad, 1995).

Na **inovação incremental**, o processo ocorre, como o próprio nome diz, pelo incremento gradual na oferta de novos elementos diferenciadores nos produtos (Christensen, 2003). Trata-se de uma novidade em grau moderado, com ganhos significativos ao longo do tempo, sendo a forma que predomina na maioria das empresas. Com isso, impactam moderadamente as melhorias que os produtos e processos de negócios apresentam, dependendo das tecnologias e dos modelos de negócios existentes, causando a sustentação de fatia de mercado.

Veja o exemplo a seguir, na Figura 3.7, relativa ao mercado de relógios. A primeira imagem apresenta um relógio tradicional, enquanto a segunda mostra um relógio que apresenta cronômetro e data. Nesse caso, podemos dizer que do primeiro para o segundo relógio houve um incremento no design.

Figura 3.7 – **Exemplo de inovação incremental**

De modo similar, podemos ver como, ano a ano, as empresas lançam novos modelos de aparelhos de telefone celular, adicionando apenas mudanças incrementais.

Um produto incremental envolve a adaptação, o refinamento e a valorização de produtos existentes (Mesacasa, 2018), caracterizando-se como uma continuidade de algo já existente ao aprimorar determinado tipo de uso ou ofertar uma nova tecnologia ou forma.

Mas, se a meta é ocupar a liderança dos setores de amanhã, é necessário que se estabeleça uma visão ampla e de longo horizonte para que o posicionamento estratégico da instituição aconteça. Com isso, é possível criar as regras do jogo do mercado, em vez de seguir as empresas que efetivamente adotam uma visão de futuro ampla. Nesse contexto, a inovação radical surge como desenvolvimento de novos produtos, processos ou formas organizacionais totalmente novos. Elas possibilitam mudanças significativas no cenário competitivo como um todo.

Esse tipo de inovação pode representar uma ruptura estrutural com o padrão tecnológico anterior, fazendo com que surjam novas indústrias, novos setores e mercados, como representado na Figura 3.8, a seguir.

Figura 3.8 – **Robot desenvolvido para prostatectomia**

Motionblur Studios/Shutterstock

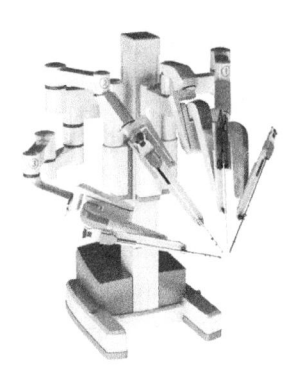

Esse *robot* consiste em uma inovação radical no campo da medicina, porque usa uma tecnologia nova para uma operação cirúrgica que envolve tanto uma mudança no processo cirúrgico como uma série de protocolos e práticas a ele associados. Além disso, permite ao cirurgião e ao paciente uma relação inteiramente nova. Trata-se de uma ressignificação de um produto, mas também de seu processo e sistema. Para que isso pudesse acontecer, foi necessário que associações entre diversos cenários se estabelecessem, razão por que a interdisciplinaridade é importante.

As **inovações radicais**, por sua vez, são também chamadas *inovações disruptivas*, pois seu resultado consiste na redefinição de modelos já existentes, oferecendo novos produtos e serviços a partir de uma visão de mercado futuro. Em geral, apoiam-se em tecnologias disruptivas que, usualmente, são mais simples, atendem melhor às demandas e oferecem ganhos econômicos, atraindo, sobretudo, clientes novos ou clientes menos exigentes (Christensen, 2003).

Nesse contexto, destaca-se tanto a mentalidade do designer, que precisa exercer o seu pensamento lateral, no qual explore a sua lógica e intuitividade para a proposição de novos produtos, serviços e processos, quanto a perspectiva interdisciplinar, quando se associa essa atividade à inovação, na medida em que a inovação radical se apoia na associação não usual de conceitos existentes ou que virão a existir.

As inovações radicais trazem grandes transformações no mercado, nos processos produtivos, nos produtos e serviços e no comportamento dos consumidores. Alteram também as relações com todos os parceiros, fornecedores, distribuidores e clientes, reestruturando a economia e criando novas categorias de produtos e serviços. A experiência de consumo do Cirque du Soleil é um exemplo de inovação radical (Scherer; Carlomagno, 2009). O Cirque du Soleil apresenta uma nova abordagem circense, em que adquire a dimensão de *show*, com a exploração de temáticas diferentes.

Além dos elementos circenses envolvidos, a inovação radical aqui acontece por intermédio de novos significados, como iremos discutir a seguir, na inovação por significado.

Uma outra e importante forma de inovar pode ser obtida a partir de elementos intangíveis, ou seja, por meio de novos significados atribuídos pelos usuários a produtos, serviços, negócios, experiências ou sistemas (Verganti, 2009). A essa forma de inovação é dado o nome de *inovação radical de significados* ou *inovação guiada pelo design* (Mesacasa, 2018).

Nesse caso, a inovação pode se originar da individualização de novas necessidades dos usuários e de novos mercados ou da aplicação de uma nova tecnologia. Ela se apoia em mudanças nos modelos socioculturais, que passam por transformações decorrentes de mudanças rápidas na economia, nas políticas públicas e ambientais, na arte, em relação a questões demográficas e de estilos de vida, bem como em decorrência da ciência e da tecnologia. Nesse sentido, as empresas que propõem produtos com novos significados podem aprimorar, apoiar ou até mesmo desencadear essas transições (Verganti, 2009).

Essa questão foi exemplificada por Verganti (2009) com o caso de um produto muito antigo e simples: a vela. Criada para iluminar ambientes, ela passou ao quase desuso com o surgimento da iluminação elétrica, mas ganhou novo significado, tornando-se um produto voltado a um novo mercado quando passou a ser comercializada como produto para criar um ambiente aconchegante, como representado na Figura 3.9, a seguir.

Figura 3.9 – **Dois significados para um mesmo tipo de tecnologia**

Tinnakorn jorruang, Aquarius Studio/ Shutterstock

À vela, que tem na sua forma tradicional a função de auxiliar a visão no escuro, foram adicionados aromas, que, além de oferecerem uma experiência visual própria, passaram a encher o local de um perfume que poderia ser escolhido conforme a conveniência.

> **PARA SABER MAIS**
> Se você quer saber mais sobre a inovação guiada pelo design, acesse o seguinte *link*:
> GENERATION Customer Value – Roberto Verganti. 2015. Disponível em: <https://www.youtube.com/watch?v=ayFyEtAcQKE>. Acesso em: 10 out. 2021.

A inovação radical de significado é especialmente importante para os designers, que podem oferecer uma novidade apoiando-se em novos conceitos a serem estabelecidos.

Portanto, o conceito de inovação em design é bastante amplo, já que é uma disciplina que considera a integração de tecnologias e, assim, possibilita a geração e a interpretação de *insights* com base em usuários e informações de mercado, além da visualização de novas possibilidades de propostas em termos de produtos, serviços, negócios, experiências etc. (Roncalio; Kistmann, 2014). Por isso, Rampino (2011) entende que os designers seriam produtores de novos significados e tipologias, ou seja, pela identificação de sinais captados por intérpretes, as empresas poderiam definir novas tendências em termos de consumo para os produtos, criando demandas novas conforme esses novos cenários.

Para explicitar esse fenômeno, Verganti (2009) cunhou a expressão *inovação guiada pelo design*. Estudando a temática da inovação, estabeleceu um gráfico em que a inovação radical pode ser apresentada como decorrente tanto da tecnologia quanto do significado proposto. Na Figura 3.10, podemos ver como o autor organizou essas relações.

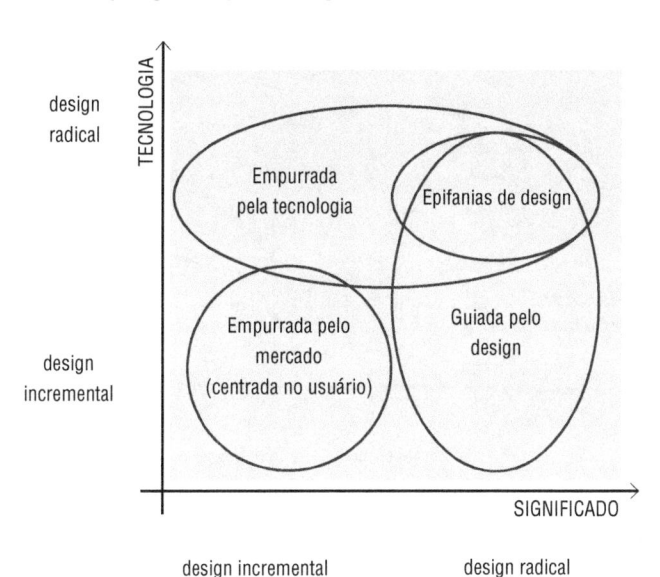

Figura 3.10 – **Inovação guiada pelo design**

```
                TECNOLOGIA ↑
  design              │  ┌─────────────────────────────┐
  radical             │  │  Empurrada      Epifanias de│
                      │  │  pela tecnologia  design    │
                      │  │                             │
                      │  │  Empurrada pelo  Guiada pelo│
  design              │  │    mercado        design    │
  incremental         │  │  (centrada no usuário)      │
                      │  └─────────────────────────────┘
                      └──────────────────────────────────→ SIGNIFICADO
                         design incremental   design radical
```

Fonte: Elaborado com base em Verganti, 2009.

Com isso, Verganti (2009) destaca a importância do design na mudança radical dos cenários, por meio de mudanças de significado. É na modalidade que combina a inovação tecnológica com o design que o ápice do processo de inovação acontece. O autor alega, também, que a inovação guiada pelo design se fundamenta em um processo difuso, tácito, invisível – sem métodos, sem ferramentas, sem etapas, baseado, principalmente, em redes de interações não codificadas entre diversos agentes de inovação, chamados de *intérpretes--chave*, como demonstra a Figura 3.11, a seguir.

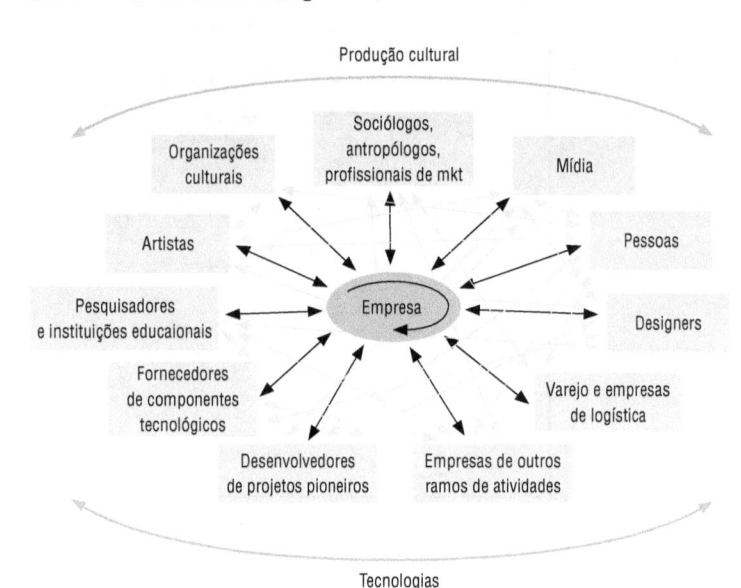

Figura 3.11 – **O discurso do design**

Produção cultural

- Organizações culturais
- Sociólogos, antropólogos, profissionais de mkt
- Mídia
- Artistas
- Pessoas
- Pesquisadores e instituições educaionais
- Empresa
- Designers
- Fornecedores de componentes tecnológicos
- Varejo e empresas de logística
- Desenvolvedores de projetos pioneiros
- Empresas de outros ramos de atividades

Tecnologias

Fonte: Verganti, 2009, p. 207, tradução nossa.

O processo de design acontece graças aos *insights* que esses diferentes intérpretes atribuem aos fenômenos culturais e às novas tecnologias. Isso se dá graças à interdisciplinaridade e à colaboração, vistas anteriormente. Com isso, ações como ouvir, interpretar e difundir o *design discourse*[4] são imprescindíveis (Ferraresi; Mesacasa; Kistmann, 2017).

Vê-se, portanto, que a inovação, nesse caso, se dá não na busca por dados com os consumidores, e sim em uma perspectiva de como evolui a vida das pessoas. Não se buscam tendências, mas, sim,

---

[4] Em português, "discurso do design", expressão que se aplica aos conteúdos significativos do resultado da ação do design que envolvem ideologias, doutrinas, aspectos culturais, sociais, simbólicos, dentre outros.

criam-se tendências por meio dos sinais observados a respeito dos fenômenos socioculturais.

A inovação guiada pelo design permite (Verganti, 2003, 2009; Rampino, 2011; Mesacasa, 2018):

- gerar importante fonte de lucros, que proporciona vantagem competitiva de longo prazo;
- impactar nos ativos corporativos, contribuindo para o valor da marca;
- impactar os demais produtos da empresa, proporcionando lucros adicionais e de longo prazo;
- criar arquétipos, com novos significados de produtos e linguagens;
- promover aprendizado rápido a respeito de como as pessoas interpretam o novo conceito, facilitando a inovação incremental, com base em três alavancas e quatro resultados possíveis na inovação guiada pelo design: forma, modo de uso e tecnologia:

    1. **Forma** – O designer inicia o processo raciocinando sobre questões morfológicas, a fim de individualizar uma nova forma e uma nova linguagem para o produto.
    2. **Modo de uso** – O designer inicia o processo raciocinando sobre questões a respeito do modo de uso, a fim de verificar os desejos não satisfeitos e que podem ser supridos graças a novas funções ou novos modos de uso do produto.
    3. **Tecnologia** – O designer inicia o processo raciocinando sobre a possibilidade de aplicar uma nova tecnologia de produto ou processo em um produto que ainda não os possua.

Conforme Rampino (2011), por meio dessas alavancas, é possível obter quatro resultados em termos de inovação: estética, de uso, de significado e tipológica. Rampino (2011) organizou essas informações na pirâmide de inovação, indicada na Figura 3.12, a seguir.

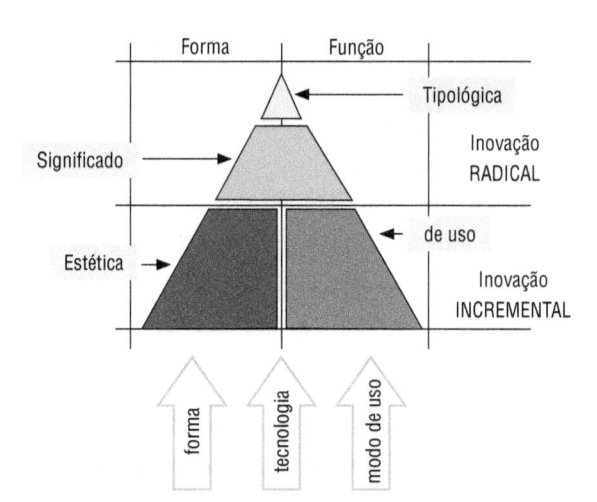

Figura 3.12 – **A pirâmide da inovação**

Fonte: Rampino, 2011, p. 13, tradução nossa.

Por *inovação estética* podemos entender os ajustes incrementais na aparência do produto, que não alteram a sua forma arquétipa nem influenciam a *performance* ou a tecnologia, sendo característica dos setores tradicionais (mobiliário, de objetos decorativos etc), como representa a Figura 3.13, a seguir.

Figura 3.13 – **Vasos cerâmicos que apresentam inovações estéticas**

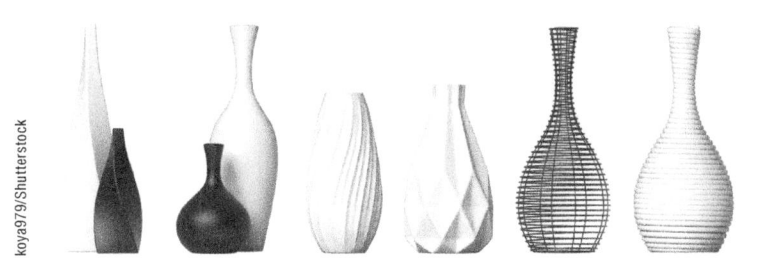

koya979/Shutterstock

Com a inovação de uso, avanços são obtidos por meio da melhoria na interação com os usuários, sendo muito usada na junção de funções, como em aplicativos, utensílios e equipamentos. Ela atua também de modo incremental, como indicado na Figura 3.14, a seguir.

Figura 3.14 – **Aplicativo de conversação**

Kaspars Grinvalds/Shutterstock

Na inovação por significado, os aspectos emocionais e simbólicos são os mais importantes, pois, com base neles, podem ser criados histórias, marcas, símbolos de *status* e senso de pertencimento.

A inovação por significado e a inovação tipológica são inovações radicais. Nesta última acontece uma mudança em relação a um arquétipo formal.

SÍNTESE

Neste capítulo, dedicamo-nos a entender primeiramente como a inovação se diferencia da descoberta e da invenção, processos igualmente importantes e que a impactam. Vimos também as diferentes categorias de inovação.

Depois, demos destaque ao contexto e aos processos vinculados à inovação. Nesse sentido, o contexto traz condicionantes importantes para que ela possa ser efetivamente realizada. Do mesmo modo, o entendimento do processo em que ela se insere também é importante, para podermos identificar onde o design pode colaborar para que ela aconteça.

Ressaltamos a importância na orientação ao futuro a fim de que a inovação possa gerar uma competitividade de longo prazo para a organização, dificultando a cópia pela concorrência.

Por fim, caracterizamos os diversos tipos possíveis de inovação, dando destaque à inovação guiada pelo design como proposição independente da inovação tecnológica, trazendo um novo significado para produtos já existentes.

QUESTÕES PARA REVISÃO

1. Discorra sobre o contexto e o processo de inovação associados ao design.

2. Considere a pesquisa prospectiva para a definição de políticas de design e inovação. Agora, selecione a alternativa que completa corretamente a frase: A pesquisa prospectiva pode:

    a. dificultar o processo de inovação, por considerar fatos passados.
    b. usar dados irracionais.
    c. auxiliar na construção de cenários futuros.
    d. dificultar o sucesso das empresas.
    e. demandar pouco investimento.

3. Sobre os fatores importantes para se construir o futuro com o design da técnica Pestel, assinale V (verdadeiro) ou F (falso) para as afirmativas indicadas a seguir.

    ( ) Fatores sociais, fatores legais, fatores atmosféricos, fatores econômicos.
    ( ) Fatores sociais, fatores legais, fatores sociais, fatores econômicos.
    ( ) Fatores sociais, fatores legais, fatores contábeis, fatores econômicos.
    ( ) Fatores sociais, fatores legais, fatores psíquicos, fatores econômicos.
    ( ) Fatores sociais, fatores legais, fatores sanitários, fatores econômicos.

Agora, selecione a alternativa que apresenta a sequência correta:

a. V – F – V – V – V.
b. F – V – F – F – F.
c. F – V – V – F – V.
d. V – F – V – V – F.
e. F – V – F – V – V.

4. Caracterize a inovação incremental, a inovação radical, ou disruptiva, e a inovação guiada pelo design, voltada às estratégias em design.

5. Relacione os itens numerando-os conforme as definições da coluna à esquerda:

( ) Conjunto de elementos que propiciam a inovação
( ) Qualidade atribuída aos produtos que possuem inovação
( ) Uso de uma descoberta que permite o uso para fins comerciais
( ) Processo que busca a inserção de uma novidade no mercado, com obtenção de vantagem competitiva
( ) Ato voluntário ou não, científico ou não, que aponta para um novo conhecimento

1. descoberta
2. invenção
3. inovação
4. inovatividade
5. inovador

Assinale a alternativa que apresenta a sequência numérica correta:

a. 1 – 3 – 2 – 4 – 5.
b. 3 – 2 – 4 – 1 – 5.
c. 1 – 2 – 5 – 4 – 3.
d. 5 – 3 – 1 – 2 – 4.
e. 4 – 5 – 3 – 2 – 1.

QUESTÃO PARA REFLEXÃO

1. Na figura a seguir, podemos ver a imagem de três designs, supostamente de três diferentes empresas.

Figura 3.15 – **Diferentes marcas para empresas**

Razvan Ionut Dragomirescu, Sentavio, Mbok Menawa/Shutterstock

Considerando o exposto neste capítulo, pense que visão essas empresas podem atribuir a si mesmas. Pense também qual a missão e quais os valores dessas empresas. Vamos ver se você concorda conosco. Vá à seção "Respostas" e veja o que indicamos.

PureSolution/Shutterstock

Parte 3

COORDENAÇÃO
EM DESIGN
PARA IMPLEMENTAR
ESTRATÉGIAS

PureSolution/Shutterstock

Capítulo 4

A COORDENAÇÃO DO DESIGN NA EMPRESA

Conteúdos do capítulo:
- Táticas para as estratégias em design.
- A análise de forças, fraquezas, oportunidades e ameaças como auxílio na definição de diretrizes.
- Programas para a integração do design na empresa.
- Processos colaborativos como base para ações táticas.
- O papel do gestor de design.

Após o estudo deste capítulo, você será capaz de:
1. refletir sobre táticas para integrar o design na busca pela transformação das empresas;
2. utilizar a análise Swot[1] para identificar táticas a serem adotadas para o cumprimento das ações estratégicas;
3. considerar programas para o fortalecimento de identidade da empresa;
4. discorrer sobre a colaboração como parte do design associado às táticas empresariais;
5. entender o papel do gestor na condução da governança.

---

1 Acrônimo de *Strengths, Weaknesses, Opportunities* e *Threats*. Trata-se de uma técnica de análise das situações internas e externas às organizações.

Vimos que a gestão de design se desdobra em três níveis e que essa classificação serve como estrutura narrativa a respeito da gestão de design, com a finalidade de sistematizar o conhecimento a seu respeito. Observamos também que os processos gerenciais nesses três níveis se estabelecem de modo inter-relacionado e retroalimentado, estando em constante intercomunicação.

Nos dois capítulos anteriores, tratamos das questões estratégicas. Mas, depois de estabelecido o que se pretende em relação ao design no nível estratégico, é necessário que se estabeleçam modos coordenados de ação para que ele se integre. A isso denominamos *táticas*.

Assim, neste capítulo, iremos abordar a temática do design como coordenador de processos para a geração de produtos, serviços, experiências e negócios inovadores, ou seja, o design no nível tático.

4.1 Táticas para as estratégias em design

Você já ouviu a expressão: "Por fora, bela viola. Por dentro, pão bolorento"? Isso resume o que as táticas em design buscam. Não existe bela viola com pão bolorento, assim como não existe bom design sem boas táticas alinhadas às estratégias.

Na gestão de design, inovar gerando novas soluções de oferta de valor é uma atividade central. Mas esse conceito deve ser compreendido não apenas como uma atividade final, na oferta de um produto, e sim como uma atuação integrada, que envolve todas as atividades da empresa, sob uma abordagem que perpassa todos os seus níveis. Afinal, não se considera na gestão de design apenas o resultado na forma de um produto, mas sim um sistema produto-serviço

(Manzini, 2014) mediado por experiências que afetam o *branding*, inclusive com a proposição de novos negócios. Por isso, é preciso compreender a gestão de design como uma ação de governança, voltada a uma política de design que pode ser aplicada a empresas públicas ou privadas.

Nesse sentido, o design do ponto de vista tático pode ser considerado como aquele que se relaciona à uma sequência de ações que têm como finalidade modificar situações dadas em outras preferíveis, no intuito de trazer para a estratégia resultados positivos. Por essa razão, é necessária uma atividade de coordenação, integradora de todos os elementos do processo de design. (Mozota, 2003)

Mas, primeiramente, vamos ver como surgiu o termo *tática*, para ficar mais claro o que estamos tratando aqui. O termo *tática*, tanto quanto o termo *estratégia*, vem do campo militar. Como a sua definição aponta, consiste na arte de combinar a ação e os recursos para obter o máximo de eficácia durante um combate (Dicio, 2020), ou seja, como batalhar. Portanto, no design no nível tático, o que se pretende é estabelecer como fazer com que recursos disponíveis ou a serem criados se articulem de modo integrado e resultem em produtos finais alinhados às estratégias definidas.

Pode-se dizer que as táticas de design mencionadas nos primeiros estudos têm sua origem inicial com a denominação *design funcional*. O design aparece, primeiramente, voltado para as questões operacionais, com a denominação *functional design management*, ou gestão de design funcional (Zurlo, 2007). Magalhães (1995, 1997) segue essa denominação, assim como Mozota (2003).

Para esses autores, o design funcional tem como objetivo a gestão de um projeto, um time ou um grupo de trabalho. Nessa abordagem, o design no nível tático é visto ainda como uma etapa em que os projetos e os planejamentos são definidos, em um reforço para se tangibilizar a estratégia de modo a cristalizar a presença da empresa entre seus consumidores. Isso, porém, não é suficiente para que o design se integre aos outros níveis gerenciais. Falta ainda uma forma de integração que considere as etapas em que a organização define a sua estratégia e em que a estratégia se materializa. Portanto, mesmo que ainda sugira a sua relação com a estratégia organizacional e as ações de design de modo estrito, a denominação *design no nível tático*, como apresentamos, é entendida aqui neste texto como aquela que dá corpo à estratégia (Best, 2009).

É importante destacar novamente que as teorias de gestão são sempre contextualizadas. Por isso, encontramos ao longo do tempo diversos conceitos que se apoiam no contexto em que surgiram, do mesmo modo que seus processos. Dessa maneira, é importante que designers e gestores de design analisem de modo detalhado como a empresa tem a sua cultura estruturada e atuem de modo a estimular a comunicação. Afinal, coordenar pressupõe articular diferentes atores e recursos com base nos limites da racionalidade, ou seja, considerar:

(i) **limites cognitivos** de indivíduos e organizações, que possuem sempre uma capacidade limitada de coletar, processar e interpretar informações;

(ii) a **complexidade** do problema decisório com o qual o agente relevante se defronta, resultante de atuar em uma [sic] ambiente cujas relações causais e regularidades são difíceis de serem discernidas; e

(iii) a **incerteza** em relação a eventos exógenos. (Pondé, 2017, p. 447, grifo do original)

As alternativas escolhidas para a solução, do ponto de vista tático, serão, portanto, sempre imperfeitas, especialmente porque o tomador de decisão não tem como comparar alternativas heterogêneas (Simon, 1979, citado por Pondé, 2017) – o que pode ser traduzido em uma incerteza procedural –, permeadas pela cultura que lhes dá sentido.

Simon (1979, citado por Pondé, 2017) advoga que, no comportamento racional voltado a problemas decisórios, os indivíduos não só pensam, como também inventam. Ou seja, embora este texto encaminhe de modo organizado e sistematizado a estrutura de gestão de design, isso não impede que, por meio de processos criativos, essa estrutura não possa ser revista ou inovada.

O argumento decisivo para o uso da abordagem de Simon se apoia nos modelos dinâmicos. Neles, investigações a respeito de decisões e interações entre os agentes em ambientes econômicos, marcados pela presença de inovação e incerteza, são estabelecidas (Pondé, 2017). Por isso, a denominação *design no nível tático*, apesar de neste livro ser considerada no sentido de orientação de como fazer o design transformar a empresa e oferecer diferenciação, deve ser analisada caso a caso.

Estudo de caso

Como estamos, neste capítulo, tratando do design no seu nível tático, trazemos aqui o caso do Centro Brasil Design – CBD, instituição que há mais de 20 anos atua no campo da promoção do design, adotando uma estratégia que o inclua até a sua realização prática com sucesso. Nos anos recentes, a instituição adquiriu reputação internacional, especialmente por sua participação como agente estimulador da exportação e indução à participação em eventos, implicando a obtenção de vários prêmios para as empresas e designers nacionais (Brum, 2021).

A atividade principal do CBD é atuar como um conector entre empresas e designers, destacando-se sua atuação como coordenador da inserção e integração do design nas empresas (CBD, 2020). Sob o ponto de vista do nível tático, a participação do CBD se dá a partir da identificação do problema que as empresas colocam para si e suas expectativas em relação à inserção do design. Para isso, apoia-se em uma abordagem que considera os problemas complexos para a mudança em organizações, denominada *design na prática* (CBD, 2020).

Essa metodologia considera que o aprendizado surge de um processo organizado (CBD, 2020), levando em conta a *Soft Systems Methodology*. Nela, as atividades podem ser representadas suscintamente em quatro campos de atividades: descobrir a situação problema; formular modelos conceituais de propósitos; analisar a nova situação; e agir na situação para trazer a melhoria (Wilson, 2001), como demonstra a Figura 4.1, a seguir.

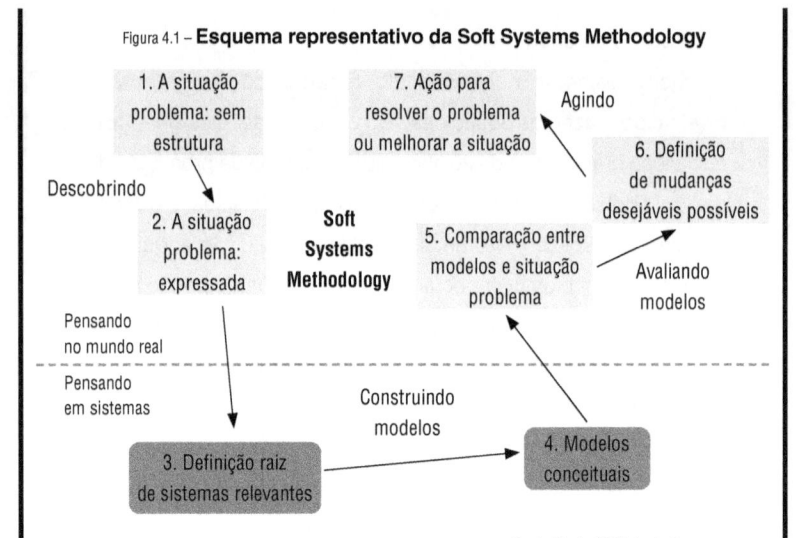

Figura 4.1 – **Esquema representativo da Soft Systems Methodology**

```
Descobrindo
    1. A situação              7. Ação para
    problema: sem           resolver o problema      Agindo
    estrutura               ou melhorar a situação
                                                     6. Definição
                                                     de mudanças
                         Soft                        desejáveis possíveis
    2. A situação      Systems      5. Comparação entre
    problema:        Methodology    modelos e situação    Avaliando
    expressada                      problema              modelos
Pensando
no mundo real
-----------------------------------------------------------------
Pensando
em sistemas            Construindo
                       modelos           4. Modelos
    3. Definição raiz                    conceituais
    de sistemas relevantes
```

Fonte: Clyde, 2020, tradução nossa.

A vantagem no uso dessa metodologia é que ela permite identificar a situação em que a empresa se encontra e como a inserção do design pode se dar de modo a resolver o problema identificado ou melhorar a situação encontrada. Para isso, o CBD desenvolveu uma estrutura que se inicia com a elaboração de um diagnóstico a respeito da situação em que a empresa se encontra, com a identificação de oportunidades e escrita de *briefing*, em sua função de coordenação, com a participação dos proprietários das empresas, na sua maioria micro, pequenas e médias. A partir desse momento, escritórios de design passam a oferecer orçamentos para o atendimento a esse *briefing*. Selecionado o escritório, o projeto se inicia com o acompanhamento do CBD, que verifica como o cronograma e as saídas previstas no contrato estão sendo atendidos (Fonseca, 2019).

O CBD possui uma série de projetos bem-sucedidos. Em relação ao impacto dessa metodologia no nível tático do design, percebem-se, pelos casos analisados, aspectos importantes.

No caso do escritório Sparke Design & Innovation, no desenvolvimento de uma linha de embalagens dos produtos Tutanat – Sleek and Frizzless Hair para exportação, a participação do CBD como mediador na participação do Design Export[2] foi de grande valia (Brum, 2021).

Um dos pontos destacados que estão ligados à atuação tática refere-se aos procedimentos desenvolvidos, os quais forneceram segurança na adoção do processo de design, controle em relação aos prazos e objetivos a serem atingidos e uma liderança gerencial.

Essa atuação permitiu que a empresa obtivesse sucesso no lançamento internacional da linha, tornando o design uma atividade permanente entre suas atividades.

No que se refere à atuação tática voltada aos processos de inovação tecnológica, destaca-se a atuação do CBD na empresa Robotics, com o projeto Pharmy e atuação do escritório Arbo Design no desenvolvimento de robôs que transportam medicamentos de maneira autônoma por corredores de um hospital, como mostra a Figura 4.2.

---

[2] Design Export é um programa direcionado às indústrias brasileiras que estejam interessadas no desenvolvimento de produtos e/ou embalagens buscando o mercado internacional, sob iniciativa da Agência Brasileira de Promoção de Exportações e Investimentos – Apex-Brasil (CBD, 2021).

Figura 4.2 – **Design de equipamento hospitalar**

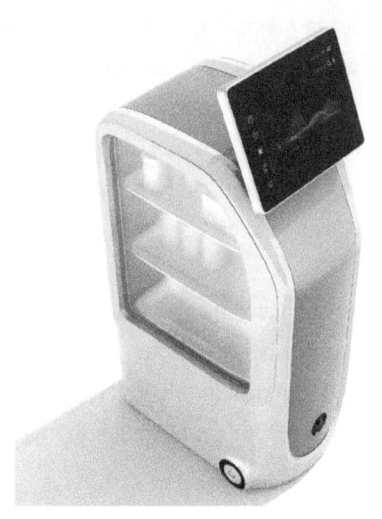

Chesky/Shutterstock

O nível tático de atuação do CBD se destacou em relação à coordenação de vários *stakeholders*³, ao atendimento a normas internacionais relativas ao ambiente hospitalar e à logística interna da empresa, evidenciando a sua função de coordenação, como cita a literatura.

A inovação também teve a contribuição tática do CBD no projeto desenvolvido para a marca Piccadilly, do setor calçadista, como exemplificado na Figura 4.3. Mediando o trabalho entre a empresa e o escritório de design Questto|Nó, a linha So.Si se destacou pelas mudanças na estrutura organizacional em relação aos aspectos hierárquicos.

---

3   *Stakeholders* são indivíduos ou organizações que de algum modo são impactados pelas ações de uma determinada empresa.

Figura 4.3 – **Design de acessório de moda: marca So.Si, da Piccadilly**

So.Si - Piccadilly

A visão do design externo, e nesse caso sem experiência no setor, propicia uma visão lateral do problema que contribui para a inovação. As ações de mapear " as demandas da empresa e as possibilidades de prestadores de serviço de design aptos a este desafio foram importantes para o bom desempenho do projeto dentro das expectativas técnicas e de prazo exigidas" (Brum, 2021, p. 1), conforme os gestores do CBD apontam.

Os aspectos referentes à rede de contatos formada, sob o ponto de vista comunicativo interno e externo, foram importantes nas adoções táticas presentes neste caso. "Foi observado que houve incremento de ferramentas, abordagens e técnicas de desenvolvimento para a equipe interna, repassado pelo escritório de design externo. Esta troca de processo de design por expertise no setor foram válidas para os envolvidos" (Brum, 2021, p. 1). Novos processos precisaram ser integrados, o que exigiu a construção de novas habilidades pela empresa, tanto em termos de logística, de materiais e de processos quanto de novas formas de execução de atividades. Foram também incorporadas novas visões, social e econômica, para um calçado lavável à máquina (Brum, 2021).

No nível tático, o design pode participar de mudanças internas às organizações, na medida em que, ao coordenar o processo de gestão, articula a comunicação com os diversos setores da empresa e mesmo com *stakeholders* externos a ela.

Já no caso do trabalho realizado com a empresa Signo Vinces e com a participação do escritório paranaense DDID, para a criação do EVO, um *kit* cirúrgico voltado para cirurgiões dentistas, a ação tática impactou a integração do design e outras áreas da empresa, colocando o foco nos aspectos referentes ao projeto em si. Isso resultou em respostas ágeis em decisões coletivas. A atividade impactou outros projetos da empresa, que tradicionalmente não incorporavam o design no seu discurso.

O projeto possibilitou também o incremento em outros setores, como os relacionados às questões de qualidade e usabilidade, permitindo uma melhor relação da empresa com o seu público-alvo.

Destaca-se ainda, como atividade tática realizada pelo CBD, a conexão entre empresas e escritórios em eventos. Esses eventos proporcionaram novas abordagens, atualizações de informações e também acompanhamento dos resultados obtidos. A atuação tática também se demonstrou no acompanhamento pós-projeto por parte do escritório.

Finalmente, pode ser destacado o trabalho com a empresa Sorvetes Pardal e o escritório Abracadabra, em que o CBD atuou de modo tático. Neste trabalho, o CBD teve atuação na promoção para a participação como concorrente em prêmio internacional de design, com a conquista do prêmio iF Design Award. O destaque foi a questão cultural presente em projetos, que algumas vezes não era explorada, embora se trate de um aspecto importante a ser mediado (Brum, 2021).

PARA SABER MAIS

Para ver como essa ação do CBD impactou o resultado da empresa Pardal, assista ao vídeo:

PARDAL SORVETES. **Você já conhece a nossa história?** Disponível em: <https://www.facebook.com/watch/?v=241593623388721>. Acesso em: 11 out. 2021.

Resumindo, do ponto de vista tático, a atividade de design tem como função integrar as atividades de design na empresa para que possa efetivamente contribuir para o próprio sucesso e para o sucesso das estratégias definidas pela empresa.

Além disso, a atividade de design tem como principal papel coordenar as próprias funções em relação aos demais departamentos da organização, de modo a agilizar os trabalhos e evitar conflitos. Nessa atuação, o design se destaca especialmente em relação aos aspectos comunicativos internos à empresa e com seus principais parceiros. Portanto, estabelecer táticas para a integração do design nas organizações é importante para que as estratégias definidas se alinhem com os resultados em termos de produtos, serviços, sistemas, experiências e, ainda, novos negócios.

A pergunta que pode surgir então é: Como fazer isso? A resposta é: por meio de programas, projetos e ações.

4.2 A análise Swot como auxílio na definição de diretrizes

Como a definição estratégica que se apoia na inovação tem como base a identificação de lacunas que surgirão no futuro, o primeiro passo que designers e gestores precisam dar é **definir esse cenário futuro, para o qual a empresa quer caminhar**. Você se lembra do Capítulo 3?

Por meio da técnica Pestel[4] ou pela busca por tendências, a empresa pode vislumbrar o contexto para onde pretende caminhar e, comparando esse futuro à situação presente, pode identificar os pontos fortes a serem energizados e os fracos a serem eliminados. Com isso, ela poderá formular projetos.

Essa formulação consiste em uma atividade geral, da qual se originarão os projetos a serem implantados para que a gestão de design consiga integrar o design na organização.

Vamos, então, partir do pressuposto de que uma empresa já estabeleceu sua estratégia. Agora, uma boa forma de estabelecer as diretrizes e os programas pode derivar da aplicação da análise Swot.

Swot, que em português é conhecido por **Fofa**, é um acrônimo de Forças (*Strengths*), Oportunidades (*Opportunities*), Fraquezas (*Weaknesses*) e Ameaças (*Threats*). As forças e as fraquezas advêm das características presentes na empresa, enquanto as ameaças e as oportunidades são definidas conforme o ambiente externo. Tradicionalmente, a análise Swot é aplicada em relação aos

---

[4] Acrônimo de *Política, Economia, Sociedade, Tecnologia* e *Legislação*, fatores a serem considerados na busca de cenários futuros, junto com o Ambiente.

concorrentes, mas aqui estamos trazendo-a para servir como base para formular as táticas em relação ao contexto externo futuro.

Destacamos que essa técnica possui uma limitação temporal, pois, como o ambiente externo se altera com o tempo, ela precisa ser aplicada periodicamente e com um pensamento crítico a respeito das ações empreendidas.

A análise que a técinca permite realizar se apoia em uma matriz, pois ela se estrutura em quadrantes: dois relacionados ao ambiente externo e dois ao ambiente interno, como indicado na Figura 4.4, a seguir.

Figura 4.4 – **Matriz Swot**

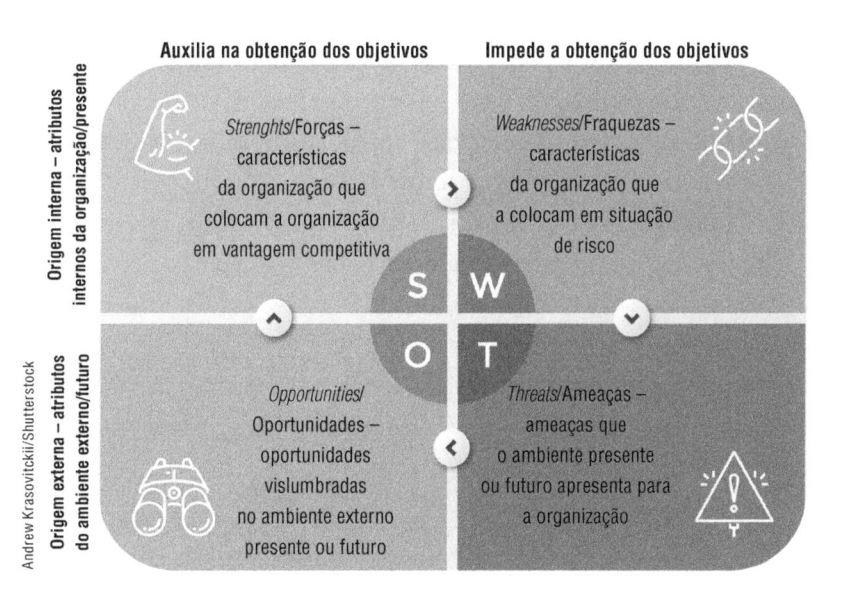

	Auxilia na obtenção dos objetivos	Impede a obtenção dos objetivos
Origem interna – atributos internos da organização/presente	*Strenghts*/Forças – características da organização que colocam a organização em vantagem competitiva	*Weaknesses*/Fraquezas – características da organização que a colocam em situação de risco
Origem externa – atributos do ambiente externo/futuro	*Opportunities*/Oportunidades – oportunidades vislumbradas no ambiente externo presente ou futuro	*Threats*/Ameaças – ameaças que o ambiente presente ou futuro apresenta para a organização

Andrew Krasovitckii/Shutterstock

Essas fraquezas e forças devem ser analisadas em relação ao que a empresa tomou como intento estratégico, pois, se isso não for feito, ela corre o risco de avaliar a situação com base no tempo presente. Isso também pode ser feito, mas não propicia uma inovação em grau maior, já que todos os concorrentes estarão na mesma posição. Identificar uma lacuna ainda não explorada adiante é o que, justamente, permite a construção de uma competência que transforma a empresa.

Os fatores internos devem ser analisados diante do que os fatores externos apontam. Tais fatores internos podem ser recursos humanos, recursos financeiros, recursos tecnológicos, recursos de *marketing*, dentre outros. Já com respeito aos fatores externos, as questões apontadas na técnica Pestel são: tecnologia, legislação, mudanças culturais, economia, ambiental e política.

Ao relacionar cada um dos quadrantes, a análise deve ser realizada sem crítica e priorização, e sim buscando os fatores que são importantes para que a empresa se estabeleça competitivamente. Se existe uma relação positiva entre as forças e as oportunidades, ela deve ser alinhada ou mesmo aumentada. Por outro lado, se as fraquezas e as ameaças são fortes, precisam ser minimizadas ou convertidas em positivas para a empresa.

Imagine como isso afeta o design. Se o designer ou os gestores de design estão propondo algo inovador, precisam ter certeza de que internamente existem condições para suportar essa inovação. Observe a Figura 4.5, a seguir.

Figura 4.5 – **Desmembramento das oportunidades e ameaças em relação às forças e fraquezas em diretrizes a serem adotadas**

	Análise Swot	
	Forças 1 2 3 ...	Fraquezas 1 2 3 ...
Oportunidades 1 2 3 ...	Oportunidades/fraquezas – Diminua as fraquezas tomando vantagem de oportunidades Diretriz 1 Diretriz 2 Diretriz 3 Diretriz ...	Oportunidades/forças – Use as forças para se defender das ameaças Diretriz 1 Diretriz 2 Diretriz 3 Diretriz ...
Ameaças 1 2 3 ...	Ameaças/forças – Use as forças para evitar as ameaças Diretriz 1 Diretriz 2 Diretriz 3 Diretriz ...	Ameaças/fraquezas – Diminua as fraquezas para evitar as ameaças Diretriz 1 Diretriz 2 Diretriz 3 Diretriz ...

De modo simplificado, a técnica Swot pode ser aplicada usando os dados obtidos com a técnica Pestel e fazendo uma análise comparativa entre os dados. O plano inicialmente é abrangente, pois traça as principais diretrizes e aponta os programas a serem implantados.

Pensando nas diretrizes a serem traçadas para a construção das táticas, os fatores internos, as forças e as fraquesas devem focar nos ativos, nas habilidades e nos recursos disponíveis, para serem reformulados em relação ao futuro almejado. Devem também ser consideradas as diversas áreas funcionais existentes e sua relação com o design. Na Figura 4.6, a seguir, podemos ver um esquema sobre como isso acontece em relação a diversas dimensões.

Figura 4.6 – **Elementos a serem considerados para a definição de diretrizes**

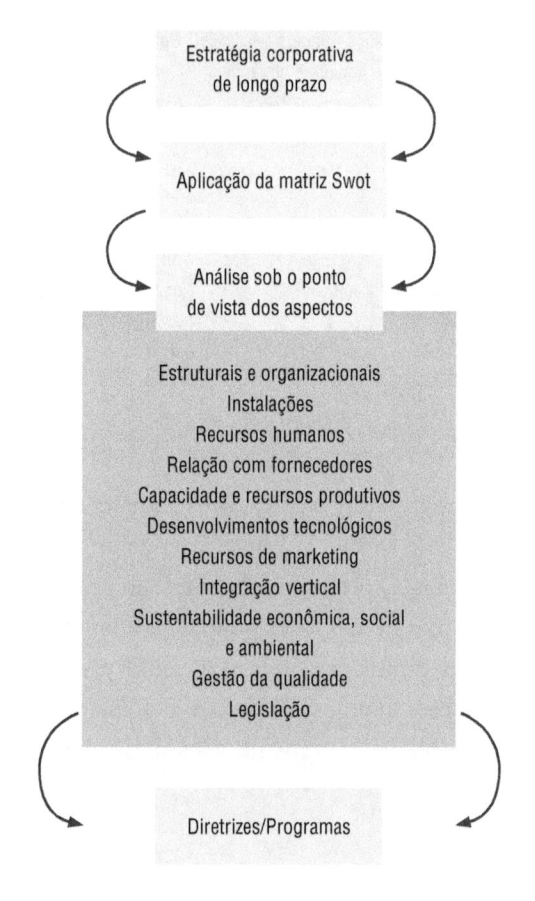

```
        Estratégia corporativa
           de longo prazo

        Aplicação da matriz Swot

         Análise sob o ponto
        de vista dos aspectos

      Estruturais e organizacionais
              Instalações
            Recursos humanos
         Relação com fornecedores
      Capacidade e recursos produtivos
       Desenvolvimentos tecnológicos
          Recursos de marketing
            Integração vertical
     Sustentabilidade econômica, social
                e ambiental
            Gestão da qualidade
               Legislação

            Diretrizes/Programas
```

Cabe ao gestor de design no nível tático analisar como esses aspectos podem ou não contribuir para o sucesso do design na organização. Nesse sentido, primeiramente ele deve contribuir para que o design se torne uma competência e, em segundo lugar, identificar possíveis contribuições para que a empresa atinja o que espera do ponto de vista estratégico, dando suporte a outros programas que a empresa definiu como táticas próprias. Assim, entendemos que as táticas têm um objetivo específico e precípuo, que é dar suporte do ponto de vista do design, e um geral, que consiste em contribuir para as táticas da organização como um todo.

PRESTE ATENÇÃO!

Vejamos como isso pode acontecer do ponto de vista geral, ou seja, do design como suporte para as ações da empresa como um todo.

Ao analisar o cenário futuro, uma empresa detectou que existia a necessidade do uso da língua francesa em seus processos de comunicação, o que se tornou uma diretriz geral da organização: desenvolver competência em língua francesa.

A partir dessa diretriz, um programa de capacitação foi definido. Esse programa tinha objetivos a serem atingidos – por exemplo, que em dois anos os funcionários de alto e médio escalão precisariam adquirir os elementos de comunicação bilíngue.

Como você pode notar, desenvolver a competência em outra língua pode afetar todo o design das comunicações internas e externas da empresa e, por conseguinte, todo o seu design gráfico. Imagine que você é solicitado a incluir uma "porta-janela" no seu projeto de interiores. Afinal, porta ou janela? Do francês, *porte--fenetre*, na verdade, é uma porta de duas folhas, normalmente com vidros. A chamada *porta francesa*. Veja na Figura 4.7, a seguir.

Figura 4.7 – **Interior com porta francesa**

Gaf_Lila/Shutterstock

Portanto, o domínio da língua pode afetar o material gráfico a ser gerado, demonstrando a importância do estabelecimento de programas que visem a integração entre a estratégia e as diversas modalidades do design.

Do ponto de vista específico do design, pode ser que a empresa precise adquirir equipamentos ou construir espaços para viabilizar o design de modo mais integrado e completo.

A empresa Beta possuía um grande departamento de design, com uma série de funcionários agrupados conforme as linhas de produtos produzidas. Cada um desses grupos tinha a demanda por pesquisas relacionadas aos usuários, que eram solucionadas caso a caso, internamente, por cada grupo.

Ao aplicar a análise Swot, o gestor de design no nível tático detectou uma forte oportunidade futura na oferta de novos produtos com o uso da Internet das Coisas[5] (do inglês IoT – *Internet of Things*). Mas isso envolvia uma fraqueza, pois não havia dados sobre os usuários, no departamento de design, que pudessem dar suporte aos projetos que eram conduzidos pelos diferentes grupos. Em contrapartida, o grupo de design tinha condições internas para suprir parte dessa função, o que se tratava de uma força.

Assim, o novo cenário mostrava que seria necessário o avanço no uso da Internet das Coisas. Mostrava também que isso iria implicar recursos novos, que poderiam afetar o custo final dos produtos.

Com isso, o gestor de design propôs à diretoria da organização a criação de um laboratório para testes de usabilidade que, aproveitando alguns dos funcionários já existentes e com a aquisição de alguns equipamentos em local novo, poderia atender a todos os seus grupos de trabalho em design, assim como auxiliar outros departamentos da empresa como um todo.

---

5   Uso da internet em vários produtos que se interconectam.

Adotando essa atitude, o impacto financeiro não seria de grande porte, pois o custo seria diluído nas despesas tanto do próprio departamento de design quanto dos demais. Os produtos de todas as linhas poderiam usar a tecnologia no atendimento às questões dos usuários, fazendo com que o impacto financeiro fosse menor do que comprar o serviço externamente, além de criar uma competência interna na área.

Esses são exemplos bastante simples, mas podem ilustrar como o design no nível tático pode atuar.

A matriz da análise Swot, em uma grande, média ou pequena empresa, deve ser feita em sessões de *brainstorming*[6]. Essas sessões podem ocorrer com a participação presencial ou a distância, em que listas de soluções podem ser propostas. Hoje, com as tecnologias digitais, é possível realizar *brainstormings online*, usando plataformas, como a Miro – uma plataforma de colaboração *online* disponível na internet.

PARA SABER MAIS

Para saber mais sobre a plataforma Miro, acesse o *link* indicado a seguir.

MIRO. Disponível em: <https://miro.com>. Acesso em: 10 out. 2021.

Se a lista de soluções for muito grande, é importante dar prioridade aos pontos mais relevantes. Isso pode ser feito coletivamente, com a participação de todos os envolvidos no processo. Ao final,

---

[6] A sessão de *brainstorming*, técnica que busca estimular a criatividade, é muito usada no campo do design.

é importante que as listas obtidas no *brainstorming* sejam refinadas, ordenando os aspectos por ordem de impacto e probabilidade de acontecer, de modo a gerar as diretrizes táticas a serem adotadas e explorar as oportunidades e forças a fim de lidar com as fraquezas e ameaças.

Com vimos, se as estratégias, as táticas e o operacional do design não estão integrados, o design não está inserido como uma competência da empresa, causando ruído e gerando ações que não se alinham com as demais a serem trabalhadas.

É bom destacar que todas essas atividades estão alinhadas com o fortalecimento da identidade da empresa e sua cultura, a governança corporativa, a sua ética, a localização geográfica, as parcerias, a propriedade intelectual, os clientes presentes, entre outros. Do mesmo modo, relacionam-se à legislação vigente e futura, aos fornecedores a serem estabelecidos, ao fortalecimento dos fornecedores atuais, à concorrência, à economia, ao mercado, a tendências, à sustentabilidade e à qualidade.

Por exemplo, se a empresa busca a inovação em um novo tipo de serviço ainda não disponível, como a oferta de carros autônomos, é importante que ela estabeleça ações voltadas à construção de uma legislação específica. Por envolverem uma série de características que envolvem questões éticas, para que os carros efetivamente circulem, é preciso haver legislações de trânsito destinadas ao seu uso, legislações referentes a possíveis acidentes decorrentes no caso de uso em transportes de carga e assim por diante. Portanto, o design pode contribuir para a formalização desses novos parâmetros.

Mas não apenas devem ser traçados programas, é preciso também considerar o monitoramento dos resultados, fazendo correções, o que pode significar, inclusive, rever as estratégias. Vamos ver como esses programas operam?

4.3 Programas para a integração do design na empresa

Após a definição das diretrizes a serem estabelecidas e seus programas correspondentes, projetos precisam ser desmembrados pelo gestor de design no nível tático. Esses programas buscam minimizar as forças e as fraquezas da empresa no tempo presente em relação ao cenário futuro e à competência que a empresa pretende configurar.

PARA REFLETIR

Imaginemos que uma empresa identificou uma fraqueza, com a aplicação da análise Swot, no caso a seguir.

Há alguns anos, uma empresa multinacional que tinha um departamento de design bem estruturado encontrava, em alguns casos, dificuldades para que o departamento de engenharia aceitasse determinadas soluções técnicas. Isso impactava o resultado dos produtos, porque, de acordo com os designers, a entrega ao consumidor de um produto de maior valor poderia acontecer sem grande esforço. Esses engenheiros que ofereciam resistência, no entanto, admiravam a capacidade dos designers na elaboração do material de comunicação que apresentavam nas reuniões gerais, em particular para a alta administração. Percebendo essa vontade dos engenheiros de terem também seus materiais com uma apresentação bem elaborada, os designers se ofereceram para fazer para eles o material para a reunião seguinte. Com isso, uma aceitação maior das propostas de design por parte dos engenheiros pôde ser percebida e uma parceria entre os dois departamentos foi reforçada (Fujita, 2011).

Esse caso ilustra bem como o design pode ter sua integração aumentada e sua contribuição potencializada por meio de uma tática (e, aqui, de modo tácito), mediante uma atividade muito simples, mas de grande impacto.

Nesse sentido, Zurlo (2007) coloca que o *network* do projeto se destina a se tornar parte do próprio projeto. Essa rede consiste em um conjunto complexo de interações, participações e contribuições de diferentes atores.

No caso da empresa que apresentamos anteriormente, que definiu como um projeto o desenvolvimento da competência em língua francesa, tal projeto pode ser desmembrado em projetos distintos, como: a) projeto de capacitação da alta direção; b) projeto de implantação de ambiente para aulas de francês; e assim por diante.

Podem também ser formuladas ações alinhadas aos projetos, a depender da complexidade gerencial que se enfrenta. No exemplo, a implantação de um ambiente para aulas implica a construção do prédio, o que inclui o design de interiores das salas de aula, e a compra de equipamentos considerando a visão do design. Pode ainda ser criado um material de divulgação interno a ser elaborado pelos designers gráficos.

Os projetos devem estar, portanto, alinhados tanto ao fortalecimento da identidade da empresa e sua cultura quanto à governança corporativa e sua ética, bem como estar voltados à localização geográfica, existente ou futura, e prever parcerias presentes e futuras. Devem, ainda, fomentar o uso da propriedade intelectual, ao mesmo tempo que, operacionalmente, seja desenvolvido um design com foco nos clientes, na tecnologia, na concorrência, na economia e no mercado.

Portanto, são exemplos de elementos resultantes do design no nível operacional:

- o design do *site* da intranet da empresa;
- a produção de material de divulgação interno para estimular determinados comportamentos ou comunicar ações;
- o material para treinamento do pessoal;
- a sinalização interna da empresa;
- o design para comunicações com parceiros;
- o suporte às atividades de *marketing* interno;
- a comunicação com o público externo;
- o design de exposições em que a empresa toma parte;
- o design do ambiente corporativo;
- o design de lojas próprias.

Dentre outros, estes são pontos que favorecem a integração do design.

Por isso, o design precisa ser abordado de um modo sistêmico, e não apenas como um resultado final. Sob o ponto de vista tático, o design se apoia principalmente na busca por uma crescente interação com o usuário final, preocupando-se com o impacto socioeconômico e ambiental e, consequentemente, com a questão da qualidade. Nesse sentido, para Gorb (1990), os domínios de atuação da gestão de design não se restringem ao desenvolvimento de produtos, mas também à identificação e à proposição de soluções aos problemas gerenciais.

4.4 Processos colaborativos como base para as táticas

O design é uma atividade interdisciplinar, razão por que transita por outros campos do saber. Desse modo, sua postura tende a ser generalista e flexível. Assim, para interagir com outros profissionais, precisa de amplo repertório e cultura, desenvolvendo cooperação e colaboração. Sob esse ponto de vista, a interação tem como um dos seus pontos principais a colaboração, seja ela interna à organização, seja relacionada aos parceiros externos.

A colaboração envolve um grupo de profissionais orientados a um objetivo comum, em que cada qual interfere em partes ou na totalidade de um projeto ou problema de design a ser solucionado. Na cooperação, cada integrante tem uma tarefa com um objetivo específico, enquanto na colaboração muitas atividades são desenvolvidas cooperativamente, mas os objetivos e as metas são comuns à equipe como um todo, tendo uma relação direta com a gestão dos projetos.

> Parceiros e comunidades, múltiplos participantes da atividade projetual que podem ser representados por indivíduos, equipes ou mesmo uma empresa inteira, tornam-se potencialmente capazes de propor opções para aprimorar ou validar opções de design segundo suas próprias perspectivas. (Fontoura; Fukushima; Kistmann, 2005, p. 3)

Além dos participantes do projeto, na colaboração também os clientes atuam como participantes na construção do projeto. O cliente deixa de ser um mero receptor de produtos e serviços oferecidos para atuar como "fonte fundamental de informação e agente ativo nos processos de design"(Fontoura; Fukushima; Kistmann, 2005, p. 3). É o que hoje se denomina *consumidor autoral*.

A colaboração envolve habilidades, conhecimentos, confianças, entendimentos, processos e sistemas, gerando novos conhecimentos múltiplos, que podem se concretizar em novos materiais, novos processos produtivos, novas leis e tendências de mercado (Fontoura; Fukushima; Kistmann, 2005).

Conforme Klein et al. (2001), a colaboração pode contribuir para a redução de impactos do processo tradicional na revisão de projeto. Se o usuário foi inserido no projeto apenas em sua fase final, a possibilidade de surgimento de erros ou distorções relativos a uma determinada etapa anterior pode gerar ajustes demorados e com custo elevado. Um erro em determinada etapa pode ser identificado por um dos participantes, antes de causar um efeito cascata, o que poderia comprometer um projeto inteiro, desperdiçando grandes quantidades de recursos financeiros e de tempo (Fontoura; Fukushima; Kistmann, 2005).

No trabalho colaborativo, voltado para a incorporação dos consumidores, várias técnicas podem ser utilizadas. Desde a etnografia rápida, técnica que se apoia na etnografia tradicional e busca informações pela observação dos usuários em sua atuação presente (Santos, 2018), até questionários e entrevistas. O uso de protótipos auxilia também nos processos colaborativos, pois são fáceis de serem revistos. Para isso, o desenvolvimento do projeto deve ser flexível, com a possibilidade de inserção de novas ideias a serem implementadas. Do ponto de vista interno à organização e de seus parceiros, a requisição e o compartilhamento de informações técnicas e a procura de opiniões sobre os problemas encontrados por meio de reuniões e atividades de *brainstorming* também auxiliam o projeto. Com isso, o gerenciamento dessas técnicas pode resultar no desenvolvimento mais rápido de um projeto, pela possibilidade de serem encaminhadas soluções nas primeiras etapas do processo e atingidos resultados inovadores numa perspectiva de mercado, elementos integrados por meio da convergência de conhecimentos de agentes múltiplos (Santos, 2018).

A colaboração se apoia fortemente no conhecimento tácito dos participantes. Os conhecimentos tácitos são aqueles que estão internalizados nos indivíduos, resultantes de socializações e prática, e que não são expostos por discurso formal:

> O conhecimento tácito começa a desempenhar um papel de interesse estratégico na conjuntura do mundo atual. Na verdade, o acesso ao saber é mais importante que o recurso ao mercado, pois inovações acontecem pelas demandas do meio de trabalho e a escolha do processo de inovação está vinculada à capacidade de interpretação inserida no contexto específico de utilização, focalizando problemas e soluções imediatas. [...] O trabalho, baseado no saber tácito, repercute sensivelmente sobre a concepção e organização da própria empresa. [...] No seu interior se processa um saber individual e social que se transforma em produtos e serviços pela aplicação de princípios de organização. (Bastos, 1998, p. 17)

Para otimizar as relações entre os participantes do design colaborativo, o desenvolvimento simultâneo de produto, ou engenharia simultânea, tem sido bastante utilizado. Esse método propicia uma melhora em qualidade, custos e tempo. Além disso, em *clusters*, ou seja, arranjos produtivos, a colaboração e a cooperação são bastante importantes, diferentemente da abordagem competitiva e individualista.

Na forma competitiva, os integrantes do grupo de empresas se opõem entre si no alcance dos objetivos, constituindo um regime de concorrência pouco produtivo, em que o objetivo é alcançado por um em detrimento dos demais. Na abordagem individualista, praticamente não existe relação entre alcançar objetivos ou metas e a interação dos participantes. O trabalho é desenvolvido individualmente e quase isoladamente. Já na forma colaborativa, os participantes trabalham em grupos e desenvolvem atividades que se relacionam, se complementam e se diferenciam na busca de uma meta comum. Isso requer a adoção de um trabalho conjunto, para que os integrantes produzam algo que dificilmente poderiam fazer sozinhos, contribuindo para que a soma das partes seja mais do que o todo. Finalmente, na postura cooperativa, os objetivos perseguidos pelos participantes se inter-relacionam, de modo que cada um pode alcançar o próprio objetivo somente se os objetivos dos demais forem também alcançados.

Destacamos que o trabalho colaborativo/cooperativo se relaciona diretamente ao trabalho flexível. A flexibilidade é uma condição para o design colaborativo, pois pressupõe a mudança de comportamento de todos os envolvidos no projeto.

> No trabalho colaborativo com outras empresas em contratos partilhados, terceirização e contratação de trabalho de autônomos existe certamente uma dependência direta de meios técnicos que permitam a comunicação e a interação à distância. O trabalho em rede é uma forma de viabilizar esta modalidade de ação laboral. (Fontoura; Fukushima; Kistmann, 2005, p. 5)

A dimensão social no processo de design, no trabalho colaborativo, é um aspecto que valoriza as relações entre iguais e a autoridade compartilhada, o que descarta a ideia de uma relação hierárquica e autoritária.

A gestão do trabalho colaborativo deve permitir o compartilhamento do objeto de estudo, do problema de design a ser resolvido, das ferramentas e dos recursos, das regras e das responsabilidades e, principalmente, da promoção da interatividade. Para fortalecer o trabalho colaborativo, podem se adotadas diferentes formas de reconhecimento, como: premiação e valoração grupal e ou individual; compartilhamento de dados e informações; uso de normas claras; por meio de um sistema de coordenação.

O ambiente colaborativo é um espaço de convivência compartilhado. Ele dá suporte à construção social do conhecimento, devendo propiciar a interação social e interpessoal. Deve ser flexível o suficiente para permitir a participação de várias pessoas simultaneamente, em um processo comunicativo que ocorra em todos os sentidos, e não linearmente, para permitir a criatividade.

PARA SABER MAIS

Você conhece os escritórios da Google de Zurique? Assista ao vídeo indicado a seguir e observe como a arquitetura de interiores trabalhou os espaços para estimular a colaboração e a interação entre os diversos funcionários.

THE AMAZING design of the Google Office Zurich by Evolution Design. 2015. Disponível em: <https://www.youtube.com/watch?v=GmPuAj7mHcA>. Acesso em: 10 out. 2021.

Dentre as vantagens do trabalho colaborativo, podemos enumerar: o aumento de interesse dos participantes; a promoção do pensamento crítico; o favorecimento da interação; a promoção da comunicação; o incentivo ao trabalho coordenado; a estimulação da linguagem e da narrativa; a motivação da autoestima; o desenvolvimento de sinergias; a clara intenção dos objetivos da equipe; e habilidades de confrontação, argumentação e defesa de ideias e conceitos.

Mas existem também aspectos que podem dificultar a implantação do trabalho colaborativo, como: necessidade de dedicação de tempo para o trabalho; tempo para a aprendizagem das habilidades; abordagem de problemas complexos; e geração de conflitos interpessoais. Esse tipo de trabalho também exige capacitação, amadurecimento, comprometimento e responsabilidade dos integrantes da equipe. Além disso, segundo Fontoura, Fukushima e Kistmann (2005, p. 7):

> Requer a flexibilização dos papéis e dos movimentos nos processos de comunicações e relações; a democratização das participações e na inserção de colaborações individuais e coletivas; a valorização das diferentes autorias; o alcance coletivo das metas; o debate que privilegie novas leituras, interpretações, associações e críticas formais e informais; e o suporte às ações de cada indivíduo.

4.5 O papel do gestor de design

Vimos anteriormente como a colaboração é importante. No entanto, ela não acontece por acaso. Para que ela ocorra, é necessário um gestor e sua participação em diversas atividades, como processos, métodos e fluxos de trabalho, que devem ser conduzidas e coordenadas por esse profissional (Magalhães, 1997; Costa; Klöpsch; Mozota, 2011; Best, 2009; Martins; Merino, 2008; Carniatto, 2008).

O gestor de design pode atuar na coordenação dessas atividades tanto em uma grande empresa, composta por diretoria, gestores e líderes de departamento, seja em uma empresa de pequeno porte, em que as atividades estão sobrepostas. Nesse trabalho, o papel do gestor é importante para que as estratégias venham, ao final, a se constituir em ações de design coerentes.

As táticas a serem desenvolvidas devem ser empregadas para que o design possa ligar o intento estratégico a resultados práticos de design de produtos, serviços, experiências, sistemas e negócios, além de verificar como os aspectos operacionais, os quais veremos mais adiante, se inter-relacionam.

Para isso, os designers ou gestores de design precisam estabelecer a estratégia que irão utilizar. Parece estranho falarmos em estratégia no nível tático, mas é assim mesmo que ocorre: cada nível tem de estabelecer estratégias, táticas e ações operacionais, conforme indicado na Figura 2.10 (página 119).

Se a empresa apresenta uma estrutura organizacional grande, existem funções que se relacionam aos três níveis de gestão de design: o estratégico, o tático e o operacional.

Como exemplo de como o design se desdobra na estrutura organizacional em termos gerenciais, na Figura 4.8, a seguir, vemos o organograma de uma empresa produtora de animação para jogos digitais.

Figura 4.8 – **Organograma de uma empresa produtora de animação digital de grande porte**

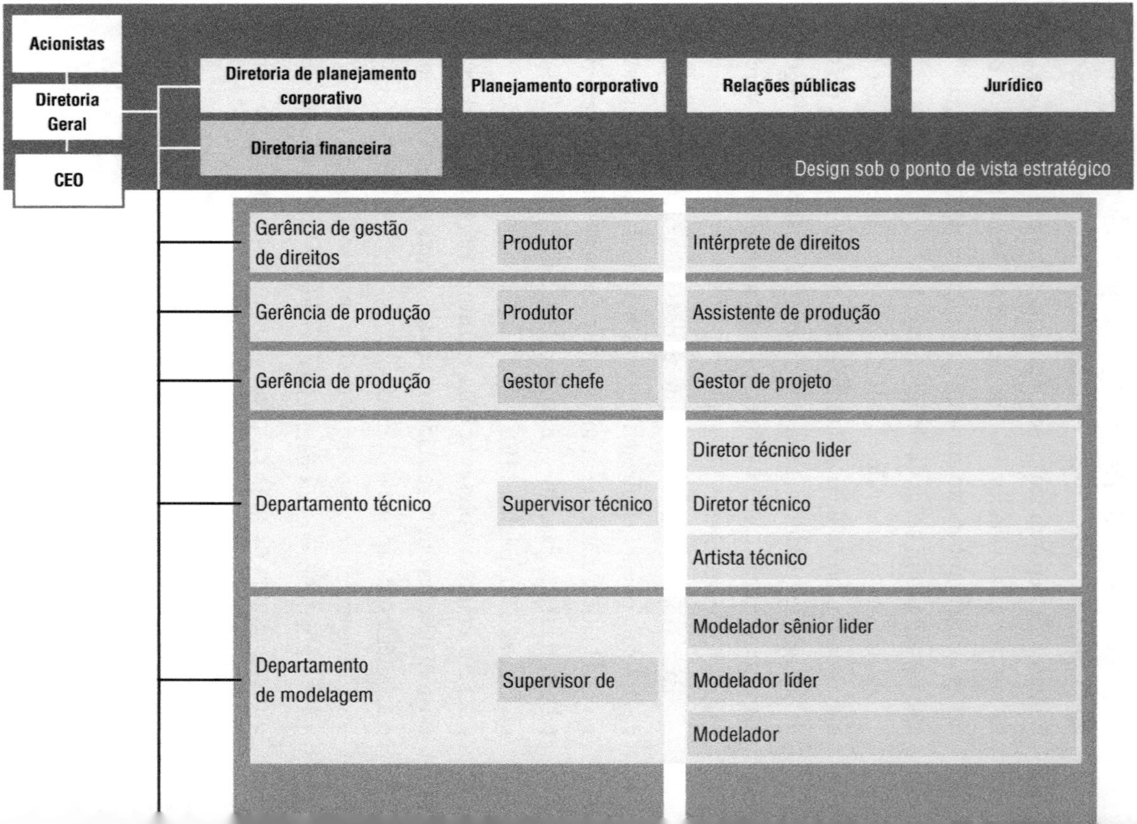

Acionistas				
Diretoria Geral				
CEO	Diretoria de planejamento corporativo	Planejamento corporativo	Relações públicas	Jurídico
	Diretoria financeira			

Design sob o ponto de vista estratégico

Gerência de gestão de direitos	Produtor	Intérprete de direitos
Gerência de produção	Produtor	Assistente de produção
Gerência de produção	Gestor chefe	Gestor de projeto
Departamento técnico	Supervisor técnico	Diretor técnico líder
		Diretor técnico
		Artista técnico
Departamento de modelagem	Supervisor de	Modelador sênior líder
		Modelador líder
		Modelador

Design do ponto de vista tático	Design do ponto de vista operacional
Departamento de animação — Supervisor de	Animador sênior / Animador líder / Animador
Departamento de look-compositing — Supervisor de *look* / Supervisor de	Desenvolvedor de *look* líder / Desenvolvedor de *look* / Líder de *compositing* / *Computer graphics artist*
Departamento de produção — Diretor	Produtor
Departamento de animação digital	Animação digital / Designer de personagens

Empresas que produzem jogos são, muitas vezes, de grande porte e envolvem inúmeros profissionais. O mesmo ocorre no caso de filmes de animação, basta ver ao final desses filmes a lista de participantes. Porém, essas empresas podem também ter um porte menor, em que o designer atua nos três níveis simultaneamente.

Isso é o que acontece, por exemplo, na empresa Video Story, que oferece três modalidades de animações: *lite*, *advanced* e *premium*, de acordo com a complexidade exigida. Em suas animações, só são apresentados três pontos como créditos para o trabalho realizado: texto, animação e locução. Portanto, o trabalho que é desenvolvido externamente à empresa que comercializa o produto de ensino demanda muito menos envolvimento no nível tático. Mas, mesmo nesse caso, a empresa contratante precisa de um gestor alinhado com as atividades táticas.

PARA SABER MAIS

Para saber mais sobre a Video Story, acesse:

VIDEO STORY. Disponível em: <http://www.videostory.com.br/?gclid=CjwKCAiAjp6BBhAIEiwAkO9WupZvBM7E425wFJdJG5KK3y5IpSGu3-mhfYEqigSYjSu-ymJkZcA-gBoCTI0QAvD_BwE>. Acesso em: 10 out. 2021.

O gestor precisa refletir em que medida essa estrutura dá realmente suporte para as táticas que serão empregadas. Isso varia conforme a cultura organizacional, se ela é mais horizontal ou mais vertical, e o porte da empresa.

No nível estratégico, o designer, ou gestor de design, pode contribuir para estabelecer como o design irá auxiliar na busca de novos futuros, assim como na formação de uma competência própria. Na definição das estratégias relacionadas ao nível tático, o gestor deve analisar como a estrutura interna da empresa se relaciona com as perspectivas futuras, como vimos anteriormente, estabelecendo as diretrizes e os programas. Nesse nível, os diferentes gestores precisam oferecer soluções que diferenciem a empresa das demais.

Como vimos, em geral, a atividade de design nas grandes empresas é realizada internamente, enquanto nas médias e pequenas ela tende a ser externa, pelo custo que envolve. Mas, trabalhando externamente, é importante analisar como o trabalho dos designers ou gestores de design irá se inserir na estrutura organizacional como um todo. Haverá um motivador ou o designer, ou gestor de design, terá de assumir esse papel?

Assim, do ponto de vista tático, a atividade de design tem como função integrar as atividades de design na empresa, para que possa efetivamente contribuir para o sucesso dela. Ele tem como principal papel coordenar as funções relativas ao design em relação aos demais departamentos da organização de modo a agilizar os trabalhos e evitar conflitos. Com isso, a atividade de design, nessa atuação, destaca-se especialmente em relação aos aspectos comunicativos internos à empresa e com seus principais parceiros.

Como vimos, no nível tático, a estratégia é analisada e os novos papéis e funções são estabelecidos, com a estruturação do organograma e a criação de ferramentas de visualização e controle. Ao design no nível tático cabe ainda a definição dos controles internos e das atividades, bem como a análise de desvios e conformidades com o esperado. Capacitação, treinamento, sensibilização e orientação individual são também atividades a serem desenvolvidas no nível tático, assim como a padronização conforme os diagnósticos, avaliando o que foi estabelecido anteriormente.

Estabelecer táticas para a integração do design nas organizações é importante para que as estratégias definidas se alinhem com os resultados em termos de produtos, serviços, sistemas, experiências e, mesmo, novos negócios. Ao gestor no nível tático, exercendo ele uma função separada ou não, demanda uma atividade integrada. Ele pode ter uma prescrição clara na estrutura da empresa ou atuar de modo tácito, como vimos antes. Com isso, a atividade de gerência pode ter regras formais ou mesmo informais, que devem ser cumpridas tanto pelos seus membros internos quanto pelos agentes externos.

O principal resultado da atuação de um gestor de design é a obtenção de um bom design. Mas, para que isso ocorra, precisamos saber, em primeira instância, o que significa.

O conceito de bom design tem sua origem no termo criado por Max Bill, *Gute Form*. O termo, mais tarde, foi traduzido, originando as expressões *bom design* e *bom desenho*, propondo um discurso da forma em oposição ao discurso do mercado gerado por meio do *styling*, movimento que se desenvolveu nos Estados Unidos, especialmente a partir dos anos 1930, como base para a expansão de mercados (Souza, 2008). Na publicação *Die Gute Form*, produzida pela Associação dos Artesãos Suíços, a ideia do bom desenho se caracteriza pelas seguintes qualidades: ordem com sentido, boa proporção, materiais reais e ser agradável aos olhos (Carnascialli, 2014), ou seja, características predominantemente estéticas. Mais adiante, como podemos observar nos produtos da empresa Braun, outros aspectos foram incorporados, como aponta Bürdek (2006). Os produtos tinham como diretriz serem práticos, racionais, econômicos e neutros, tendo como principal orientação a funcionalidade. Esses aspectos, porém, não davam conta da complexidade que o design adquiriu nos anos seguintes, especialmente no que diz respeito à sua gestão. Mozota (2006) colocou, assim, uma quarta função para a gestão de design, denominando-a *bom design*. Mas não nos parece que isso seja uma quarta função separada, e sim o resultado esperado da aplicação do design.

Podemos dizer que, para atuar, o gestor precisa, primeiramente, estabelecer uma política de design coerente, propondo uma coordenação que coloque em sintonia os vários departamentos e as unidades de negócio que são objeto do design, razão por que é atribuído ao design no nível tático a função de coordenação. Assim, do ponto de vista organizacional, o design não opera isoladamente, mas em relação a uma gama de diferentes disciplinas, unidades organizacionais e funções, como *marketing*, engenharia, finanças, direito, gestão da marca (Best, 2009). Essa política tem como objetivo a construção de uma estratégia de design, tornando-o parte das competências centrais da empresa. Isso levará à formação de uma cultura organizacional em que o design participe na busca de novos cenários e tendências para a formação de uma estratégia empresarial e se desmembre na estratégia de produtos/serviços.

Do ponto de vista econômico, o design deve participar da construção de uma base para a competitividade que considere clientes e comunidades que formam novos mercados. Com isso, deve contribuir para um desempenho financeiro alinhado ao previsto.

Outro importante aspecto, a inovação, é o ponto central do design e da formulação de estratégias. Portanto, o gestor, deve trabalhar para que a inovação se alinhe com a competitividade, além de estimular a liderança e o desmembramento da inovação em processos que levem a novas propriedades intelectuais, como marcas e patentes. A força de coordenação/integração do design se encontra, também, na habilidade de utilizar modelos de inovação centrados nos consumidores (Fujita; Becker; Kistmann, 2010).

Ainda com respeito à inovação, na sua gestão existe a necessidade de administrar o fluxo de comunicação entre as áreas de *marketing* e Pesquisa e Desenvolvimento (P&D). Com isso, o processo de design tem como essência a interfuncionalidade, que integra restrições de *marketing* e P&D, o que impacta diretamente a competitividade das empresas (Costa; KlöPsch; Mozota, 2011). O gestor de design, portanto, proporciona uma maior integração de equipes interfuncionais por meio da ampliação do processo de comunicação.

Além desses aspectos, a qualidade final do design se expressa no produto/serviço ofertado, considerando-se os aspectos relacionados aos fatores de uso, técnicos e simbólicos, incluindo as características estéticas, de usabilidade, de segurança, de ergonomia e de sustentabilidade. Para isso, é necessário atentar aos processos de design e sistemas de comunicação internos e externos.

Como resultado de sua atuação, o design deve buscar o desempenho estratégico positivo, com o fortalecimento do *branding* por meio do espelhamento na reputação da marca. Para isso, é também importante destacar os benefícios ambientais e sociais gerados.

Um aspecto importante, depois de definidos esses elementos, relaciona-se aos aspectos motivacionais da equipe. Wolf (1998) e Mozota (2003) destacam a importância de um gestor ou um líder que faça o papel motivacional em design. Isso é de particular importância em empresas médias e pequenas, pois, em geral, as duas atividades ficam a cargo de uma só pessoa: o dono da empresa, que deve compreender o papel do design. Essa situação ocorre frequentemente nas empresas italianas de destaque no design. De médio porte, nelas o contato entre o dono e o designer é muito próximo, sendo que esse aspecto motivacional é bem explorado. Nesses casos, a atuação tática é tácita, ou seja, sem uma organização formal, mas muito influenciada pelo papel comunicativo do design.

Os aspectos motivacionais da equipe se relacionam diretamente ao capital humano, que, segundo Best (2009), faz parte de qualquer visão estratégica ou meta bem-sucedida.

Pessoas são os principais ativos com função preponderante nas organizações. Segundo Best (2009), as pessoas representam um "capital humano" que faz parte de qualquer visão, estratégia ou meta bem-sucedida e, por essa razão, precisam ser administradas, valorizadas e promovidas.

Recentemente, Hamel e Zanini (2020) criaram o termo *humanocracia*, para caracterizar um tipo de administração em que se busca explorar a criatividade natural dos seres humanos para que isso se torne uma paixão. Nessa administração, a estrutura organizacional precisa ser aberta, flexível, permitir a mudança e a adaptação rápida, gerando a inovação pela constante conexão dos seus funcionários entre si e com as atividades inovativas. Esses elementos oferecem uma real ação diante de um mundo que enfrenta a necessidade de respostas rápidas para novos problemas complexos.

Além do que já apresentamos, o gestor de design tem como função resguardar os níveis de profissionais especialistas em design e estimular a criatividade, buscando um ambiente físico e emocional para o trabalho criativo, bem como orientando a compra de materiais e equipamentos. Deve também considerar a circulação da informação e a documentação relacionada às atividades de design.

Em sua articulação, por exemplo, com o Departamento de Recursos Humanos, o gestor de design pode buscar programas de treinamento para diminuir bloqueios mentais no pensamento criativo, propiciando o aperfeiçoamento da criatividade do trabalho em grupo. Pode também estimular, em toda a organização, a disseminação de ferramentas utilizadas pelos designers, a captação e a promoção de boas ideias, formando uma cultura voltada à inovação (Costa; Klöpsch; Mozota, 2011).

No entanto, como vimos anteriormente, esse processo tem sofrido grandes transformações, pela necessidade de uma gestão ágil e flexível, em que a colaboração de todos é importante para que a inovação aconteça.

Muitas empresas disponibilizam uma caixa de sugestões, em que os colaboradores devem inserir propostas. Mas isso não é mais suficiente nos dias atuais. Existe a necessidade de uma atuação conjunta horizontal, para que os dados da base sejam rapidamente absorvidos pela organização como um todo.

O design no nível tático depende, também, de uma governança, ou seja, de regras, normas e ações sustentadas, reguladas e responsabilizadas. A governança compreende os processos de governar, considerando um determinado tipo de sistema social. Ela é suscetível a influências externas, por meio, principalmente, de ações da comunidade, da mídia e de outras organizações.

Nesse sentido, é preciso a construção de competências em termos de conhecimento (Sciamana, 2019). No quadro a seguir, vemos como essas competências se relacionam com atitudes e habilidades desejadas ao gestor e estão associadas à gestão de design.

Quadro 4.1 – **Conhecimentos, atitudes e habilidades dos gestores**

Conhecimentos	Atitudes	Habilidades
Conhecimento técnico/científico em design	Entusiasmo	*Performance* criativa
Conhecimento técnico/artístico em design	Empatia	Visão holística
Conhecimento administrativo	Carisma	Pensamento estratégico
	Diplomacia	Capacidade técnico/cognitiva
	Comprometimento	Comunicação, integração e rede de relacionamento internos e externos
	Persistência	Apresentação
	Objetividade	Aptidão comercial e negociação
Conhecimento em pesquisa de mercado	Versatilidade	Capacidade em inovação
	Agilidade	
	Orientação a resultados	
	Liderança	
	Motivação	
	Influência	
	Organização	
	Política	

Fonte: Elaborado com base em Sciamana, 2019.

Finalizando, um gestor precisa se aprimorar continuamente, tanto no que se refere aos seus conhecimentos técnicos, científicos e artísticos em design quanto administrativamente, buscando continuamente informações de mercado que permitam a ele atuar de modo pleno. Além disso, precisa adotar atitudes que permitam a integração de pessoas e ações e ter habilidades que contribuam para o sucesso da organização como um todo e, em particular, do design.

SÍNTESE

Neste capítulo, apresentamos os conceitos e exemplos relativos às táticas para a integração do design nas empresas, a articulação entre as estratégias e as ações operacionais a serem desenvolvidas.

Vimos o significado de *tática* e o modo como ela pode ser identificada por meio da análise Swot, gerando diretrizes para os projetos a serem propostos e aplicados.

Desmembrando as táticas, verificamos como é possível propor e integrar projetos.

Observamos também que a colaboração consiste em um ponto muito importante, especialmente em situações de alta volatilidade de mercados e busca pela competitividade constante.

Ao final, evidenciamos que, como os projetos devem ser gerenciados, requerem do gestor, no caso de grandes empresas, além de conhecimentos técnicos de administração de projetos, experiência anterior e compreensão da atividade tática de design.

QUESTÕES PARA REVISÃO

1. Como você define o termo *tática*?

2. As táticas se desmembram em estratégias, táticas e operações. Como você explica isso?

3. Marque verdadeiro (V) ou falso (F) nas afirmativas a seguir.

    ( ) O design tático tem como objetivo coordenar as atividades de design para a integração do design na organização.

    ( ) O design tático visa estabelecer uma relação positiva entre as estratégias estabelecidas e o design nos seus diferentes desmembramentos.

( ) A colaboração não é desejada na gestão de design.
( ) A análise Swot pode auxiliar na construção de diretrizes que venham propiciar a integração do design nas empresas.
( ) Em qualquer empresa, é necessário um gestor de design para o desenvolvimento de táticas.

Agora, assinale a alternativa que apresenta a sequência correta:

a. F – V – V – F – V.
b. F – F – V – V – V.
c. V – V – F – V – F.
d. F – V – F – F – V.
e. F – V – V – V – F.

4. Marque verdadeiro (V) ou falso (F) para os complementos da frase a seguir. A análise Swot se apoia em cenários futuros externos com base:

( ) na economia.
( ) no passado.
( ) na sustentabilidade.
( ) na sociedade.
( ) na legislação.

Agora, assinale a alternativa que apresenta a sequência correta:

a. F – V – V – F – V.
b. V – F – V – V – V.
c. V – V – F – V – F.
d. F – V – F – F – V.
e. F – V – V – V – F.

5. Marque a alternativa que complementa a frase. O acrônimo Pestel representa:

   a. política, economia, legislação, sociedade, educação e tecnologia.
   b. política, ambiente, leis, sociedade, economia e tecnologia.
   c. padrão, elemento, somatório, tarefa, economia e logo.
   d. padrão, elemento, súmula, tarefa, economia e logo.
   e. padrão, elemento, súmula, trabalho, economia e logo.

   QUESTÕES PARA REFLEXÃO

1. Conforme Best (2009), o nível tático relaciona-se aos sistemas internos das empresas, em que equipes, processos e funções específicas entram em jogo. Anote como isso pode acontecer para discutir em grupo.

2. Os gestores de design devem transcender papeis e buscar uma integração horizontal entre o design e os diversos departamentos das empresas. Comente uma situação, mesmo que hipotética, em que isso acontece e escreva um breve texto. Leve depois esse exemplo para discutir com o seu grupo, justificando a sua escolha.

3. Todas as empresas precisam de táticas para integrar o design, mas nem todas possuem um gestor específico para isso. Comente que fatores envolvem essa diferença.

PureSolution/Shutterstock

Parte 4

O DESIGN NO NÍVEL OPERACIONAL

Chaosamran_Studio/Shutterstock

Capítulo 5

AS LIÇÕES PARA O AGIR E O REAGIR

Conteúdos do capítulo:
- Design e estratégias de mercado.
- As cinco forças competitivas de Porter.
- Diferenciando, focando e reduzindo custos.
- Definindo o portfólio de produtos.
- Os produtos têm vida!

Após o estudo deste capítulo, você será capaz de:
1. desenvolver habilidades para agir e reagir diante de demandas presentes e futuras;
2. entender como as forças competitivas atuam no design operacional;
3. propor novos produtos para a construção do portfólio de produtos da empresa;
4. entender o que vacas e abacaxis têm a ver com o design;
5. escolher entre diferenciar, focar ou diminuir os custos;
6. perceber em que estágio estão os produtos de uma empresa.

O design se materializa naquilo que denominamos *design operacional*, ou seja, no resultado em termos de atuações que estabeleçam a comunicação da empresa com todos os seus *stakeholders*.

Nesse sentido, o papel desempenhado pelo líder de design, gestor de design ou, em alguns casos, também chamado de *diretor criativo*, requer o estabelecimento de processos, a construção de competências e o planejamento de ações que irão formar as decisões que impactam o design. Implica também atuar de modo integrado com as ações de *marketing*.

Assim, neste capítulo, iremos abordar como isso pode ser gerenciado, de modo a oferecer soluções para os problemas identificados pelo desdobramento das diretrizes definidas no plano estratégico, trazendo-as para o tempo presente, com foco especial nas teorias de Michael Porter. Essa abordagem busca mostrar como essas estratégias podem oferecer narrativas novas em termos de produtos, processos, sistemas, experiências ou novos negócios associados ao *marketing*.

5.1 O design no nível operacional e as estratégias de mercado

O design no nível operacional se refere a todas as atividades que o design desenvolve para que a empresa se comunique com os seus parceiros internos e externos, incluindo os consumidores finais.

Para Martin Gierke, gerente de marcas da Cartepillar (citado por Phillips, 2008, p. 115):

> A gestão de design encarrega-se de produzir os materiais 2D e 3D relacionados com as metas estratégicas da empresa. As suas operações do dia a dia permitem materializar essas metas, promovendo a ligação entre a visão e a prática, contribuindo para construir a identidade corporativa da empresa.

Portanto, o design no nível operacional pode se manifestar de diversas formas, como:

- no design da informação disponibilizada na intranet;
- na escolha do nome do produto e sua marca visual;
- no design do *site* que leva o que a empresa tem como missão, visão e valores ao público em geral;
- nos manuais de produtos;
- na experiência de compra;
- na concepção do produto/serviço ofertado;
- na arquitetura de fábrica;
- no design de *stands* de feiras;
- nos vídeos e animações que promovem os produtos;
- e, eventualmente, na concepção de um novo negócio.

Com isso, o design resultante do nível operacional pode se desmembrar em diversas modalidades específicas de design, como comentamos no Capítulo 4 e podemos ver na Figura 5.1, a seguir.

Figura 5.1 – **Variações do design no nível operacional**

Design no nível estratégico	
Design no nível tático	
Design no nível operacional	
Arquitetura de fábrica	Design de *stands*
Design de interiores	Design para a *web*
Design de interfaces gráficas	Design de animação
Design de serviços	Design gráfico
Design de produto	Design de experiências
Design de negócios	Design de embalagens
Design de sistemas	

Podemos ficar confusos ao ver o design de negócios como uma das modalidades do design no nível operacional. Isso ocorre porque, dependendo da situação em questão, em vez de solucionar um problema específico no desenvolvimento do projeto, percebe-se a possibilidade de gerar um novo negócio. Isso se denomina, hoje, *business design*.

O termo *business design* é adotado aqui no seu sentido amplo, ou seja, no sentido de criar um novo negócio. Isso se aplica tanto a quem quer empreender quanto a quem deseja criar uma linha de produtos, como vimos no caso da Natura Sou.

No entanto, precisamos estar atentos ao fato de que essas estratégias podem variar de acordo com o setor produtivo. Se, no setor do vestuário, as proposições frequentemente se associam às mudanças sazonais, ou seja, necessitam de resposta a cada três meses, no setor automotivo, algumas soluções buscam resolver problemas no espaço de um ano, com os lançamentos de variantes anuais de modelos já existentes, ou, no caso de prazos mais estendidos, com o atendimento de propostas voltadas para cenários mais longos.

As estratégias variam também quanto ao grau da sua base tecnológica: um projeto voltado a uma comunidade tradicional tem condição muito diversa daquele voltado para uma empresa que se situa na economia pós-industrial. Isso contribui para a desmaterialização do design, transformando-o, predominantemente, em serviço.

O gestor de design e designers precisam também considerar se essa atividade será desenvolvida em micro, pequenas, médias ou grandes empresas. Significa adotar posturas de acordo com as características específicas de cada tipo de empresa.

Como vimos anteriormente, em determinadas situações, algumas atividades que estão desmembradas nos níveis estratégico, tático e operacional estão condensadas em um nível apenas, como no caso das microempresas. Por outro lado, grandes organizações apresentam esses níveis desmembrados, por conta da complexidade gerencial que apresentam – é o caso das empresas de grande porte, especialmente as multinacionais. No entanto, mesmo estas, em alguns casos, devido a suas atuações em mercados regionais, precisam desmembrar as estratégias globais em estratégias regionais, o que impactará o design.

Outro fator importante ao se considerar o design no nível operacional está relacionado à forma como ele se insere na organização.

Ele pode ser formado por um departamento interno ou ser uma função específica; pode ser desenvolvido por uma empresa externa à organização, na forma de um escritório de design ou de um designer externo, ou, ainda, por uma combinação de interno/externo, podendo inclusive haver a contratação de mais de um designer externo para a solução do problema especificado pela empresa (Mozota, 2003), como vimos no Capítulo 1, com o exemplo do caso da Natura.

Portanto, ao falarmos em *design operacional* e pensarmos como ele se insere na cadeia produtiva, veremos que ele terá variações. Para isso, é necessário termos uma visão mais aprofundada de noções de *marketing*, em especial com foco nas teorias que Michael Porter estabeleceu. Elas não são novas, mas ainda têm sua aplicabilidade.

Em geral, o design operacional se inicia com o estabelecimento de um *briefing* de projeto, algumas vezes criado pelo departamento de *marketing*, em outras, pela engenharia da empresa.

O *briefing* pode estar bem formulado, ou seja, oferece informações definidoras do problema a ser enfrentado e as limitações primeiras em relação aos recursos a serem utilizados. No entanto, em determinadas situações, pode estar relacionado a um problema complexo, em que muitas variantes podem ser exploradas e se interconectam, ou, ainda, relacionar-se a uma situação ainda não explorada. Nesse caso, não é possível esclarecer imediatamente todos os pontos em sombreamento. Também pode ensejar um alargamento da visão do problema, para a demanda de soluções de curto e médio prazos.

Como exemplo, no caso da pandemia da covid-19, designers foram convidados a propor soluções para um problema mal definido, pois os estudos científicos em relação a essa doença se desenvolveram em paralelo às soluções de design.

Na Figura 5.2, a seguir, vemos alguns ícones gerados como forma de prevenção da pandemia da covid-19, definidos após as primeiras evidências da doença.

Figura 5.2 – **Design gráfico instrucional para a prevenção da covid-19: limpar, desinfetar, sanitizar, lavar as mãos, usar máscara, distanciamento social etc.**

spiral media/Shutterstock

Esses ícones precisaram ser desenvolvidos rapidamente para atender a uma demanda inesperada. A estratégia, nesse caso, era oferecer ao mercado uma solução gráfica rápida para um problema que surgiu sem que houvesse uma visão de futuro mais longo.

Como o caso da Figura 5.2, designers são frequentemente chamados a contribuir para o sucesso da empresa quando ela está em dificuldades sob algum aspecto. Isso pode ocorrer em casos de: uma crise financeira da empresa; uma competitividade enfraquecida por novo entrante no mercado; uma nova lei que se apresenta, demandando novos requisitos anteriormente não previstos; a inserção de uma nova tecnologia; ou um novo posicionamento a ser adotado para a empresa se manter atualizada, entre outros. Essas situações, que surgem diante de novas realidades demandam a oferta de um novo produto, sistema ou serviço, uma nova experiência ou mesmo um novo negócio, situações que devem ser explicitadas em um *briefing* – documento em que a situação-problema inicial da empresa é apresentada.

As situações divergem também quanto às características setoriais existentes. Existem setores em que os lançamentos acontecem em ciclos muito rápidos, como no caso da moda. Pessoas precisam de roupas para ocasiões distintas, porque seus corpos se modificam, porque as estações mudam e porque a vestimenta caracteriza a personalidade delas, que pode sofrer também mudanças ao longo do tempo. Em outros setores, o ciclo é mais longo, como no caso de empresas que investem em capital de modo mais intenso.

Outra característica é que os *briefings* podem ser formulados tanto para o grupo, ou designer interno à empresa, quanto para os escritórios e profissionais de design externos. Nesse último caso, acontecem situações frequentes de contratos de serviços em pequenas empresas, nas quais a cultura de design ainda não se encontra implantada. Mas também pode ser que, apesar de o design já fazer parte do cenário da empresa, surja uma demanda por um grupo externo, pelo fato de que este pode ter *insights* mais livres do que os designers que já trabalham na empresa, uma vez que não estão pressionados pelas demandas do dia a dia (Mozota, 2003).

Nesse contexto, designers e gestores de design precisam conhecer um pouco a respeito dos conceitos que Porter estabeleceu, pois necessitam entender, acompanhar ou sugerir ações que venham colocar o produto, serviço, sistema, experiência ou mesmo um novo negócio em posição competitiva no mercado-alvo. E isso é o que vamos ver a seguir.

5.2 As cinco forças competitivas de Porter

O design operacional tem como função a diferenciação da organização no mercado consumidor (Mozota, 2003). As ações estratégicas e táticas são intangíveis, sendo o design operacional responsável por sua visibilidade, já que a partir dele a identidade se tangibiliza.

Para realizar essa passagem, novamente a matriz Swot[1], que já vimos na definição das táticas, pode ser utilizada. Ela pode auxiliar na análise do contexto presente, diante da proposta de valor que designers e gestores de design buscam em relação ao mercado. A análise Swot consiste em um tipo de pesquisa contextual, voltada para a identificação de problemas que podem surgir com o novo design, em conformidade com o ambiente externo ou o interno.

Além da análise Swot, a abordagem e os conceitos de Porter auxiliam bastante designers e gestores de design, pois esses profissionais precisam refletir sobre a materialização do design no nível operacional.

Primeiramente, vamos ver como designers e gestores de design podem se apoiar nas cinco forças competitivas que Porter estabelece.

As empresas têm peculiaridades, que se manifestam em seus produtos, serviços, negócios ou sistemas, os quais apresentam diferenciais para conquistar o mercado-alvo, fazendo com que os consumidores os adquiram. Para Oliveira (2001, p. 223), "vantagem competitiva é aquele **algo mais** que identifica os produtos e serviços e os mercados para os quais a empresa está, efetivamente, capacitada a atuar de forma diferenciada".

---

[1] A matriz *Swot* (acrônimo em inglês) trabalha com quatro quadrantes: um que trata das forças (*Strengths*), outro, das fraquezas (*Weaknesses*), outro, das oportunidades (*Opportunities*) e o último, das ameaças (*Threats*), como já vimos anteriormente.

Por isso, ao criar uma posição de correção das suas fraquezas e estimular as forças que têm, ao lado das ameaças e oportunidades que se apresentam, as empresas conseguem estabelecer uma vantagem competitiva, por meio da estratégia definida, em termos de oferta de produtos, serviços, experiências, sistemas ou negócios.

A vantagem competitiva se manifesta pela preferência dos clientes em relação aos concorrentes, pela diferenciação no negócio em si, ao mudar a forma de se relacionar com os fornecedores, e pela existência de talentos especiais na empresa que refletem não apenas no seu desempenho, mas também na sua imagem.

Com base nas cinco forças da competição de Porter (1979), as empresas podem identificar: ameaças de novos entrantes; a força de negociação de clientes; a entrada de novos produtos substitutos; como os concorrentes se adaptam; e como reagem os concorrentes entre si. Com isso, podem definir uma estratégia operacional para o design. Vejamos como isso pode acontecer.

EXEMPLO PRÁTICO

Por exemplo, uma empresa produtora de azulejos traçou uma estratégia de longo prazo, buscando a customização dos seus produtos. Para isso, criou um modo específico para a produção de decalques cerâmicos, na condição de produto central. Esse produto, que tem grande foco no desenvolvimento de uma tecnologia, permite um novo tipo de negócio, com a oferta de azulejos como produtos finais customizados.

Isso implica observar como a comunicação desse novo produto precisará ser estabelecida e definir o seu design. Para tanto, ao longo do tempo, é necessário à empresa:

- analisar como acontece a entrada de outros fabricantes com tecnologia similar;
- considerar a perspectiva da redução de compra de azulejos pela entrada de sistemas de revestimentos com novas tintas que reproduzem a mesma função;
- analisar como os clientes se posicionam em termos de investimentos;
- verificar como os fornecedores de matéria-prima para a confecção dos decalques reagem a possíveis entraves ou à busca por maior lucratividade.

Com base nessa análise, o design do produto final e do serviço ofertado precisará ser constantemente revisto.

Então, uma a uma, vamos detalhar cada uma das forças propostas por Porter (1979), comentadas por Serra, Torres e Torres (2004).

- Considerada uma das mais importantes e centrais no esquema, a **rivalidade entre concorrentes diretos**, ou seja, em relação ao mesmo produto, no mesmo mercado, precisa considerar a atividade e a agressividade destes.
- A **ameaça de novos entrantes** se refere àquelas empresas que estão buscando atuar no mesmo mercado. Elas estão enfrentando as barreiras existentes, que podem ser a capacidade da empresa para produção em larga escala e com menor preço; a tradição dos concorrentes; a disponibilidade de capital; o acesso a canais de distribuição, por meio do contato com empresas que possam comercializar os produtos.

- O **poder de barganha dos compradores** pode ser definido pelo preço e pela qualidade ofertada, bem como pelo volume de compra, pela baixa diferenciação, pela margem de lucro reduzida e pela possibilidade do comprador poder fabricar o produto.
- O **poder de barganha dos fornecedores** acontece devido ao reduzido número de empresas fornecedoras disponíveis. Além disso, o grau de diferenciação do produto faz com que a possibilidade de troca de fornecedor possa apresentar um custo elevado. O poder de barganha pode também ocorrer no caso de o setor em que a empresa se insere não ter importância significativa no faturamento dos fornecedores.
- Finalmente, a **ameaça de produtos substitutos** ocorre no caso de bens substitutos que podem atender à mesma necessidade dos futuros clientes. Eles não competem como os concorrentes primários, mas têm sua importância.

Para realizar essas análises, diversas modalidades de pesquisas precisam ser realizadas. As principais são: pesquisa de mercado com grupos focais; pesquisa de mercado com base estatística; testes de mercado; técnicas de observação incluindo a etnografia rápida e a "netnografia" (ou seja, pesquisa etnográfica na *web*); pesquisas ambientais; e inteligência competitiva, para identificar tendências.

Nas grandes empresas, o design nessa etapa trabalha muito próximo tanto da engenharia do produto quanto do departamento de *marketing*. Já as empresas de pequeno porte originam-se, normalmente, de alguém que tem algum conhecimento técnico na produção de algum bem ou tem experiência em determinado mercado. Por isso, o designer ou a empresa contratada precisará discutir diretamente com o proprietário da organização essas questões.

5.3 Diferenciar, focar ou reduzir custos?

Para manter a posição diante da concorrência ou mesmo avançar em relação a elas, Porter (1991) apresenta três estratégias genéricas, que podem ser utilizadas isoladamente ou combinadas. São elas: 1) liderança global em custos; 2) diferenciação; 3) enfoque ou concentração. Para melhor compreender como elas atuam, observe a Figura 5.3, a seguir.

Figura 5.3 – **Três estratégias genéricas de Porter**

		Vantagem estratégica	
		Unicidade observada pelo cliente	Posição de baixo custo
Alvo estratégico	No âmbito de toda a indústria	Diferenciação	Liderança em custo
	Apenas um segmento	Foco	

Fonte: Porter, 1989, p. 10.

As estratégias são fruto de duas variantes: vantagem estratégica e alvo estratégico.

Vamos começar pela vantagem estratégica. Nessa variante, de acordo com o alvo estratégico definido pela organização, a liderança pode ser estabelecida a partir dos fatores custo e diferenciação.

Nessa variante, a liderança por custo significa que a competitividade se dará mediante o preço final do produto para o consumidor. Já a competitividade por meio da diferenciação se dá pelas características finais do produto em relação ao mercado como um todo, relacionadas ao alvo estratégico. Assim, os clientes percebem a diferença, ou maior qualidade, na oferta de valor que a empresa oferece ou no custo menor que o produto apresenta.

Por outro lado, se considerarmos a vantagem estratégica segundo o alvo estratégico com foco em apenas um segmento, temos o foco como base para a definição de novos produtos, serviços, sistemas ou negócios. Nesse caso, designers e gestores de design têm a possibilidade de estruturar essas ofertas por meio de três categorias: grupos de consumidores, segmento e novos mercados.

Na sequência, vamos verificar cada uma dessas formas de atuação: por diferenciação, por custo e por foco, esta última com os seus desmembramentos em grupos de consumidores, segmento e novos mercados.

A estratégia em custo tem a função de colocar o produto/serviço, experiência ou negócio de modo competitivo em relação à rentabilidade média do setor. Ou seja, busca o menor custo por meio de ações que podem ser inseridas. Ao despertar o desejo de muitos consumidores pelo produto, as empresas buscam obter o lucro esperado.

A estratégia em custo é aquela que pode ser trabalhada com técnicas que visam diminuir principalmente materiais e custos de processos, para que o preço final do produto seja mais competitivo. Pode também se desenvolver quando a empresa repensa sua cadeia logística a fim de economizar em processos internos e externos, sendo importante, em alguns casos, o investimento em equipamentos mais modernos. Por isso, nessa estratégia, o design se alinha diretamente com a engenharia de produção, buscando minimizar os custos produtivos.

Com a globalização, a estratégia em custo tornou-se muito importante, porque a abertura da economia e dos mercados coloca frente a frente produtores distantes geograficamente, que oferecem, por meio de mídias digitais, produtos similares a preços competitivos.

Essa estratégia tende a restringir o investimento em Pesquisa e Desenvolvimento (P&D), publicidade e, muitas vezes, de modo errôneo, design. Nesse caso, a capacidade de inovação estará muito mais relacionada aos aspectos técnicos dos produtos que no design. Um risco no uso dessa estratégia é o de fragilizar o produto atual para se obter um custo mais baixo.

No caso do design, a análise de valor é uma técnica empregada que se apoia na busca pela redução de custo em materiais e processos do produto/serviço existente (Jones, 1974). Pode também ser utilizada a engenharia reversa, ou seja, há o desmembramento dos produtos da concorrência com o objetivo de identificar pontos em que o produto pode ser melhorado em relação a esses mesmos fatores.

Os riscos que a estratégia em custo apresenta estão relacionados à entrada de novos competidores com tecnologias mais avançadas. Você conhece uma empresa que atua com essa estratégia?

Agora que você compreendeu como opera a estratégia com base no custo, vejamos, a seguir, as características da estratégia que se baseia na diferenciação.

A estratégia com base na diferenciação é central na atividade de design. Por meio das cinco forças competitivas de Porter (1979), ela se caracteriza por ofertar, de modo geral, rendimentos mais vantajosos para a empresa, pela posição em que coloca o produto, o serviço, a experiência ou o negócio no mercado. Essa estratégia, que põe em foco as vantagens do produto em razão de sua maior utilidade, diminui o poder de compra dos clientes, que, sem opções similares, ficam menos sensíveis aos preços.

A diferenciação oferece uma proteção competitiva maior diante dos demais produtores, porque os clientes tendem a se tornar leais à marca. Além disso, a novidade que a empresa apresenta faz com que o custo mais elevado não tenha tanta importância no momento da compra. Por isso, a diferenciação atua diretamente no *branding* da empresa. Demanda, porém, investimentos iniciais: pesquisa, design, materiais, apoio aos consumidores. Ademais, oferece riscos, pelo caráter inovador de sua proposta.

Sob esse ponto de vista, a identidade corporativa da empresa, a marca do produto e o material de comunicação são partes importantes do processo, facilitando a introdução do novo produto no mercado, principalmente diante da competição que se segue, com a penetração de novos produtos similares no mercado.

Situações adversas também podem afetar a estratégia de diferenciação. Por exemplo, o projeto de um serviço de diversão pública em um local fechado, com o advento da pandemia da covid-19, sofreu grande impacto, precisando ser revisto, com resultados nem sempre compatíveis com o esperado.

Finalmente, vejamos a terceira modalidade de estratégia, aquela que tem por característica o foco em um determinado setor.

Nessa terceira modalidade, ao escolher um segmento, a empresa pode buscar uma dessas três opções: um grupo de possíveis clientes, uma linha ou um mercado geográfico.

Quando a empresa se fixa em uma abordagem com base em grupos de possíveis clientes, ela oferece um produto, serviço, sistema ou negócio que se fixa nas características destes.

No setor em que atua o design de moda isso é muito observado. Sapatos são segmentados por grupos de clientes classificados em idades, tipos de uso, características físicas dos usuários, deficiências, entre outros.

Veja na Figura 5.4, a seguir, como o foco se estabeleceu.

Figura 5.4 – **Foco na produção de sapatos para cães**

ArtdayAnna/Shutterstock

A segunda forma de se diferenciar é por meio da definição de uma linha de produtos. Com isso, a empresa se define em relação a um determinado setor, a uma linha específica de produtos, como no caso da figura a seguir.

Figura 5.5 – **Segmentação por linha de produtos**

Life morning/Shutterstock

Os produtos cerâmicos, os talheres, os tecidos estão relacionados ao vestir uma mesa. Nesse caso, ao considerar o design do interior da loja que comercializa esses produtos, é necessário que a empresa esteja atenta à configuração destes, compondo-os no cenário da mesa. A empresa pode também contar com um designer de produtos que auxilie na seleção das peças mais adequadas à venda.

Finalmente, a terceira modalidade está relacionada ao posicionamento em relação a mercados regionais. Nela, a empresa pode buscar características regionais para a sua estratégia de foco, atingindo mercados fora do mercado de origem. No design de carros isso é muito presente, devido ao tipo de cultura, à geografia, ao poder aquisitivo do consumidor. Uma empresa que exporta para países diferentes da América Latina, por exemplo, pode ter nessa segmentação uma posição de foco.

Figura 5.6 – **Carro produzido com base na estratégia de foco, alinhada a uma posição geográfica**

Alberto Menendez Cervero/Shutterstock

Na Figura, 5.6, é possível perceber que as características geográficas se destacam, mas também haveria a possibilidade de se apoiar em hábitos culturais.

O enfoque pode ainda estar relacionado aos custos em um segmento. Nesse caso, além de selecionar um segmento definido, a empresa busca obter nesse segmento o menor custo. Esse modo de atuar estrategicamente pode oferecer uma vantagem competitiva singular.

Em alguns casos, essas estratégias podem estar combinadas, como no caso da linha Sou da empresa Natura. Nesse caso, foi utilizada a estratégia de foco e custo, resultando em uma diferenciação como resultado do design das embalagens. Vimos que a empresa buscou uma linha de produtos de higiene corporal para um mercado de menor poder aquisitivo, atuando na composição de custo dos produtos. O design de embalagens, nesse caso, procurou reforçar esses aspectos e acabou criando uma diferenciação dos produtos em relação aos demais, impactando também o sistema de produção e entrega.

De modo geral, o uso dessas estratégias não traz, necessariamente, sucesso imediato. É preciso considerar os riscos, como a baixa lucratividade em razão da atuação em mercados menores e a alta competitividade quando a empresa seleciona um segmento ou oferece produtos e serviços que são desejados no mercado geral.

5.4 Definindo o portfólio de produtos

Após a definição da estratégia geral da organização, com o seu desdobramento em competências e produtos centrais, o gestor precisa pensar na estratégia a ser estabelecida quanto às unidades de negócios e, por conseguinte, de seus produtos, serviços e sistemas, ou seja, quais deles podem ser gerados por meio da ideia original. Para isso, é necessário outro tipo de análise, em que se busque a sinergia entre as diversas unidades de negócios.

Nesse sentido, um grupo de consultoria criou a matriz BCG, relativa a *Boston Consulting Group* (BCG, 2021), em busca de orientar os negócios de uma organização em forma de matriz, orientada pelos vetores *participação no mercado* e *taxa de crescimento da empresa*, como representa a Figura 5.7, a seguir.

Figura 5.7 – **Matriz BCG**

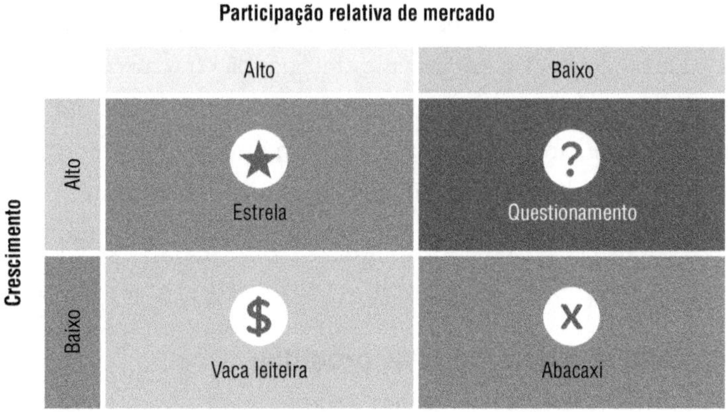

Participação relativa de mercado

	Alto	Baixo
Alto	★ Estrela	? Questionamento
Baixo	$ Vaca leiteira	X Abacaxi

Crescimento

Fonte: BCG, 2021, tradução nossa.

Como podemos observar, essa matriz está configurada em quatro quadrantes, alinhados segundo o crescimento e a posição do produto no mercado. Quanto ao crescimento no mercado, a empresa analisa se ele está caminhando bem ou está tendo pouco crescimento. Já a participação relativa do produto no mercado reflete que percentual desse mercado está sendo capturado pela empresa.

Com base nessa matriz, podemos encontrar quatro tipos de produtos:

- Os "abacaxis", que, como o próprio nome diz, são um problema, pois têm pouca participação e pouco crescimento, devendo ser objeto de análise quanto à continuidade.
- As "vacas leiteiras", ou seja, produtos ou serviços consolidados, que oferecem bons recursos financeiros, com grande participação, ou seja, em grande parte, mantêm o faturamento da empresa.
- As "estrelas", que são os produtos que "brilham", pois apresentam um crescimento acentuado, com grande percentual de participação.
- E, finalmente, os "pontos de interrogação", relacionados aos produtos que oferecem alto crescimento e baixa participação, como os lançamentos, devendo ser objeto de análise para se decidir como mantê-los com aumento na participação.

O ponto central da matriz BCG é a manutenção equilibrada dos negócios, utilizando as vantagens das "vacas leiteiras" para garantir o desenvolvimento das estrelas, equilibrar os questionamentos e considerar a exclusão dos abacaxis (Kotler, 2000).

5.5 Os produtos têm vida

Sim, os produtos nascem, crescem e morrem. Por isso, outro conceito importante no design de novos produtos, serviços, experiências ou negócios está apoiado no ciclo de vida do produto. O termo *ciclo de vida* consiste no espaço de tempo que vai do início ao final da vida do produto, sendo constituído por quatro estágios: 1) introdução; 2) crescimento; 3) maturidade; e 4) declínio – como vemos na Figura 5.8, a seguir.

Figura 5.8 – **Ciclo de vida do produto**

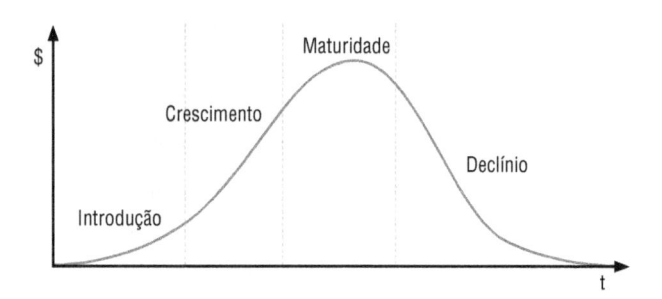

Na figura, temos dois vetores, o tempo, na linha horizontal, e o lucro, na linha vertical.

A fase de introdução é aquela em que o novo produto é introduzido no mercado e se reveste de incertezas, em razão dos custos altos e das fragilidades. Mas também é a fase em que os produtos inovadores adquirem sua posição de liderança, elevando o lucro pelo tempo que as concorrentes precisarão para alcançá-los. Nessa fase, o design gráfico tem muita importância, pois dá suporte à inovação ofertada; o design de serviços considera a interação geral do consumidor com o valor gerado pela empresa; o design de interiores busca oferecer ambientes sintonizados com a nova proposta; e o design digital oferece uma interface com os usuários que contribui para a efetividade da experiência.

Na fase seguinte, de crescimento, a inovação se caracteriza, os processos se estabilizam e os custos e as incertezas se reduzem gradativamente. As margens de lucro tendem a crescer com o aumento do volume de vendas.

Com o passar do tempo e com a mudança do cenário externo, na maturidade, a demanda diminui, reduzindo o lucro, o que leva a empresa a repensar o produto/serviço, negócio ou experiência original. Podem ser introduzidas variantes a fim de reorganizar o *mix* de produtos, buscando margens menores de lucro com alternativas de venda, inclusive em novos mercados.

O design novamente é chamado a rever o portfólio da empresa, utilizando outros conceitos de Porter, que veremos a seguir. Além disso, a comunicação externa, por meio de recursos de publicidade, propaganda, manuais, design de marcas e criação de vídeos, contribui para a exploração de novas variantes do lançamento.

Finalmente, o produto tende a um declínio, com a redução do lucro devido à maior competitividade. Buscar um nicho de mercado, nesse caso, pode ser uma forma de a empresa continuar participando e liderando. A empresa pode, também, retirar lentamente o produto/serviço, negócio ou a experiência do mercado (Oliveira, 2007).

Outros fatores contribuem para o ciclo de vida do produto. Por exemplo, um preço inadequado poderá fazer com que a competitividade desejada não seja alcançada. Por isso, além desses aspectos, o departamento de *marketing* gerencia a relação entre o público-alvo e as variáveis do mercado, que são comumente chamados de *4 Ps*: produto, preço, praça (que pode também ser ponto ou distribuição) e promoção – todos eles com influência no design (Martins; Merino, 2008).

Com base nos 4 Ps, a empresa pode avaliar a situação do produto, serviço, sistema, negócio em relação ao mercado.

Assim, os 4 Ps do *marketing* (produto, preço, praça e promoção) relacionados a novos produtos, serviços, sistemas ou negócios, podem gerar os seguintes questionamentos, segundo Best (2009):

- O meu produto, serviço, sistema ou negócio possui similar na concorrência? Em que medida?
- De que modo fatores como custos, margens de lucro, demanda, concorrência, valor percebido pelo cliente, materiais e processos de produção interferem no custo final desse produto, serviço, sistema ou novo negócio ofertado? Como esse produto se relaciona com as ofertas existentes?
- Em que local os produtos serão comercializados? Quais os canais de distribuição e como se apresentam as demais ofertas disponíveis no mercado?
- De que maneira será a promoção? O que será utilizado para despertar a atenção do público-alvo? Como se dá a promoção das ofertas já existentes?

Como podemos observar, esses fatores estão vinculados à oferta de um novo valor, materializado em termos de um produto, um serviço, uma experiência ou um novo negócio de acordo com a visão da situação presente.

Essas atividades de projeto devem estar muito bem alinhadas por meio das táticas, de modo a abranger as ações de *marketing*, produção e finanças da empresa.

SÍNTESE

Existem muitas outras colaborações que poderiam ser trazidas aqui e, nesse sentido, sugerimos que você aprofunde o tema, buscando nas referências as fontes que poderão auxiliá-lo. No entanto, procuramos destacar elementos que podem contribuir diretamente para o processo de design no nível operacional.

Tratamos, assim, neste capítulo, das estratégias, que se classificam em foco, custo e diferenciação, e são importantes para que a empresa defina a posição que pretende adotar no mercado.

Ainda, para compreender como o ciclo de vida de produtos, serviços, sistemas ou negócios pode ser representado, vimos que é possível criar uma metáfora, que auxiliará na avaliação de ações que se destinam a melhorar o desempenho presente, permitindo uma vida mais longa a esses produtos, serviços, sistemas ou negócios.

Designers e gestores de design também podem considerar, diante de um leque de produtos, os diferentes papéis que esses produtos exercem na lucratividade, verificando se são "vacas leiteiras", "abacaxis", "questionamentos" ou "estrelas".

Evidenciamos ainda de que forma os 4 Ps estão alinhados com o que se estabeleceu no momento da formalização do design na empresa: se preço está de acordo, se o canal de distribuição é adequado, se o local da venda atende ao proposto, ou, ainda, se as ações de promoção atendem o objetivo de empresa.

E, finalmente, observamos como as cinco forças de Porter se articulam na oferta de valor adotada pela empresa.

QUESTÕES PARA REVISÃO

1. Marque a alternativa que completa melhor a frase a seguir. As estratégias de Porter se apoiam em:

    a. custo, diferenciação e foco.
    b. custo, divulgação e foco.
    c. custo, diferenciação e divulgação.
    d. preço, praça e produto.
    e. custo, praça e produto.

2. Como designer, você precisa argumentar a exclusão de um produto do portfólio da empresa. Para isso, você precisa conhecer alguns conceitos de Porter. Quais são os tipos de produtos, segundo a classificação de Porter?

3. Marque a alternativa que apresenta a resposta correta. Quais são as cinco forças de Porter?

    a. Ameaças de novos entrantes; força de negociação dos clientes; entrada de novos produtos substitutos; concorrentes que não reagem; como os concorrentes reagem entre si.
    b. Ameaças de novos entrantes; clientes que oferecem descontos; entrada de novos produtos substitutos; como os concorrentes se adaptam; como os concorrentes reagem entre si.
    c. Novos entrantes com baixa produtividade; força de negociação dos clientes; entrada de novos produtos substitutos; como os concorrentes se adaptam; como os concorrentes reagem entre si.

   d. Ameaças de novos entrantes; força de negociação dos clientes; entrada de novos produtos substitutos; como os concorrentes se adaptam; como os concorrentes reagem entre si.

   e. Ameaças de novos entrantes; força de negociação dos clientes; entrada de novos produtos inovadores; alta adaptabilidade da empresa; como os concorrentes reagem entre si.

4. Assinale a alternativa que completa corretamente a frase a seguir. O nível operacional do design trata:

   a. de todos os elementos de comunicação da empresa, seja em duas, seja em três dimensões.

   b. da estratégia empresarial.

   c. da engenharia do produto, da logística da empresa e do *marketing*.

   d. da coordenação das atividades de design na empresa.

   e. da definição da visão da empresa.

5. Caracterize os 4 Ps do *marketing*.

QUESTÕES PARA REFLEXÃO

1. Segundo Porter (1979, 1991), podemos dizer que o design pode ser chamado a rever o portfólio da empresa com o objetivo de aumentar o tempo de vida do produto. Pense em um caso em que isso pode ocorrer e discuta sobre a questão com seus colegas.

2. Porter trouxe contribuições valiosas para que a empresa analise como pode se colocar de modo estratégico. A análise com base na classificação dos produtos auxilia muito na definição do portfólio de produtos. Pense em um caso em que isso pode ocorrer e elabore um texto analisando o caso escolhido, dando exemplos da atuação do design. Discuta o texto elaborado com seus colegas.

PureSolution/Shutterstock

Capítulo 6

OUTRAS ESTRATÉGIAS PARA DIFERENCIAR OFERTAS DE VALOR

Conteúdos do capítulo:
- Metodologias clássicas do design.
- Navegando no oceano azul.
- Outro azul, agora no céu: a pesquisa *blue sky*.
- Pensando como designers.
- Designers também podem empreender.

Após o estudo deste capítulo, você será capaz de:
1. acompanhar o passo a passo das metodologias clássicas de design;
2. pensar estrategicamente para navegar no oceano azul;
3. saber como o designer pode usar a pesquisa *blue sky* para expandir a sua visão na busca por soluções;
4. entender como atua o pensamento abdutivo e como ele caracteriza o processo de design;
5. criar negócios por meio de uma estratégia.

O diretor criativo, ou o líder de design, ou, ainda, gestor de design, é responsável pela definição e pelo estabelecimento de processos, contribuindo para a construção de competências. Para isso, ele planeja ações que irão impactar as decisões relacionadas ao design, como vimos no capítulo anterior.

As habilidades a ele atribuídas visam materializar o design no nível estratégico em formas de comunicação interna e externa, apoiadas nas estratégias gerais estabelecidas. O resultado dessa atuação é denominado genericamente *design operacional*.

Assim, neste capítulo, iremos abordar como o design operacional pode ser gerenciado, de modo a oferecer soluções para os problemas identificados pelo desdobramento das diretrizes definidas no plano estratégico, trazendo-as para o tempo presente. Em outras palavras, veremos como as estratégias voltadas ao design operacional podem oferecer narrativas novas em termos de produtos, processos, sistemas, experiências ou novos negócios.

6.1 Metodologias clássicas de design

A atividade de design, como vimos, é uma atividade processual, ou seja, possui início, meio e fim. Assim, parte de um problema inicial, desenvolve-se com a participação de diversos atores e finaliza com a geração de algo que ainda não existe no tempo, como o resultado do projeto em si (Almeida; Scaletsky; Costa, 2018), na sua totalidade, incluindo o seu descarte.

Podemos considerar que o impacto do processo de desenvolvimento se apoia em três funções básicas do design: as técnicas, as de uso/práticas e as estéticas/simbólicas – sobre as quais veremos a seguir:

- As funções técnicas se relacionam aos dispositivos, materiais e processos utilizados para a produção de produtos, serviços, experiências e sistemas, levando-se em consideração, conforme o caso, a resistência mecânica, as conformidades, as facilidades de manutenção, a montagem, a fabricação, o estoque, o transporte, a distribuição, a venda e o descarte do produto.
- As funções de uso/práticas consideram a relação que os produtos, os serviços, as experiências ou os sistemas desenvolvem com os usuários, levando-se em conta características como conforto, segurança, eficácia e eficiência do produto, por exemplo.
- No caso das funções estéticas/simbólicas, verifica-se uma preocupação com a configuração formal e os impactos psicológicos sensoriais, mas também são determinadas pelas relações emocionais, que se referem aos aspectos espirituais e sociais de uso (Löbach, 2001; Ono, 2006).

Essas funções caracterizam os artefatos que os designers propõem, mas que não existem fora do envolvimento humano, sendo construídos, compreendidos e reconhecidos quando usados pelas pessoas para seus objetivos próprios. Tais funções se articulam em uma teia de inter-relações que podem ser complexas ou não, de acordo com o grau de novidade que o design como objeto de criação oferece.

Desse modo, quando se busca apenas alterar os materiais componentes do projeto, o grau de complexidade pode ser considerado baixo se comparado à criação de um sistema de serviço de mobilidade compartilhada autônoma.

Vejamos o caso a seguir.

Estudo de caso

Um fabricante de louças de mesa de Santa Catarina, buscando trazer novidades para o mercado, solicita ao designer um design de superfície para atender a uma estratégia de mercado que busca manter o posicionamento mercadológico e reforçar o *branding* da empresa. No ano, a empresa investiu grandes recursos para tornar os processos ambientalmente responsáveis, trocando o seu forno à lenha por um forno elétrico, com energia produzida por minigeradores instalados em um rio que passa pelo terreno do estabelecimento. O designer propôs, então, um desenho em que a louça destacava aspectos da natureza, pelo uso dos tons azuis e esverdeados, impactando a configuração das peças. Veja o design proposto na figura a seguir.

Figura 6.1 – **Conjunto de louças com decoração em tons de azuis**

Svetlana Lukienko/Shutterstock

Nesse caso, o resultado do design reforça a imagem que a empresa quis passar. Reflete também um projeto de baixa complexidade, uma vez que se apoia, predominantemente, nas questões estéticas/simbólicas.

A definição do método a ser utilizado é importante, porque a empresa não almeja correr riscos, nem em termos financeiros, nem em termos de tempo. Um projeto deve ser realizado com o menor investimento possível e no prazo determinado, considerando os recursos e os objetivos pretendidos. No entanto, os métodos devem ser selecionados e adotados segundo a necessidade.

Em algumas situações, é necessária a associação de métodos clássicos fundamentados tanto no pensamento lógico quanto em processos não lógicos. Em outros casos, é possível usar abordagens mais intuitivas, com um método processual que compreenda uma visão alargada do projeto em si, buscando interpretar a realidade com base em sua compreensão.

Em todo o caso, um método consiste em um conjunto de etapas a seguir em um determinado processo, para se atingir um determinado objetivo, em que são desenvolvidas técnicas e ferramentas.

Estudos metodológicos em design foram realizados por muitos autores tanto no campo do design como no campo da engenharia.

Para a engenharia, o Processo de Desenvolvimento de Produto (PDP), segundo Rozenfeld et al. (citados por El Marghani, 2010), configura-se em uma série de etapas que envolvem procedimentos na forma de um passo a passo, com entradas e saídas definidas, em que são aplicadas técnicas apoiadas em ferramentas e materiais selecionados de acordo com o problema.

No PDP, o processo de design tem a seguinte estrutura: projeto informacional; projeto conceitual; projeto detalhado; preparação da produção do produto; e lançamento do produto.

A fase informacional se origina no projeto informacional, que define os parâmetros primeiros relativos ao projeto. Ela gera o escopo, descrevendo o produto que será obtido, as definições básicas e as restrições que cercam o projeto, além das atividades e dos recursos necessários para a execução deste.

Com esses dados, inicia-se a fase conceitual, que busca desenvolver e finalizar as especificações do produto e, em seguida, conduzi-lo ao processo de fabricação e de lançamento no mercado.

A seguir, na fase de desenvolvimento, os detalhes do produto feitos pelo time multifuncional são definidos

Já na fase de detalhamento do projeto são realizados a análise de fluxo de processo, os croquis de fabricação, o *setup* de equipamentos (ajustes dos mecanismos dos equipamentos) e de inspeção, a lista de ferramental e a definição de procedimentos de qualidade. Portanto, também na engenharia há uma etapa inicial, em que um conceito é desenvolvido (El Marghani, 2010).

A efetividade de um método depende, porém, do modo como a empresa opera e as perspectivas relativas à inovação que ela oferece. Cabe, assim, pensar na cultura organizacional da empresa, o que demanda do designer uma capacitação e uma atuação que pressupõem um comportamento de liderança e de amplo conhecimento das demais disciplinas envolvidas.

Em geral, os métodos se estruturam em processos de divergência, convergência e transformação. Na divergência, busca-se alargar a visão do problema. Na fase de convergência, a empresa atua seletivamente, reduz os excessos e concentra-se em iniciativas. Por fim, na transformação são geradas e propostas alternativas (Jones, 1974).

As técnicas divergentes são usadas para a estruturação de problemas, tanto aqueles identificados no início do projeto quanto os utilizados para o aprimoramento das fases posteriores. Essas técnicas permitem uma visão mais ampla do problema pela empresa, ou seja, por designers e gestores, sendo possível observar com mais profundidade fatores inicialmente definidos e, assim, formular novos (Jones, 1974). As principais técnicas divergentes são: pesquisa bibliográfica; pesquisa de campo; etnografia rápida; "netnografia"; pesquisa de inconsistência visual; entrevistas e questionários; *benchmarking*; e técnica Quality Function Deployment (QFD), também chamada de *Casa da Qualidade*. Incluem-se aqui também as pesquisas não contextuais.

Por sua vez, as técnicas convergentes auxiliam na definição de pontos a serem tomados como ponto de partida para outras etapas. Entre elas estão: análise de valor; avaliação ergonômica; *checklist*[1]; critérios de seleção; atribuição de peso; cadernos de especificações; definição de personas; e diferencial semântico (Jones, 1974).

Já as técnicas de transformação estão associadas tanto ao processo criativo quanto ao lógico. Podem ser usadas com o objetivo de encontrar soluções para os problemas ou para a avaliação de alternativas (Jones, 1974). Dentre outras técnicas de transformação, temos: *brainstorming*, em suas variações, método 365[2], biônica, sinética e caixa morfológica, no caso das buscas criativas; semigrupo hierárquico, matrizes de interação e matrizes de redução, no caso dos processos lógicos.

---

[1] Também chamado *lista de verificação*, auxilia na checagem do que se pretende fazer.

[2] O método 365 objetiva a obtenção de um grande número de soluções alternativas. Ele tem esse nome porque busca três alternativas, com seis participantes, em cinco minutos. Cada participante passa ao colega do lado sua proposta, que pode ser aprimorada ou não.

PARA SABER MAIS

Para saber mais sobre as técnicas vistas aqui, confira a tese de El Marghani (2010). Lá, você vai encontrar, nos apêndices 2.2, 2.3 e 2.4, quadros que resumem essas técnicas.

EL MARGHANI, V. G. R. **Modelo de processo de design no nível operacional.** 244 f. Tese (Doutorado em Engenharia Mecânica e Aeronáutica) – Instituto Tecnológico da Aeronáutica, São José dos Campos, 2010. Disponível em: <http://livros01.livros gratis.com.br/cp149286.pdf>. Acesso em: 25 maio 2022.

Outras técnicas se relacionam ao modo como o designer se comunica com os demais atores do projeto, como as técnicas, virtuais ou não, dos tipos: bidimensionais, tridimensionais e técnicas integradas. Memoriais e textos escritos também auxiliam nesse processo. Podem ainda ser incluídas nas técnicas de projeto o cronograma, no gráfico de barras de Gant[3], e a técnica Program Evaluation and Review Technique (Pert), que busca organizar o trabalho de equipes muito grandes.

PARA SABER MAIS

Para conhecer mais sobre o gráfico de Gant, veja:

COMO FAZER GRÁFICO de Gantt no Excel para controlar o Cronograma do seu Projeto. Disponível em: <https://www.youtube.com/watch?v=9_nEbg5W_ac>. Acesso em: 10 out. 2021.

---

[3] O gráfico de barras de Gant é uma representação gráfica em que em linhas horizontais apresentam as atividades de projeto previstas e as colunas verticais apresentam o tempo previsto para a realização.

> Veja também como outra ferramenta pode auxiliar na administração dos projetos:
> PERT/CPM Descomplicado – Gerência de Projetos (Caminho Crítico) – 2 de 2. Disponível em: <https://www.youtube.com/watch?v=7IGoH6M41V8>. Acesso em: 10 out. 2021.

É importante que o designer, ou gestor de design, conheça essas diversas modalidades metodológicas, pois, em sua atividade profissional, ele precisa dialogar e tomar decisões considerando tais modalidades. De qualquer forma, todas as modalidades devem ser gerenciadas de modo integrado, apoiando-se nas estratégias de prazo mais longo estabelecidas pela empresa, com o suporte das táticas desenvolvidas para a integração do design, e se estabelecendo em relação a um sentido temporal mais curto, ou seja, vinculando-se a proposições relacionadas ao momento presente da organização.

Os elementos básicos do *briefing* de design, conforme Phillips (2008), podem englobar os seguintes tópicos e conteúdos, dentre outros:

- **Natureza e contexto do projeto** – Justificativa para a solicitação do design, objetivo pretendido, estratégias para o design, resultados esperados, responsabilidades pelo projeto, interna e externamente à empresa.
- **Análise setorial** – Lista de produtos, concorrentes, preços e promoções, marca e imagem corporativa, estudo prévio de tendências, estratégia da empresa, tendências dos negócios, avanços tecnológicos, lançamentos de novos produtos, segmentação de mercado.

- **Público-alvo** – Sexo, faixa etária, escolaridade, renda, ocupação, *hobbies* (passatempos), diferenças culturais e regionais, hábitos de consumo.
- **Portfólio da empresa** – Tendências dos negócios, lançamentos de novos produtos ou linhas, produtos individuais.
- **Tempo, custo e pessoal** – Tempo previsto para o desenvolvimento, orçamento alocado para o projeto, orçamento previsto para o desenvolvimento, recursos humanos alocados.
- **Acompanhamento do projeto** – Preparação dos materiais de apresentação, responsáveis pela aprovação, providências necessárias para a implementação, critérios para medir o sucesso do projeto.
- **Aspectos tecnológicos** – Avanços tecnológicos, disponibilidade tecnológica.
- **Apêndices** – Materiais suplementares, catálogos de produtos, fotos, mostruários, artigos de jornais, artigos científicos, manuais, legislações etc.

Mas não há uma única forma de se escrever um *briefing*, como aponta Phillips (2008). Talvez, mais importante do que ele seja o contrabriefing, pois, ao ser reescrito o *briefing*, o problema inicial pode se alargar e permitir soluções inovadoras, por meio do cruzamento com outras associações intuitivas que o design pode elaborar (Almeida; Scaletsky; Costa, 2018).

A partir do *briefing* é que o designer, ou o gestor de design, pode escolher que método aplicar e selecionar as técnicas a serem aplicadas, observando as formas em que a estrutura do design no nível operacional se desdobra.

6.2 Navegando no oceano azul

Inovar no futuro é uma atividade muito diferente da atividade desenvolvida quando se pretende criar estratégias para a competição no tempo presente. Para inovar no futuro, precisamos nos desvencilhar seletivamente das estratégias do passado, a fim de construir estratégias voltadas para o futuro. Assim, ao trabalhar as estratégias no tempo presente, como Porter (1979) aponta, é necessário se desvencilhar das estratégias passadas e iniciar a construção de competências para o mercado futuro, buscando diferentes capacidades, diferentes estruturas, diferentes processos e diferentes pessoas (Summary..., 2021).

Sinais claros e processos lineares se relacionam com o tempo presente, o que traz uma mudança incremental. Já com respeito ao futuro, há sinais fracos e processos não lineares. Nesse sentido, para que haja a inovação exponencial ou disruptiva, é necessário o uso de modelos não lineares.

PARA SABER MAIS

Você pode saber mais sobre o oceano azul acessando:
TEDxBigApple – Vijay Govindarajan – Reverse Innovation. Disponível em: <https://www.youtube.com/watch?v=ztna1lt_LZE>. Acesso em: 10 out. 2021.

Hamel (2011) aponta a internet como um modelo não linear de administração, que pode servir de exemplo para a adoção de um novo tipo administrativo: a administração 4.0, ou seja, os processos administrativos influenciados pela tecnologia de informação e comunicação (TIC).

No entanto, para que esse tipo de administração aconteça, é preciso:

- separar projetos e iniciativas que se relacionam ao presente e ao futuro;
- utilizar recursos diferentes para projetos que estão sendo executados e para projetos futuros, resistindo à tentação de transferir os recursos destinados aos projetos futuros para projetos atuais;
- utilizar critérios diferentes para avaliar o resultado das ações para o presente e para o futuro.

As ações do presente são avaliadas financeiramente, enquanto as ações do futuro são experimentos que ainda não podem ter resultados, pois ainda estarão no futuro, sendo a avaliação, nesse caso, feita pelo grau de aprendizagem.

Lembremos que, em cada um dos níveis do design – estratégico, tático ou operacional –, existe a busca pela formulação de uma estratégia. Nos capítulos anteriores, vimos como isso se aplica em relação ao design nos níveis estratégico e tático. Agora, estamos vendo como isso pode ser aplicado no nível operacional, ou seja, como se desenvolve uma estratégia voltada à operacionalização do design. Uma das formas de prever esse cenário futuro e trazer a inovação para o design no nível operacional é denominada *estratégia do oceano azul*.

A estratégia do oceano azul foi desenvolvida por W. Chan Kim e Renée Mauborgne, que analisaram 150 movimentos estratégicos feitos por mais de 30 empresas durante 100 anos. Como resultado, propuseram que as empresas se apoiassem na metáfora de um oceano azul, em oposição a um oceano vermelho (Kim; Mauborgne, 2005), como podemos observar no Quadro 6.1, a seguir.

Quadro 6.1 – **Oceano vermelho e oceano azul como estratégia de *marketing***

Estratégia do oceano vermelho	Estratégia do oceano azul
Competir nos espaços de mercado existentes	Criar espaços de mercado inexplorados
Vencer os concorrentes	Tornar a concorrência irrelevante
Aproveitar a demanda existente	Criar e capturar a nova demanda
Exercer o *trade-off* valor-custo	Romper o *trade-off* valor-custo
Alinhar todo o sistema de atividades da empresa com sua escolha estratégica de diferenciação ou baixo custo	Alinhar todo o sistema de atividades da empresa em busca da diferença e baixo custo

Fonte: Kim; Mauborgne, 2005, p. 42.

Nas estratégias de oceano vermelho, o conceito de competição se apoia em modos herdados das estratégias militares. Elas levam a uma postura de guerra constante, em que há uma perda para todos os competidores, causando um cenário "sangrento".

No oceano vermelho, as empresas estão muito mais focadas em como abocanhar uma parcela do mercado dos seus concorrentes, agindo de forma reativa. As propostas só podem ser *ou/ou*: de baixo custo **ou** de diferenciação.

Em contrapartida, navegar em um oceano azul significa navegar em um mar de calmaria, no qual as estratégias se apoiam em opções não excludentes: baixo custo **e** diferenciação. Nessa abordagem, o objetivo se apoia, de modo central, na inovação, buscando novas oportunidades ainda não exploradas, bem como reduzir ao máximo o custo e aumentar o valor na qualidade da oferta. Desenvolver o oceano azul é construir um novo espaço inexplorado de mercado, criando demanda lucrativa e tornando a concorrência irrelevante, como mostra a Figura 6.2, a seguir.

Figura 6.2 – **Esquema do modelo de quatro ações do oceano azul**

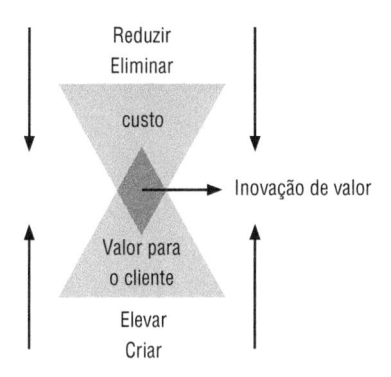

Reduzir
Eliminar
custo
Inovação de valor
Valor para o cliente
Elevar
Criar

Fonte: Kim; Mauborgne, 2005, p. 41.

Nessa abordagem, devemos pensar na percepção do cliente em relação à utilidade ofertada e no preço colocado ao consumidor em relação ao custo dispendido, de modo a gerar a inovação de valor. Quando existe um equilíbrio entre o custo e o valor percebido pelo cliente, obtém-se um novo mercado.

Para que isso possa ocorrer, designer e gestores de design precisam se apoiar em um novo tipo de cultura de inovação na empresa. Precisam também ter uma mentalidade que busque alargar os limites imaginários, aumentando a percepção de novas oportunidades, e uma postura mais humana, que inspire confiança nos membros da empresa (Pereira, 2019).

Pode parecer estranho rever uma abordagem relacionada às estratégias que se apoiam nas batalhas, mas isso é importante porque, para desenvolver o oceano azul, é necessário conhecer o oceano vermelho, verificando como as empresas competem. Utilizando o modelo de Porter (1979) para o estabelecimento de competitividade, visto anteriormente, aqui é preciso saber o tamanho do mercado, por meio de volume e valor, quais os competidores, as forças e as fraquezas, como está a participação percentual no mercado e os possíveis entrantes, definindo o cenário presente.

Assim, os seis princípios do oceano azul (Kim; Mauborgne, 2005) são os indicados na figura a seguir.

Figura 6.3 – **Seis princípios para formular estratégias por meio do oceano azul**

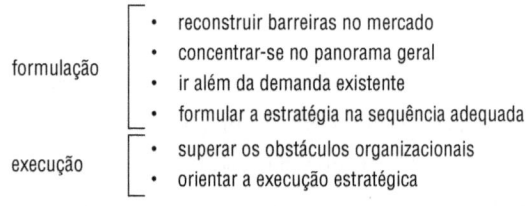

formulação
- reconstruir barreiras no mercado
- concentrar-se no panorama geral
- ir além da demanda existente
- formular a estratégia na sequência adequada

execução
- superar os obstáculos organizacionais
- orientar a execução estratégica

Fonte: Elaborado com base em Kim; Mauborgne, 2005.

Para realizar a estratégia do oceano azul, o designer e os gestores precisam responder algumas perguntas em sequência, como as indicadas na Figura 6.4, a seguir.

Figura 6.4 – **Sequência de etapas para a construção do oceano azul**

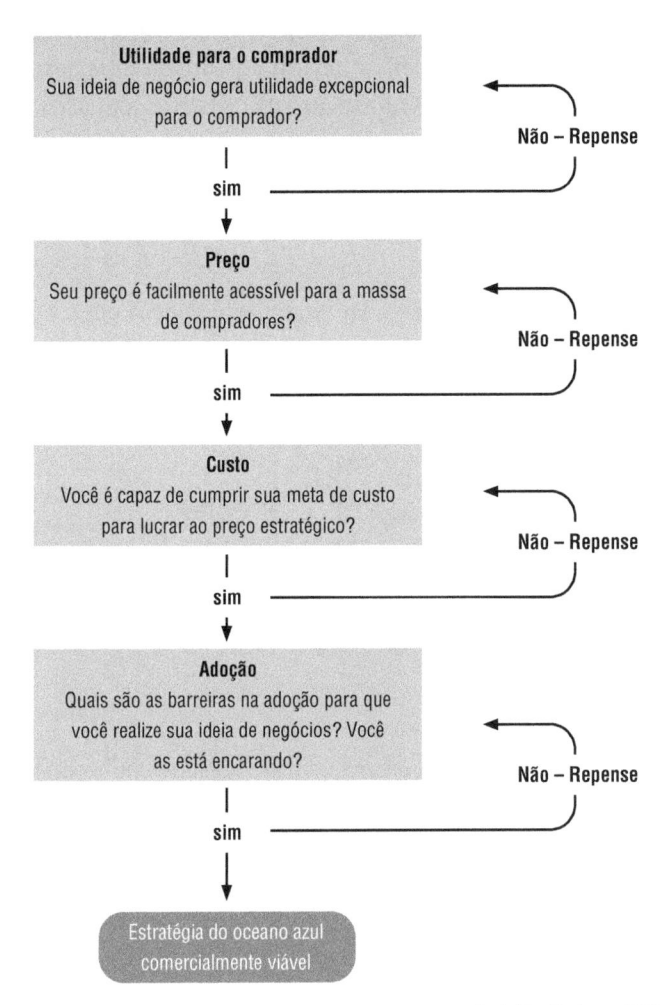

Utilidade para o comprador
Sua ideia de negócio gera utilidade excepcional para o comprador?

Não – Repense

↓ sim

Preço
Seu preço é facilmente acessível para a massa de compradores?

Não – Repense

↓ sim

Custo
Você é capaz de cumprir sua meta de custo para lucrar ao preço estratégico?

Não – Repense

↓ sim

Adoção
Quais são as barreiras na adoção para que você realize sua ideia de negócios? Você as está encarando?

Não – Repense

↓ sim

Estratégia do oceano azul comercialmente viável

Fonte: Kim; Mauborgne, 2005, p. 116.

As ferramentas e os modelos de análise propostos se apoiam em representações gráficas visuais. Uma das ferramentas é a matriz de avaliação de valor, que consiste em um gráfico simples que apresenta os fatores competitivos do mercado no eixo horizontal e o nível de entrega de valor aos clientes na linha vertical, considerando, para isso, diversos critérios. Vejamos um exemplo, a seguir, elaborado para a empresa Nubank (Figura 6.5).

Figura 6.5 – **Matriz de avaliação de valor da empresa Nubank em relação aos produtos tradicionais**

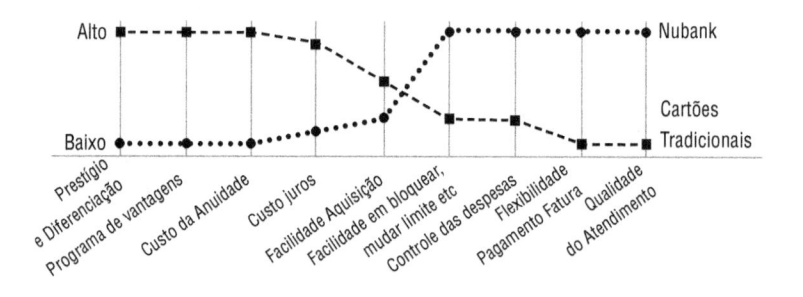

Fonte: Naze, 2016.

Ao desenhar esse novo negócio, foi importante conhecer como o mercado se comportava e estabelecer para a nova empresa uma série de pressupostos que fizeram com que ela pudesse estabelecer uma nova oferta de valor que se tornou competitiva e de difícil cópia.

Outra ferramenta de análise se apoia no que Kim e Maubourgne (2005) chamam de *modelo das quatro ações*. Esse modelo auxilia na busca por novas ações a serem implementadas para a criação de uma nova oferta. Veja, a seguir, a Figura 6.6.

Figura 6.6 – **O modelo das quatro ações do oceano azul**

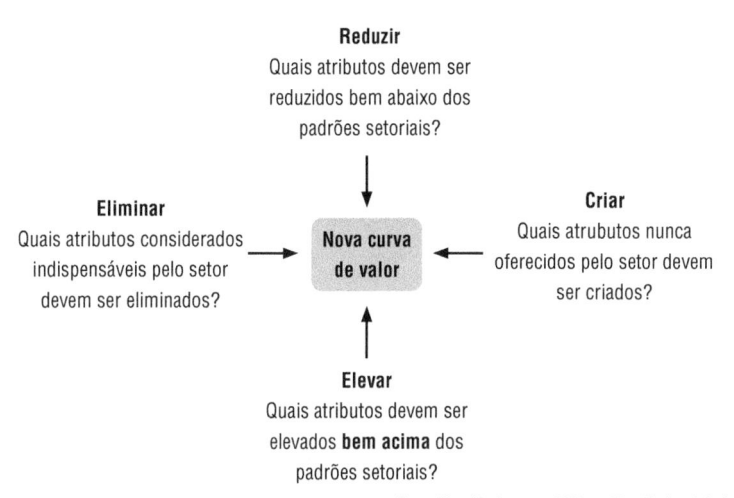

Reduzir
Quais atributos devem ser reduzidos bem abaixo dos padrões setoriais?

Eliminar
Quais atributos considerados indispensáveis pelo setor devem ser eliminados?

Nova curva de valor

Criar
Quais atrubutos nunca oferecidos pelo setor devem ser criados?

Elevar
Quais atributos devem ser elevados **bem acima** dos padrões setoriais?

Fonte: Kim; Maubourgne, 2008, p. 48, grifo do original.

O modelo das quatro ações busca, essencialmente, atuar de modo a reduzir e eliminar, ao lado de elevar e criar, gerando a ferramenta Erec (Eliminar, Reduzir, Elevar e Criar), que auxilia na proposição de novas ações. Veja a seguir, no Quadro 6.2, como ela foi elaborada em relação a uma marca de vinho.

Quadro 6.2 – **A matriz Eliminar, Reduzir, Elevar e Criar (Erec) aplicada a uma marca de vinho**

Eliminar	Elevar
Terminologia e distinções enológicas	Preço em comparação com o de vinhos populares
qualidade do envelhecimento	
Investimentos em marketing	Envolvimento dos varejistas
Reduzir	**Criar**
Complexidade do vinho	Facilidade de beber
Variedade de vinhos	Facilidade de escolher
Prestígio dos vinhedos	Diversão e aventura

Fonte: Kim; Mauborgne, 2005, p. 35.

Agora repare como esses aspectos impactam diretamente o design dos elementos de comunicação internos e externos, que precisam de suporte de design de várias modalidades, conforme apresenta a Figura 6.7, a seguir.

Figura 6.7 – **Diferentes designs decorrentes da aplicação da estratégia do oceano azul: marca Yellow Tail**

Nesse modelo, a análise prévia da empresa atual e o cenário externo são muito importantes. Um dos exemplos que demonstram como esse modelo pode ajudar e influenciar o design é o da criação do iTunes.

CURIOSIDADE

No início dos anos 1990, a empresa Apple percebeu que ocorria o compartilhamento de música de modo ilegal pela internet. Programas como Napster, Kazaa e LimeWire haviam criado uma rede gratuita e ilegal de amantes de música, que permutavam gravações em todo o mundo. Além disso, havia uma demanda em rápido crescimento de MP3 *players*, que reproduziam música digital em aparelhos móveis, como o iPod (Blue Ocean Strategy, 2020).

Assim, por meio de um acordo entre cinco grandes empresas de música – BMG, EMI Group, Sony, Universal Music Group e Warner Brothers Records –, surgiu o aplicativo iTunes, que oferece o *download* de músicas ao gosto do cliente, de maneira legal, fácil e flexível. Com ele, compradores passaram a navegar de graça por 200 mil músicas, ouvir amostras de 30 segundos e/ou baixar cada uma delas por US$ 0,99 ou um álbum completo por US$ 9,99. (Blue Ocean Strategy, 2020).

Com isso, o iTunes saltou à frente dos serviços de *download* gratuito, ao fornecer qualidade de som, assim como navegação, pesquisa e experimentação intuitivas. Diante de tudo isso, a Apple capturou novos clientes, abrindo uma nova oferta de valor no mercado. Desse modo, também oferece mecanismos de proteção para músicos e empresas fonográficas e permite a gravação em iPods e CDs de uma quantidade imensa de músicas, sem que se constitua pirataria (Blue Ocean Strategy, 2020).

Com essa inovação de valor, a empresa não apenas demandou o trabalho de design digital para sua plataforma na internet, mas também a venda de aparelhos específicos, constituindo uma clássica abordagem de design de produto/serviço.

Assim, a estratégia do oceano azul busca, ao mesmo tempo, o baixo custo e uma criação de valor incomparável, gerando inovação. Em vez de focar em pequenas diferenciações, as empresas devem expandir a visão para não consumidores e focar nos pontos comuns ainda não trabalhados. Isso permite às organizações enxergar além da demanda atual e alcançar uma nova massa de consumidores ainda não existentes. Ao mesmo tempo, deve eliminar e reduzir tudo o que é supérfluo no que diz respeito ao custo, para poder ofertar algo que seja aceito.

Para desenvolver o oceano azul, Kim e Maubourgne (2005) recomendam seguir os seis passos: examinar os setores alternativos; examinar os grupos estratégicos dentro dos setores; examinar a cadeia de compradores; examinar as ofertas de produtos e serviços complementares; examinar os apelos funcionais e emocionais dos compradores; e examinar o transcurso do tempo.

Além de reconstruir as fronteiras de mercado, para desenvolver a estratégia do oceano azul, é preciso que a empresa esteja atenta a outros fundamentos dessa estratégia. São eles:

- usar dados confiáveis para embasar a estratégia e dar força à argumentação que será estabelecida;
- utilizar de modo enfático a diferenciação, associada ao baixo custo, para criar valor;

- tornar a concorrência irrelevante, pela nova brecha de mercado;
- atuar metodologicamente, buscando ferramentas para identificar as oportunidades, superar obstáculos, moldar a criação de valor, compreender o mercado, preparar a liderança;
- empregar a estratégia do oceano azul em paralelo a outras atividades já em andamento na empresa;
- buscar a colaboração de todos na construção de soluções criativas e sustentáveis.

PARA SABER MAIS

Para saber mais sobre a estratégia do oceano azul, acesse o seguinte *link*:

O QUE É a estratégia do oceano azul? Disponível em: <https://www.youtube.com/watch?v=ST-CrCmX8Dc>. Acesso em: 10 out. 2021.

Na aplicação da estratégia do oceano azul, que se desenvolve em quatro passos, são utilizadas algumas técnicas visuais: o despertar visual, a exploração visual, a feira de estratégia visual e a comunicação visual, indicadas no Quadro 6.3, a seguir.

Quadro 6.3 – **Técnicas visuais para a metodologia do oceano azul**

1. Despertar visual	2. Exploração visual	3. Feira de estratégia visual	4. Comunicação visual
Compare sua empresa com os concorrentes, desenhando a matriz de avaliação de valor referente à situação vigente. Identifique onde sua estratégia deve ser alterada.	Saia a campo para explorar as seis fronteiras que levam à criação de oceanos azuis. Observe as vantagens diferenciadoras de produtos e serviços alternativos. Veja que fatores se devem eliminar, criar ou mudar.	Desenhe a sua futura matriz, com base em insights resultantes das observações de campo. Receba *feedback*[4] sobre a matriz de avaliação de valor de alternativas, oriundo de clientes, clientes dos concorrentes e não clientes.	Distribua os seus perfis estratégicos iniciais e finais numa única página para fácil comparação. Apoie apenas os projetos e as iniciativas que permitam à sua empresa fechar as lacunas na implementação da nova estratégia.

Fonte: Kim; Mauborgne, 2005, p. 84.

Outro aspecto importante na estratégia do oceano azul é a classificação dos não clientes, ou seja, clientes em potencial. Existem não clientes do primeiro nível, do segundo e do terceiro níveis. Os primeiros são os que estão mais próximos do mercado presente, o nível segundo é composto por pessoas que não desejam comprar produtos do setor em questão, e o terceiro nível é o mais afastado do mercado em que a empresa atua. Sobre isso, observe a Figura 6.8, a seguir.

---

4 *Feedback*, em português, pode ser compreendido como "retroalimentação".

Figura 6.8 – **Não clientes de primeiro, segundo e terceiro níveis**

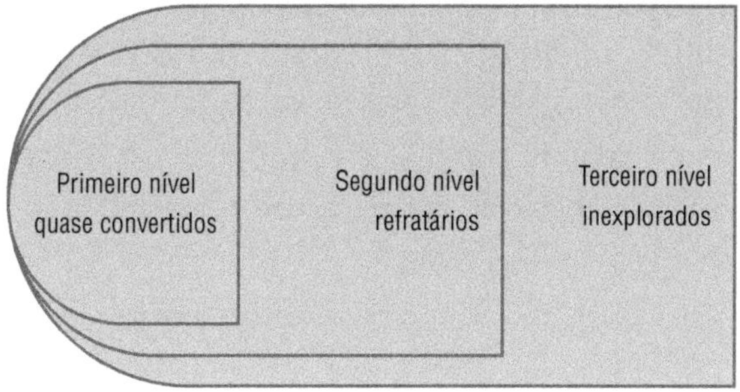

Primeiro nível
quase convertidos

Segundo nível
refratários

Terceiro nível
inexplorados

Fonte: Kim; Mauborgne, 2008, p. 134.

No primeiro nível, a busca por alternativas para capturar novos consumidores se apoia no entendimento dos motivos pelos quais as ofertas atuais não atendem a essas pessoas.

Estudo de caso

Vejamos como a Pret A Manger, cadeia de lojas de *fast-food* inglesa, com uma estratégia do oceano azul, conseguiu explorar uma demanda latente de não clientes de primeiro nível.

A empresa realizou pesquisas e verificou que todos os clientes compartilhavam três pontos comuns: queriam refeições rápidas, comida fresca e saudável e preços razoáveis.

Com isso, a cadeia de lojas refez o seu *design* de interiores, apresentando um cenário luminoso em estilo *art déco*[5], e desenvolveu uma marca nova: entrar em uma Pret A Manger é como ingressar em um luminoso estúdio *art déco*. Ao longo das paredes

---

5   O estilo *art déco* surgiu nos anos 1910, na Europa, e se espalhou por diversos países. Ele pode ser encontrado na arquitetura e em produtos em geral. Caracteriza-se pelo uso de linhas geométricas.

> veem-se prateleiras refrigeradas, com mais de 30 tipos de sanduíches, ao preço médio de US$ 4 a US$ 6, feitos na própria loja, com ingredientes frescos, recebidos na manhã do mesmo dia.
>
> Hoje, a Pret A Manger vende mais de 25 milhões de sanduíches por ano, em suas 130 lojas no Reino Unido e em suas lojas recém-inauguradas em Nova Iorque e em Hong Kong (Pret à Manger, 2021; Harvey, 2020).
>
> Fonte: Pret à Manger, 2021; Harvey, 2020.

Já no caso do segundo nível, os potenciais consumidores apresentam uma resistência em aceitar propostas, pelo fato de serem inadequadas ou estarem além das suas possibilidades. Quando ocorre, é importante que a empresa identifique por quais motivos existe a resistência. A empresa deve buscar o que existe de comum entre os clientes e focar na busca por soluções para eliminar essa resistência.

Finalmente, no terceiro nível, os clientes ainda não foram explorados. Veja, no Quadro 6.4, a seguir, como as divergências entre três diferentes atores dificultava a inserção de um novo produto do mercado aeronáutico. Critérios diferentes puderam ser reduzidos ou eliminados, com exceção dos sombreados, o que permitiu a produção de uma nova aeronave.

Quadro 6.4 – **Matriz de análise de demandas combinadas**

Força Aérea	Marinha	Fuzileiros Navais	
Baixo peso	Dois motores	Decolagem vertical	
Aviônica integrada	Dois assentos	Baixo peso	
Tecnologia antirradar	Asas largas	Asas curtas	Customização do desenho
Motor supercruise	Durabilidade	Armamento de defesa	
Longa distância	Longa distância		
Agilidade	Facilidade de manutenção		
Armamentos ar-ar	Capacidade de carga de armamentos grande e flexível	Capacidade de carga de armamentos grande e flexível	Customização dos armamentos
Capacidade de carga de armamentos internos fixos	Armamentos ar-ar e ar-terra	Armamentos ar-terra	
		Guerra eletrônica	
Avião construído para qualquer missão	Avião construído para qualquer missão	Avião construído para qualquer missão	Customização da missão

Fonte: Zenith..., 2021, p. 46.

O resultado obtido, quando analisado em relação a outro produto, atingiu um grau de valor e inovação com baixo custo e alta qualidade. Veja o Gráfico 6.1, com os dados resultantes.

Gráfico 6.1 – **Comparação entre o jato JSF (F35) e o Air Force (F22)**

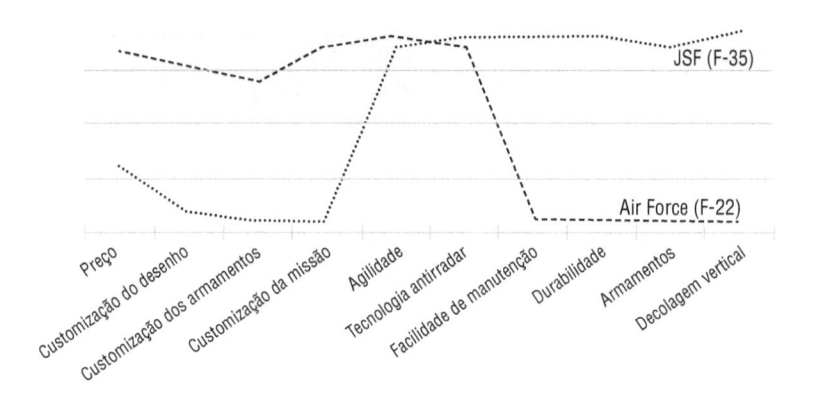

JSF (F-35)

Air Force (F-22)

Preço · Customização do desenho · Customização dos armamentos · Customização da missão · Agilidade · Tecnologia antirradar · Facilidade de manutenção · Durabilidade · Armamentos · Decolagem vertical

Fonte: Zenith..., 2021, p. 47.

Agora veja, na Figura 6.9, como ficou a aeronave.

Figura 6.9 – **Aeronave JSF**

Albert Beukhof/Shutterstock

Esses são alguns exemplos de como opera a estratégia do oceano azul, mas existem muitas outras ferramentas que a empresa pode utilizar.

PARA SABER MAIS

Se você tem interesse na estratégia do oceano azul, pode consultar o seguinte *site*:

BLUE OCEAN STRATEGY. Disponível em: <https://www.blueoceanstrategy.com>. Acesso em: 10 out. 2021.

6.3 Outro azul, agora no céu: a pesquisa *blue sky*

Agora, ao vermos sobre a pesquisa do tipo *blue sky*, detacamos que ela tem seu nome apoiado em uma metáfora de um horizonte aberto. O "céu azul de brigadeiro", aquele céu azul sem nuvens, que oferece um vôo tranquilo, sem sobressaltos e com uma visão clara. Da mesma forma que a estratégia do oceano azul se apoia em uma metáfora, isso parece acontecer com a *pesquisa blue sky*. Do desconhecido ao conhecido.

Primeiramente, a *blue sky* foi definida como uma pesquisa básica pura, exploratória, inovadora, guiada pela curiosidade e, fundamental, em contraste com as pesquisas orientadas por objetivos (Bernard, citado por Linden, 2008). Aos poucos, foi se desenvolvendo e sendo apropriada por diversos campos do conhecimento, sendo incorporada na pesquisa questões do tipo: Como uma aeronave atravessaria um buraco negro e onde ela chegaria ao sair dele?

Mais recentemente, a pesquisa *blue sky* foi introduzida no campo do design, sendo explorada pela escola de design do Politécnico de Milão, que considerou a possibilidade de inovação, manteve as características de processo de pesquisa aberto e não orientado a objetivos, mas incorporou novos recursos, como o uso de elementos visuais (Moraes, 2010).

A pesquisa *blue sky*, assim, trata-se de uma busca sem filtro, sem uma direção pré-construída ou um modelo de agir codificado. Como na estratégia do oceano azul, ela busca deslumbrar cenários possíveis de inovação por meio de uma interpretação de sinais fortes e sinais difusos. Podemos dizer que o objeto de análise dessa pesquisa se apoia no sistema de oferta representativo de um mercado ou setor produtivo (Cautela, 2007).

Mas, enquanto a estratégia do oceano azul se sustenta fortemente em processos lógicos, como a construção de mapas, quadros e tabelas, na pesquisa *blue sky* vemos a demanda para uma visão em que os desenhos livres e as associações não lógicas têm presença precípua.

Na *blue sky*, o designer passa a ser um agente que interfere e propõe estratégicas às organizações nas quais se encontra. Parte, assim, de uma pesquisa não contextual, na busca de tendências para a inovação, construindo caminhos por meio da organização das referências. Com isso, são gerados conceitos-chave, os quais relacionam possibilidades de projetos por meio de aproximações semânticas e/ou eixos de polaridades. Usa-se, nesse caso, as técnicas de *brainstorming* ou painéis semânticos (Scaletsky; Borba, 2010).

Trata-se, portanto, de uma ferramenta a ser utilizada em uma fase conceitual do design, posterior à formação da visão, da missão, dos valores e da definição do intento estratégico. Ela atua como um produtor de sentidos, por meio da detecção de signos que levam o designer, ou o gestor de design, a participar da construção de conceitos (Scaletsky; Parode, 2008). De certo modo, alinha-se às etapas informacional e conceitual do PDP, como vimos no primeiro tópico deste capítulo.

Scaletsky e Borba (2010) sugerem que, para usar a pesquisa *blue sky*, devem ser buscadas semelhanças e constâncias em termos de padrões na detecção de tendências. Para isso, as referências podem ser de origem diversa e se utilizar dos mesmos recursos de outras abordagens, como bibliografia e representações gráficas. Contando com a capacidade exploradora dos participantes do projeto, os seguintes aspectos devem ser considerados: continuidade tecnológica; ritmo da inovação; direção da inovação e a CMF (do inglês *Color, Material and Finishing* – cor, material e acabamento).

A CMF, acrônimo de *Colors*, *Materials* e *Finishing*, apresenta-se como uma técnica de classificação para a organização do material nessas três categorias, sendo voltada à identificação de perfis estéticos.

MÃOS À OBRA

Como exercício, considerando cores, materiais e acabamentos, observe o produto na Figura 6.10, a seguir, e busque a sua caracterização.

Figura 6.10 – **Produto fonte**

Syda Productions/Shutterstock

Analise como se apresenta formalmente o painel desse automóvel. Quais são as principais linhas construtivas, as superfícies que o compõem, os volumes e outros elementos da forma. Veja o peso das cores: como ele se aplica?

Um outro modo bastante simples de se ampliar a visão original do problema é por meio da construção de um mapa conceitual. Um mapa conceitual consiste em um gráfico que pode ser executado livremente ou apresentar uma estrutura apoiada em programas de computador. O que é importante são as possíveis ligações da situação inicial com outras situações a ela relacionadas. Veja o exemplo na figura a seguir.

Figura 6.11 – **Mapa mental para o tema saúde**

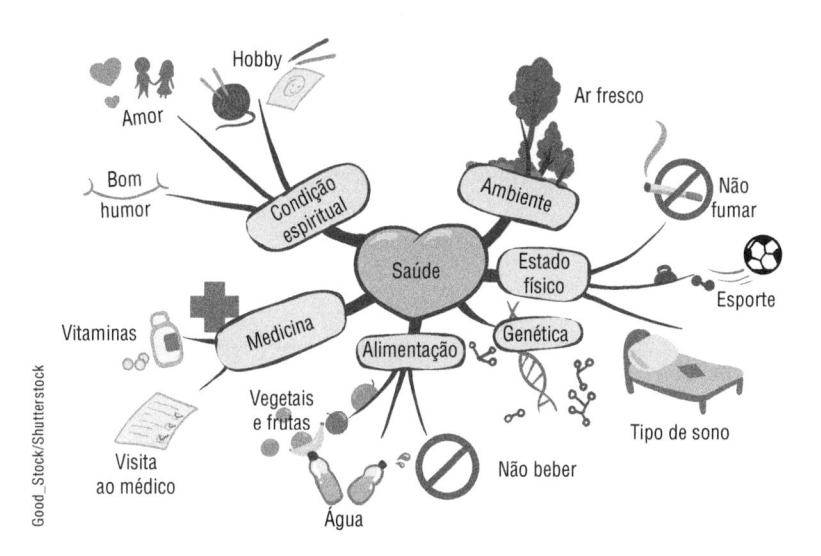

Repare nas variadas conecções que o tema pode estabelecer com outras funções. Se inicialmente estivermos mais focados no uso de medicamentos, podemos não ver a forma de dormir como um dos fatores, e assim por diante.

O modo de representação gráfico também auxilia no processo de comunicação entre os membros da equipe. Por meio dele, os demais membros podem interagir e acompanhar o raciocínio que está sendo desenvolvido por cada um dos componentes? Agora, transfira esses elementos para o produto delineado na Figura 6.12, uma mochila. Você pode usar papel manteiga ou similar para criar alternativas com canetas coloridas.

Figura 6.12 – **Produto a ser desenvolvido**

AlexandrBognat/Shutterstock

Na pesquisa *blue sky* são utilizadas ferramentas visuais, como os *mood boards*, *story boards*[6] e outros gráficos. Isso porque eles têm tanto a capacidade de possibilitar outras explorações, fora do contexto original, quanto também atuar como síntese em casos em que seja necessário organizar o pensamento em relação ao problema colocado (Scaletsky; Borba, 2010).

Mood boards são também ferramentas importantes justamente porque tratam de significados. Eles são painéis em que figuras são justapostas e que traduzem o sentimento em relação a uma determinada situação. Incluem elementos contextuais e não contextuais.

---

6 *Mood boards* são painéis visuais construídos para auxiliar no projeto, em que se apresentam aspectos simbólicos dos sentimentos relacionados ao produto, serviço ou sistema que se pretende obter. Os *story boards* são também painéis visuais em que se monta uma pequena história, simulando a situação em análise, o que facilita a compreensão do problema que o projeto pretende solucionar.

Veja uma exemplo de *mood board* na figura a seguir.

Figura 6.13 – **Mood board que aponta sentimentos de calor, aconchego, delicadeza, carinho, doçura, natureza**

Veja como o autor desse *mood board* se apropriou de elementos que se originam de contextos diversos: mão com unhas pintadas, plantas, flores, blusas no cabide, copos de bebida, doces. Há certa naturalidade, mas também uma sofisticação, uma liberdade que se pode intuir das imagens.

Outra ferramenta bastante utilizada são as nuvens de palavras. Elas podem servir para destacar a importância de uma característica esperada diante de outras.

Para que você tenha uma ideia de como funciona essa ferramenta, elaboramos uma nuvem com parte do texto deste capítulo. Observe a figura a seguir.

Figura 6.14 – **Nuvem de palavras**

Existem *sites* nos quais você pode buscar uma nuvem de palavras, inclusive de modo gratuito, assim como outros tipos de representações gráficas podem ser criadas e usadas ao longo do projeto, como as propostas pela empresa Ideo (Ideo, 2021b).

PARA SABER MAIS

No filme da empresa de design Ideo, *Projeto Carrinho de Supermercado*, você poderá ver o uso de painéis na construção do problema e da solução de projeto. Veja o filme:

IDEO Projeto Carrinho de Supermercado – legendado português. Disponível em: <https://www.youtube.com/watch?v=iZbXiWNeYcg>. Acesso em: 10 out. 2021.

Além disso, visite os seguintes *sites*:

ABCYA. Disponível em: <http://www.abcya.com/word_clouds.htm>. Acesso em: 20 dez. 2021.

DAVIES, J. **Word Cloud**. Disponível em: <https://www.jasondavies.com/wordcloud>. Acesso em: 20 dez. 2021.

WORD ART. Disponível em: <https://wordart.com/create>. Acesso em: 20 dez. 2021.

WORDCLOUDS.COM. Disponível em: <https://www.wordclouds.com>. Acesso em: 20 dez. 2021.

O principal argumento para o uso da pesquisa *blue sky* se apoia no fato de que, na contemporaneidade, a atividade projetual se orientaria para um tipo caracterizado como *problem finding* ou *problem setting*[7]. Isso quer dizer que, primeiro, é importante tratar o problema como um metaprojeto e, segundo, como um projeto em si (Almeida; Scaletsky; Costa, 2018).

A pesquisa *blue sky* é, em essência, a base do que na literatura é denominado *metaprojeto*. Nessa fase, que ainda se encontra em um estágio pré-projetual, o designer contribui com a equipe considerando

---

[7] Esses dois termos podem ser traduzidos como "encontrar o problema" e "colocar o problema", respectivamente.

os problemas existentes para a implantação da estratégia formulada, buscando novos cenários, agora de um modo livre de contextos, e gerando novas narrativas, ou seja, propostas conceituais de produtos, serviços, experiências ou mesmo de novos empreendimentos (Moraes, 2010).

Com origem no Politécnico de Milão, o conceito de metaprojeto surgiu como uma abordagem que se apoia em "referências materiais e imateriais, tangíveis e intangíveis, objetivas e subjetivas" (Moraes, 2010, p. XI), a fim de produzir relações novas que orientem o design de produtos e serviços, assim como de experiências, sistemas e novos negócios. Assim, *metaprojeto* é o nome dado aos estudos relativos aos processos de design que compreendem uma visão alargada do projeto em si, nos quais se busca interpretar a realidade por meio da sua compreensão e da construção de modelos simplificados (Moraes, 2010).

Advindo dos estudos relacionados ao desenvolvimento de sistemas-produtos-serviços, ou PSS, o metaprojeto se sustenta em um processo aberto, dialético, que coloca o designer como um articulador entre diversas disciplinas e pontos de vistas, gerando, assim, aprendizado entre os envolvidos (Moraes, 2010). Com isso, propicia a criação de novas narrativas conceituais.

O metaprojeto se apoia tanto em pesquisas contextuais como em outros métodos, o que inclui também pesquisas não contextuais. Pesquisas contextuais são aquelas que se relacionam diretamente com o problema inicial de design. Já as pesquisas não contextuais buscam por elementos fora do contexto do problema, mas que podem interferir nele, para inovação.

Como aponta Cautela (2007), se o projeto se orienta de forma a definir de modo inédito um objeto de sua intervenção e busca estabelecer situações melhores em relação às existentes, dificilmente será possível codificar uma prática, um modelo, um esquema conceitual único e indivisível. A codificação do processo de design em um modelo, como se fosse uma simplificação da realidade ou uma via natural para a replicabilidade e a reprodutibilidade, ou seja, como sinônimo de padronização e uniformidade, apoia-se em princípios que atentam violentamente contra a natureza própria do design, que se vincula com a criatividade, a novidade e a inovação.

Assim, o metaprojeto se apoia em tópicos básicos, como: tecnologia produtiva e materiais; influências ergonômicas, socioculturais e mercadológicas; sustentabilidade socioambiental (Moraes, 2010). Isso, porém, é feito sem uma sequência linear, única ou lógica.

No entanto, o metaprojeto utiliza ferramentas da metodologia projetual clássica, em que existem processos de divergência, transformação e convergência (Jones, 1974). Jones (1974) destacou a preocupação com aspectos que se colocavam ao lado da ideia do design:

- como um processo que busca não propor produtos individuais, mas o sistema ou ambiente como um todo, como aeroportos, transportes, supermercados, currículos educacionais, programas de rádio, esquemas para o bem-estar, sistemas bancários ou rede de computadores;
- relacionada à participação e ao envolvimento do público no processo de tomada de decisão;
- como criatividade potencialmente presente em cada pessoa;

- como uma forma de unir disciplinas como arte e ciência, bem como outras áreas do saber;
- sem um produto, como um processo ou modo de viver.

Apoiado em um diagnóstico, o metaprojeto gera uma proposta conceitual, visando um novo produto e/ou serviço, um sistema, um negócio ou mesmo melhorias para produtos existentes.

Uma das principais abordagens que fundamentam o metaprojeto é a pesquisa de tendências. Entende-se *pesquisa de tendências* como o modo de identificar determinados comportamentos que emergem fora do padrão, mas que com o tempo passam a se consolidar.

Na pesquisa de tendência, os *trendsetters* são os criadores de tendências. São pessoas que apontam novos caminhos, em geral celebridades, pessoas ligadas ao mundo do teatro, do cinema, da música, ou líderes de opinão. Eles são importantes porque atuam como se fossem uma lente do que está por vir (Jayme, 2009; Becker, 2011; Fialkowski, 2019).

Outros consumidores importantes são os *trendfollowers*, aqueles que aceitam a mudança e seguem a onda e a inovação. Dentre eles, os *early mainstreamers* são os que primeiro aderem a uma tendência, enquanto os *late mainstreamers* são os que originam a moda e levam à massificação de uma tendência (Fialkowski, 2019).

Para ampliar a visão do problema, o *coolhunting* traz informações importantes para a definição do problema. Pela observação de pessoas e seus comportamentos relacionados ao consumo, ele atua como atividade que identifica tendências (Fialkowski, 2019).

As pesquisas de tendências auxiliam porque propiciam uma antevisão e a tangibilidade de conhecimentos que ainda estão mal configurados e podem ser aplicados com a pesquisa *blue sky* (Amaral; Scaletsky, 2010). Além disso, por estar em busca do conhecimento prévio do grupo de projeto, essas pesquisas procuram direções e oportunidades com uma visão lateral do problema, vinculando-se a um processo intuitivo. Para Amaral e Scaletsky (2010), esse conhecimento pode ser obtido por meio de associações com odores, imagens ou mesmo sons ligados ao tipo de situação que se pesquisa.

Entendemos, portanto, por metaprojeto a construção de uma narrativa a orientar o projeto em si. É uma abordagem que considera a dinâmica constante em que os contextos se apresentam, com modificações que podem originar novas interpretações para estes. Assim, por meio do metaprojeto, busca-se a compreensão e a construção de um modelo reduzido da realidade, mas muito útil, pois permite a reinterpretação do problema colocado (Almeida; Scaletsky; Costa, 2018).

Essa abordagem se insere nas situações complexas da atualidade, em que o consumo é orientado pelo tipo de serviço, em razão do tipo de economia que se desenvolve na sociedade capitalista. Nesse contexto, novas preocupações surgem, dentre elas, a questão da inovação social e da sustentabilidade, visando a busca por um futuro em que o consumo se dê de modo mais responsável.

O conceito de metaprojeto se origina de organizações setoriais que vêm de uma tradição territorial, como empresas que detêm tradição tecnológica, com proximidade entre artesãos, artífices e designers, e, em alguns casos, de médio porte. Um exemplo são os produtos da empresa Alessi.

Nem sempre, portanto, essa abordagem proposta pelo metaprojeto se aplica, pois em estruturas organizacionais mais complexas existe a demanda por outras abordagens.

É ainda importante destacar que, para alguns autores, denomina-se *design estratégico* a abordagem que se apoia no metaprojeto. Consideramos que essa é uma terminologia que se apoia em um eufemismo, pois todo o design é estratégico. Por isso, ela não deve ser confundida com o nível estratégico da gestão de design, e sim vinculada ao nível operacional, já que não considera as ações do ponto de vista da estrutura organizacional, como ocorre aqui.

6.4 Pensando como designers

Uma terceira abordagem, muito comum no design em seu nível operacional, é o denominado *design thinking*, que, de alguma forma, tem similaridade com a pesquisa *blue sky*. É um conceito que vem se desenvolvendo nos últimos anos, sendo inclusive incorporado por outras áreas do conhecimento.

Mas por que *design thinking*? Existe um pensamento de design? Vamos debater um pouco sobre isso.

Em 1992, Richard Buchanan publicou o artigo *Wicked Problems in Design Thinking*. Nele, Buchanan (1992) advogava a demanda por uma nova abordagem, com disciplinas integrativas, em vez de especializadas. Ou seja, um pensamento não linear aplicado à solução de problemas. Para Buchanan (1992), existiria pouca esperança na geração de conhecimento que fosse apoiado apenas na literatura ou no laboratório, sem disciplinas que integrassem conhecimento, comunicação e ação. Buchanan se referia ao tipo de raciocínio que a atividade de design adota na solução de problemas de um modo amplo. O termo *design thinking* foi posteriormente adotado em outra abordagem, que aqui vamos detalhar.

Como abordagem de projeto, o termo *design thinking* teve como destaque os trabalhos da empresa Ideo, ainda nos anos 1980, tendo se espraiado por meio de diversas publicações, como as de Ambrose e Harris (2010) e de Tim Brown, denominada *Change by Design: how Design Thinking Transforms Organizations and Inspires Innovation* (2009). Mais tarde, em 2011, no mesmo sentido, Kathryn Best publicou o livro *What Design can Bring to Strategy? Designing Thinking as a Tool for Innovation and Change* (Best, 2011), conforme aponta Rizardi (2019).

Para Tim Brown (2009), o *design thinking* é um modo de projetar que usa a sensibilidade e os métodos dos designers, combinando as necessidades dos usuários com o que é tecnicamente possível, e o que uma estratégia de negócio viável pode converter em valor para o consumidor e as oportunidades de mercado.

Reparemos que o termo cunhado é *thinking*, e não *resoning*[8]. Isso tem a ver com o fato de que pensamento abarca uma postura mais larga, que inclui a intuição, diferentemente de raciocínio, que se apoia na lógica. O pensamento em design, não é, portanto, indutivo, ou seja, parte do particular para o todo, por meio da experimentação, sintetizando algo. Não é também dedutivo, partindo do geral para

---

[8] *Thinking* é pensamento e *resoning* é raciocínio.

o específico, de modo a prever o futuro a partir do passado, não produzindo necessariamente conhecimentos novos. Em verdade, ele atua entre essas duas possibilidades, como um pensamento abdutivo.

O pensamento abdutivo pode ser entendido como imaginativo. Não usa uma lógica declarativa nem pretende estabelecer uma conclusão, mas sim colocar o que poderia eventualmente ser verdade. O ponto focal nessa visão é a abordagem com balanço entre confiança e validade, arte e ciência, pensamento intuitivo e analítico, busca e exploração (Martin, 2009).

PARA SABER MAIS

Talvez você já tenha visto em aulas de semiótica, ao estudar o pensamento de Charles Sanders Peirce, o conceito de *pensamento abdutivo*. Para saber mais, leia o livro *Semiótica, Informação e Comunicação*:

COELHO NETTO, J. T. **Semiótica, informação e comunicação**. São Paulo: Perspectiva, 1980.

Ou acesse o seguinte *link*:

ALPA, D. **Raciocínio abdutivo, indutivo e dedutivo**. 10 jan. 2020. Disponível em: <https://davidalpa.com/blog/raciocinio-abdutivo-indutivo-e-dedutivo/>. Acesso em: 10 out. 2021.

Como vimos antes, o pensamento abdutivo propicia principalmente a inovação radical. Se o pensamento adotado no processo de design for apenas indutivo ou dedutivo, o resultado tenderá a ser da ordem incremental, fazendo com que a vantagem competitiva seja reduzida.

O *design thinking*, portanto, consiste em um processo integrativo, em que os diferentes atores associados ao projeto, também chamados de *stakeholders*, trabalham conjuntamente para a construção da solução do problema vislumbrado. No *design thinking*, o designer atua como um articulador entre os *stakeholders*, visando conduzir o processo de design.

Em segundo lugar, consiste em um processo iterativo, ou seja, um processo que progride mediante sucessivas tentativas de refinamento presentes em cada estágio do trabalho de designers, desde o *briefing* até a conclusão do trabalho.

Podemos dizer que o *design thinking* se apoia em três pilares: empatia, colaboração e experimentação. A empatia leva a uma abordagem que busca olhar o problema a partir dos diversos *stakeholders*. A colaboração ajuda a construir multidisciplinarmente a solução para o problema em questão, enquanto a experimentação faz parte da construção iterativa da solução, ou seja, consiste em tentativas de refiná-la.

Para isso, o *design thinking* se estrutura em sete passos: definir, pesquisar, idear, prototipar, selecionar, implementar e aprender (Ambrose; Harris, 2010).

Definir significa tornar o problema claro e ter o público-alvo definido. Muitas vezes, como vimos anteriormente, para se obter mais dados sobre a situação e explorá-la em novas direções, é necessário realizar pesquisas, revendo como o problema surgiu e quais motivações podem levar o consumidor final a buscar o produto, o serviço, o sistema, a experiência ou o novo negócio. Com esses dados, é possível formar uma ideia de como esse problema deve ser solucionado, podendo ela ser construída, inclusive, com a ajuda de futuros usuários e *stakeholders* da empresa. Normalmente, essa prototipagem se dá com variantes, que precisam a seguir ser avaliadas e selecionadas. A solução selecionada deve levar a uma implementação para a sua produção. Todas essas ações se encontram, ao final, como uma aprendizagem que pode identificar dados a serem aproveitados no futuro. Na Figura 6.15, a seguir, podemos ver os sete passos do *design thinking*.

Figura 6.15 – **Os sete passos do processo de design no *design thinking***

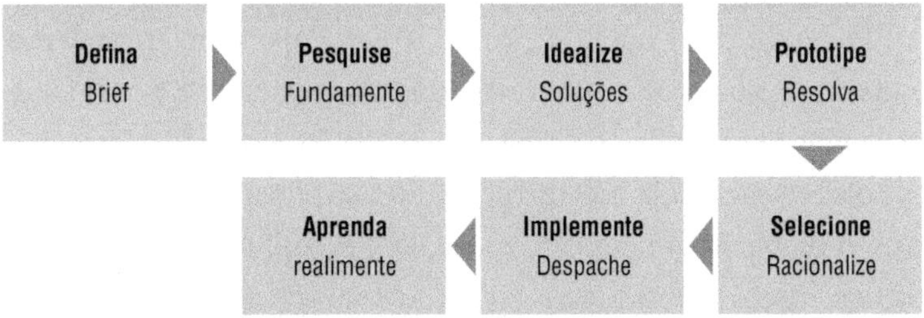

Defina	→	Pesquise	→	Idealize	→	Prototipe
Brief		Fundamente		Soluções		Resolva

Aprenda	←	Implemente	←	Selecione
realmente		Despache		Racionalize

Fonte: Ambrose; Harris, 2010, p. 14, tradução nossa.

Como na pesquisa *blue sky*, o *design thinking* se apoia em ferramentas visuais para construir a solução do problema, facilitando muito o processo de comunicação entre designers e outros participantes ou interessados no projeto.

6.5 Designers também podem empreender

A atividade de design se expandiu ao longo do tempo, deixando de lado o papel de mero atuante quanto às funções estéticas. Com isso, a capacidade de o designer ou gestor propor novos negócios passou a se inserir como uma das suas principais funções.

Podemos ilustrar esse caminho com a escada do design. Ela foi proposta pelo Centro de Design da Dinamarca e apresenta os estágios em termos de complexidade e integração que o design pode atingir (Dansk Design Center, 2017). Veja a figura a seguir.

Figura 6.16 – **A escada do design**

1	2	3	4
Primeiro passo	**Segundo passo**	**Terceiro passo**	**Quarto passo**
NÃO DESIGN	DESIGN COMO FORMA	DESIGN COMO PROCESSO	DESIGN COMO ESTRATÉGIA
Design não é aplicado sistematicamente	Design é aplicado como acabamento, configuração formal ou *styling* em novos produtos/serviços	Design é um elemento integrado no processo de desenvolvimento	Design é um elemento estratégico importante no modelo de negócios

Fonte: Dansk Design Center, 2017, tradução nossa.

Nela, podemos ver como o design pode estar integrado nas empresas por meio de sua atuação nos diversos níveis: aplicado assistematicamente; somente como estética; como processo; e, finalmente, no sentido de criar novos modelos de negócios, que podem se ater a uma empresa existente ou na proposição de uma nova empresa.

Desse modo, ao buscar criar valores baseados na proposição de inovações, surge uma nova modalidade, o *business design*.

Entende-se por *business design* a aplicação de métodos e processos de design em desenvolvimento e inovação de modelos de negócios (Martin, 2009). Isso pode acontecer tanto em relação à proposta de novos negócios para uma empresa existente quanto para novas empresas, pelo ato empreendedor de algum interessado.

O *business design* se desenvolve de modo similar à estrutura do *design thinking*, apoiando-se em quatro etapas: descobrir, definir, desenvolver e ofertar, como mostra a figura a seguir.

Figura 6.17 – **The Double Diamond**

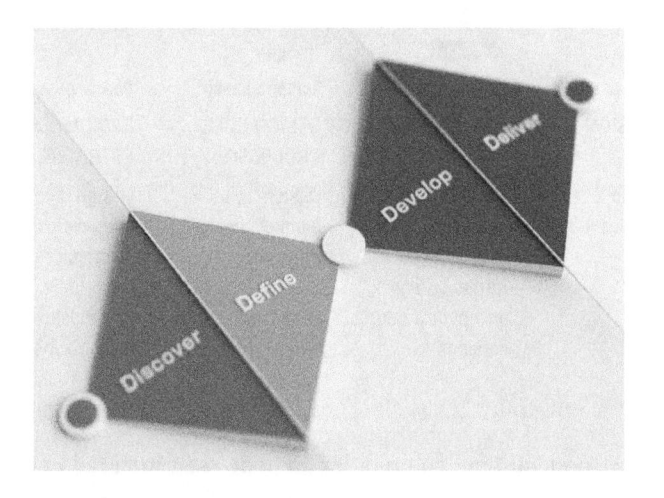

Essa representação, elaborada pelo Design Council (2021b), organização de suporte e fomento britânica, apresenta dois momentos do design: expansão e concentração. Porém, precisamos considerar que essas etapas não devem ser vistas linearmente, e sim com um processo contínuo de retroalimentação. Em alguns casos, inclusive, parte-se da terceira etapa, como no caso do design digital, para realizar uma pesquisa e voltar à primeira etapa.

De modo simplificado, como vimos anteriormente, na fase de descoberta é importante vislumbrar um futuro. Para isso, designers e gestores de design precisam se apoiar nas proposições de Hamel e Prahalad (1995) para a definição de um intento estratégico. Podemos, a seguir, nos servir dos ensinamentos da estratégia do oceano azul, estabelecendo uma estratégia que fuja da confrontação com o que o mercado pratica, para definir um novo nicho em que o valor associado ao custo venha a captar um novo tipo de consumo. Essa ideia precisa ser elaborada fundamentada no aprofundamento e alargamento da visão, o que pode ser feito com o uso da pesquisa *blue sky*. Finalmente, designers e gestores de design podem contribuir para ofertar ao mercado uma nova opção de consumo rentável.

Estudo de caso

Veja, a seguir, como um grupo de alunos trabalhou para a criação de um novo negócio, sob orientação da autora deste livro.

O grupo, formado por Aline Fracaro, Patrícia Motta e Patrícia Tavares, alunas do curso de Gestão de Design e Tendências, da Pontifícia Universidade Católica do Paraná (PUCPR), fez um levantamento do cenário futuro com o horizonte em 2030. As tendências de fundo identificadas foram buscadas com base em três aspectos: o empoderamenteo individual, os padrões demográficos e as novas tecnologias.

Com base em dados coletados, as alunas verificaram que a tecnologia da informação estava entrando na era de dados.

A capacidade de processamento e armazenamento estava se tornando mais acessível. Além disso, as redes e a nuvem poderiam fornecer acesso global a serviços e informações, fazendo com que mídias sociais e segurança cibernética se tornassem novos mercados.

Soluções para maximizar a produtividade e a qualidade de vida dos cidadãos, com o intuito de minimizar o consumo de recursos, passariam a ser fundamentais para garantir a viabilidade das megacidades por meio da tecnologia da informação.

Com isso, algumas das megacidades do futuro ainda teriam expansão, permitindo uma abordagem ainda mais ampla e possível de novas tecnologias mais eficazes.

Com base nisso, o grupo se perguntou: Até onde os ambientes e as cidades estão prontos para esse horizonte? Com base nesse questionamento, as alunas identificaram uma oportunidade: oferta de uma comunicação visual urbana com o uso de novas tecnologias.

Assim, criaram a empresa Interactive Digital Signage, uma empresa de comunicação visual digital, inteligente e interativa. Para a empresa, estabeleceram uma visão: ser uma empresa de informação e serviço que trabalha para otimizar o tempo das pessoas. Por missão, estabeleceram ser a empresa com a melhor solução em inovação em comunicação visual para deslocamentos, oferecendo orientação precisa, detalhada e interativa, apoiada nos seguintes valores: inovação constante; inteligência em soluções; consistência, confiabilidade e universalidade.

As autoras do projeto consideraram oferecer os seguintes serviços: desenvolvimento e customização de plataformas interativas para comunicação visual; desenvolvimento de *software*, *hardware*, *peopleware*[9]; design de projetos exclusivos; produção, instalação e manutenção de sistemas; gestão de dados/*big data*; consultoria para escritórios de arquitetura e urbanismo. Isso contribuiria para a construção de sistemas de sinalização e direção dinâmicos, que abrangesse informações adicionais de tempo, eventos e agenda. Previram também a interação pessoal, como saudações, mensagens e ofertas personalizadas. O sistema poderia ainda oferecer horários de transportes e o uso de idiomas diversos.

O serviço seria disponibilizado para universidades, hospitais, *shopping centers*, aeroportos, estádios, lojas de varejo de grande porte, parques, orgãos públicos e cidades.

Por fim, com base nessa proposição, criaram a estrutura organizacional, previram as táticas a serem adotadas e as diversas manifestações visuais que seriam desenvolvidas.

Fonte: Fracaro; Motta; Tavares, 2014.

Esses são dados preliminares e precisariam ser desenvolvidos de modo mais aprofundado posteriormente, já que se trata de um exercício acadêmico.

No caso citado, a proposição é de um negócio totalmente novo, mas isso pode acontecer dentro de uma empresa já existente, o que pode significar a criação de uma nova empresa, mas também a definição de uma nova linha de produtos.

Na Figura 6.18, a seguir, vemos a síntese do processo de inovação com base na colaboração, para o desenvolvimento do Fiat Mio.

---

[9] *Peopleware* é o conjunto de pessoas que trabalham com a tecnologia da informação.

O carro conceito proposto em 2010 ofereceu novas opções de mobilidade e influenciou o desenvolvimento dos modelos seguintes da empresa.

Figura 6.18 – **Síntese do processo de inovação colaborativa do carro Fiat Mio**

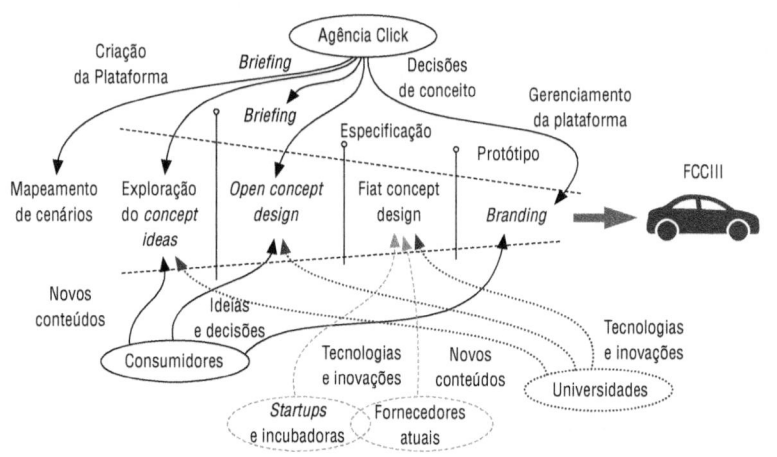

Fonte: Bueno; Balestrin, 2012.

PARA SABER MAIS

Para saber mais sobre o desenvolvimento do Fiat Mio, consulte os seguintes materiais:

FIAT – Projeto Fiat Mio – "Um dia no futuro do Fiat Mio". Disponível em: <https://www.youtube.com/watch?v=JoWbUR4b9io>. Acesso em: 10 out. 2021.

FIAT – Project Fiat Mio Making Of – Episode 15 – Mio and the People. Disponível em: <https://www.youtube.com/watch?v=hg0b8Z 51YC0>. Acesso em: 10 out. 2021.

FIAT Mio – Salão Brasil 2010. Disponível em: <https://www.youtube.com/watch?v=T0XnAzBvVkY>. Acesso em: 10 out. 2021.

Com isso, podemos dizer que o design tem, em essência, a síntese como resultado da sua função. Na Figura 6.19, a seguir, esse processo se apresenta resumido e se baseia em Ambrose e Harris (2010).

Figura 6.19 – **O funil do conhecimento**

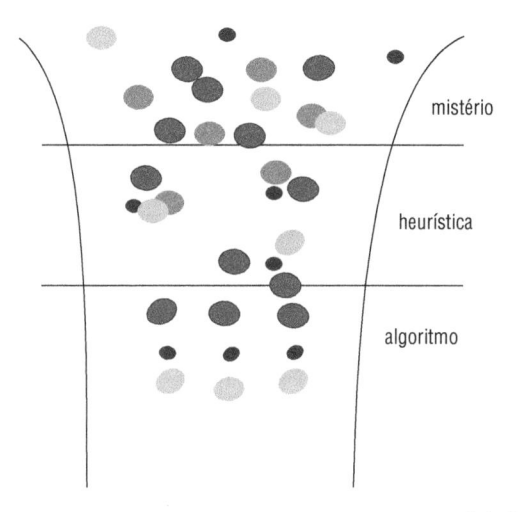

mistério

heurística

algoritmo

Fonte: Martin, 2010, p. 9.

Esse processo representado no funil do conhecimento envolve intuição e criatividade, bem como a perspectiva empresarial, trabalhando com ideias que se formam como um funil de conhecimentos.

SÍNTESE

Neste capítulo, você pôde ver a importância no uso de metodologias para o desenvolvimento de produtos, serviços, sistemas, experiências ou mesmo novos negócios.

Verificamos como as metodologias se apresentam na tradição clássica do design, em que o encadeamento linear, com retroalimentações, se apresenta. Vimos também como a engenharia de produção vê o processo, percebendo a similaridade entre os processos propostos.

Destacamos a estratégia do oceano azul, que coloca a perspectiva deslocada da concorrência, buscando identificar novos nichos associados a custos adequados. Essa forma de estabelecer estratégias se apoia nas abordagens de Porter (1979), apontadas no capítulo prévio a este.

Tratamos também de outra metáfora que define um novo tipo de pesquisa, orientada para o metaprojeto: a pesquisa *blue sky*, que se apoia em ferramentas visuais, sonoras, táteis e gustativas. Essas ferramentas procuram tirar o foco da situação presente para oferecer propostas inovadoras por meio do processo abdutivo.

E, finalmente, verificamos como é possível atingir o design de novos negócios, explorando o encaminhamento aqui proposto: definir a estratégia, formular táticas e gerar novos produtos, serviços, experiências ou sistemas, com base em diversas fundamentações teóricas.

QUESTÕES PARA REVISÃO

1. Quais são as características das metodologias clássicas de design?
2. Relacione a coluna da esquerda com a da direita, completando corretamente o sentido das afirmações:

   1. A metáfora oceano azul se aplica a uma estratégia que
   2. No oceano vermelho
   3. Oceano azul significa
   4. Os consumidores no oceano azul buscam
   5. O oceano azul é um tipo de estratégia que

   ( ) produtos que atendam a novas demandas com custo baixo.
   ( ) se diferencia da estratégia competitiva de Porter, mas ainda se utiliza dos mesmos mecanismos de análise.
   ( ) foca em novas oportunidades.
   ( ) busca-se a concorrência com os demais competidores.
   ( ) competir por meio de mercados novos.

   Agora, marque a alternativa que apresenta a sequência correta:

   a. 4 – 5 – 1 – 2 – 3.
   b. 4 – 5 – 2 – 1 – 3.
   c. 4 – 5 – 1 – 3 – 1.
   d. 2 – 5 – 1 – 4 – 3.
   e. 4 – 2 – 1 – 5 – 3.

3. Marque verdadeiro (V) ou falso (F) nas alternativas a seguir, de acordo com a afirmação indicada. O metaprojeto explora principalmente as pesquisas não contextuais, que se caracterizam por:

( ) buscar na literatura dados que auxiliem o projeto.
( ) usar referências visuais associadas ao tema do projeto.
( ) usar dados do IBGE para fundamentar o projeto.
( ) montar mapas semânticos para auxiliar a realização de novas atividades criativas.
( ) usar dados do usuário com base no mercado.

Agora, assinale a alternativa que apresenta sequência correta:

a. F – V – F – V – V.
b. F – F – V – V – V.
c. V – V – V – F – V.
d. F – V – F – F – V.
e. F – V – V – V – F.

4. Descreva como se caracteriza o pensamento abdutivo.

5. Marque a alternativa que completa a afirmação corretamente. Entende-se por *business design*, ou design de negócios:

a. a proposição de novos produtos para uma empresa.
b. a aplicação de métodos e processos de design no desenvolvimento e na inovação de modelos de negócios.
c. uma atividade desmembrada da empresa sem a geração de novos negócios.

d. a aplicação de métodos e processos de design no desenvolvimento de produtos inovadores.

e. a proposição de novos produtos apoiados nos métodos de design.

QUESTÕES PARA REFLEXÃO

1. Vimos neste capítulo como a Fiat estabeleceu uma nova abordagem para a geração de um novo produto, que, na verdade, se tornou uma nova abordagem, a qual permitia a geração de uma nova linha de produtos. Você poderia imaginar uma outra situação em que isso acontece? Reflita sobre o caso e busque uma situação para discussão com os colegas.

2. As metáforas criadas para a estratégia do oceano azul e da pesquisa *blue sky* têm algo em comum. Você poderia identificar essa semelhança? Reflita sobre isso e anote suas observações.

Considerações
finais

Este livro trouxe para você a noção de que o design é uma atividade inter/transdisciplinar sempre estratégica, seja ela consciente ou não.

Ao longo do texto, você pôde acompanhar como é possível desenvolver uma abordagem que auxilie no fortalecimento das três funções principais associadas à gestão: transformar, coordenar e diferenciar produtos, serviços, sistemas, experiências e/ou negócios.

Destacamos que a atividade de design e a sua gestão buscam aumentar a qualidade de vida das pessoas, do ponto de vista da economia, da sociedade, da cultura e ambiental. Por meio do design, podemos repensar o mundo em que vivemos e construir novas narrativas.

Sob esse ponto de vista, cenários relativos ao meio ambiente têm se destacado como um dos principais vetores que podem demandar novas propostas, em termos de novos negócios, com a participação do design. Essas novas proposições podem vir a se constituir em novas relações humanas, mais justas e éticas.

Ao longo do texto, trouxemos vários exemplos de atividades empresariais associadas ao design, mas também discutimos a atuação do design nos mercados que se apoiam em atividades tradicionais, ou artesanais. Pequenas empresas, sejam industriais, sejam artesanais, fazem parte da grande maioria de negócios no Brasil, e o design pode contribuir para o fortalecimento delas.

Verificamos ainda que o setor público dispõe de uma gama de atividades em que o design pode colaborar para que os cidadãos tenham uma melhor qualidade de vida. Ações de design podem, inclusive, contribuir para a construção de legislação em diversos campos.

Isso se apoia em um dos principais aspectos relativos ao design: a inovação. Cada vez mais, as empresas buscam se diferenciar, principalmente por meio da oferta de novos valores, os quais tenham sucesso entre seus consumidores. As novas práticas adotadas se apresentam com a presença de métodos e ferramentas que oferecem agilidade ao processo. Uma dessas práticas está relacionada à proximidade com os futuros consumidores, por meio de processos colaborativos. Outra prática que se destaca é a criação de protótipos em todas as fases da gestão. Nesse sentido, pela sua característica de construção de novos significados, o design tem um papel importante na proposição de solução de problemas de modo criativo e inovador.

Vimos também que problemas complexos, como os que enfrentamos hoje, bem como os cenários incertos e ambíguos associados à volubilidade, determinam uma visão nova em relação à seleção de métodos de trabalho a serem adotados, com processos mais dinâmicos, colaborativos e com retroalimentações.

Um dos maiores desafios que se apresenta diante dessa perspectiva consiste na formação desses profissionais. Cada vez mais, nas empresas, o design tem a função de colaborar, de ouvir, de propor. O design é parte integrante na construção de uma competência própria, assim como é ator importante na construção de estratégias voltadas a empresas de micro, pequeno, médio ou grande porte.

Nesse sentido, o processo de design e sua gestão têm por característica uma hibridez, oriunda do pensamento lógico e criativo que lhe é peculiar. Esse modo de pensar vem se expandindo a outras áreas, fazendo com que o interesse pelas suas metodologias apareça em outras disciplinas. Por isso, este livro pode interessar tanto a designers de diversas modalidades quanto àqueles ainda em condição de formação profissional, ou, ainda, a outros profissionais, como arquitetos, administradores e engenheiros, que se defrontam com situações alinhadas ao design.

Finalmente, destacamos que o livro apresenta um panorama geral e, por essa razão, não esgota os assuntos abordados. Esperamos que você se interesse e se aprofunde no tema, buscando nas referências mais informações para o seu conhecimento e a aplicação nas suas atividades no processo de gestão de design.

Referências

ABREU, A. B. de. Novas reflexões sobre a evolução da teoria administrativa: os quatro momentos cruciais no desenvolvimento da teoria organizacional. **Revista de Administração Pública**, Rio de Janeiro, v. 16, n. 4, p. 39-52, out./dez. 1982. Disponível em: <http://bibliotecadigital.fgv.br/ojs/index.php/rap/article/view/11307/10271>. Acesso em: 1º dez. 2020.

ALMEIDA, H. B.; SCALETSKY, C. C.; COSTA, F. C. X. da. Design para mudança de comportamento: uma abordagem interdisciplinar. In: CONGRESSO DE PESQUISA E DESENVOLVIMENTO EM DESIGN, 13., 2018, São Paulo. **Anais...** Disponível em: <http://pdf.blucher.com.br.s3-sa-east-1.amazonaws.com/designproceedings/ped2018/3.3_ACO_26.pdf>. Acesso em: 5 nov. 2021.

ALVARADO, A. U. Diseño estratégico: motor de innovación y transformación organizacional. **Abierta**, n. 7, 2013-2014.

AMARAL, L. G.; SCALETSKY, C. C. **Análise da pesquisa blue sky nos trabalhos de conclusão de curso de graduação em Design da Unisinos**. Pôster apresentado no Seminário de Iniciação Científica, Unisinos – Universidade do Vale do Rio dos Sinos, Porto Alegre, 2010. Disponível em: <https://lume.ufrgs.br/bitstream/handle/10183/45178/Poster_5319.pdf?sequence=2&isAllowed=y>. Acesso em: 30 mar. 2021.

AMBROSE, G.; HARRIS, P. **Design Thinking**. Lausanne: Ava Book, 2010.

ARCHER, B. **Design Awareness and Planned Creativity in Industry**. Ottawa: Department of Industry, Trade and Commerce, 1974.

ARCHER, B. **Systematic Methods for Designers**. London: Design Council, 1965.

BACK, S. **Pesquisa de tendências**: um modelo de referência para pesquisa prospectiva. 125 f. Dissertação (Mestrado em Engenharia de Produção) – Universidade Federal de Santa Catarina, Florianópolis, 2008. Disponível em: <https://repositorio.ufsc.br/xmlui/handle/123456789/91379>. Acesso em: 20 maio 2022.

BARREIROS, I. Ao acaso, homem encontra espada da Idade do Bronze na República Tcheca. **Aventuras na História**, 3 nov. 2020. Disponível em: <https://aventurasnahistoria.uol.com.br/noticias/historia-hoje/ao-acaso-homem-encontra-espada-da-idade-do-bronze-na-republica-tcheca.phtml>. Acesso em: 10 out. 2021.

BASTIAN, W. Ícones do design: a máquina de escrever Valentine (1969). **DDB – Design do Bom**, 25 maio 2020. Disponível em: <https://designdobom.com.br/2020/05/icones-do-design-a-maquina-de-escrever-valentine>. Acesso em: 25 nov. 2021.

BASTOS, J. A. de S. L. A. O diálogo da educação com a tecnologia. **Revista Educação e Tecnologia**, v. 1, n. 1, p. 6-20, 1998. Disponível em: <http://revistas.utfpr.edu.br/pb/index.php/revedutec-ct/article/view/1985/1392>. Acesso em: 10 out. 2021.

BCG – Boston Consulting Group. **Our History**: What Is the Growth Share Matrix? Disponível em: <https://www.bcg.com/en-br/about/overview/our-history/growth-share-matrix>. Acesso em: 30 mar. 2021.

BECKER, A. D. **Estilo de vida e gestão do design**: um estudo de caso na indústria da louça sanitária. 178 f. Dissertação (Mestrado em Design) – Universidade Federal do Paraná, Curitiba, 2011. Disponível em: <https://acervodigital.ufpr.br/handle/1884/26524>. Acesso em: 5 dez. 2021.

BEST, K. **Design Management**: Managing Design Strategy, Process and Implementation. Worthing: Ava Publishing, 2006.

BEST, K. **Le design management**: stratégie, méthode et mise en oeuvre. Paris: Pyramyd, 2009.

BEST, K. **The Fundamentals of Design Management**. Lausanne: Ava, 2010.

BEST, K. **What Design can bring to Strategy?** Designing Thinking as a Tool for Innovation and Change. Rotterdam: Inholland University, 2011.

BLUE OCEAN STRATEGY. Disponível em: <https://www.blueoceanstrategy.com/tools/sequence_of_bos> Acesso em: 10 dez. 2021.

BLUE OCEAN STRATEGY. **Itunes.** Disponível em: <https://www.blueoceanstrategy.com/itunes-2> Acesso em 10 out. 2020.

BOMFIM, G. A. **Teoria do design e da embalagem I**. 61 f. Monografia (Especialização em Design de Embalagens) – Universidade Federal do Paraná, Curitiba, 1993.

BRASIL DE FATO. **Luzia**: cinco curiosidades sobre o fóssil da mulher mais antiga das Américas. São Paulo, 4 set. 2018. Disponível em: <https://www.brasildefato.com.br/2018/09/04/luzia-5-curiosidades-sobre-o-fossil-perdido-no-incendio-do-museu-nacional>. Acesso em: 5 dez. 2020.

BROWN, T. **Change by Design**: How Design Thinking Transforms Organizations and Inspires Innovation. New York: Harper Collins, 2009.

BRUCE, M.; BESSANT, J. **Design in Business**: Strategic Innovation through Design. Harlow: Pearson Education, 2002.

BRUM, A. **Resposta ao questionário de pesquisa**. Curitiba, 2021. Não publicado.

BRUNO, F. da S. **A quarta revolução industrial do setor têxtil e de confecção**: a visão de futuro para 2030. São Paulo: Estação das Letras e Cores, 2017.

BUCHANAN, R. Mundos em construção: design [projeto], gerenciamento e a reforma da cultura organizacional. **Arcos Design**, Rio de Janeiro, v. 9, n. 2, p. 1-30, dez. 2016. Disponível em: <https://www.e-publicacoes.uerj.br/index.php/arcosdesign/article/view/29390>. Acesso em: 5 nov. 2021.

BUCHANAN, R. Wicked Problems in Design Thinking. **Design Issues**, v. 8, n. 2, p. 5-21, Spring 1992. Disponível em: <http://www.jstor.org/stable/1511637>. Acesso em: 10 out. 2021.

BUCK, A.; HERRMANN, C.; LUBKOWITZ, D. **Diretrizes para a gestão de tendências**: inovação e estética como fundamento para o sucesso empresarial. Tradução de Ivone Böhler. Curitiba: PUCpress, 2019.

BUENO, B.; BALESTRIN, A. Inovação colaborativa: uma abordagem aberta no desenvolvimento de novos produtos. **RAE – Revista de Administração de Empresas**, v. 52, n. 5, 2012. Disponível em: <https://www.fgv.br/rae/artigos/

revista-rae-vol-52-num-5-ano-2012-nid-47107>. Acesso em: 10 out. 2021.

BÜRDEK, B. E. **Design**: história, teoria e prática do design de produtos. Tradução de Freddy Van Camp. São Paulo: E. Blücher, 2006.

CAMARGOS, M. A. de; DIAS, A. T. Estratégia, administração estratégica e estratégia corporativa: uma síntese teórica. **Caderno de Pesquisas em Administração**, São Paulo, v. 10, n. 1, p. 27-39, jan./mar. 2003. Disponível em: <http://marco.eng.br/estrategia/Aula-01C-Sintese-Teorica-FEA-2003.pdf>. Acesso em: 21 nov. 2020.

CARNASCIALI, R. M. **Gestão de design**: contribuições da gestão da qualidade para a construção de parâmetros para avaliar o bom design. 165 f. Dissertação (Mestrado em Design) – Universidade Federal do Paraná, Curitiba, 2014. Disponível em: <https://acervodigital.ufpr.br/handle/1884/35237>. Acesso em: 21 maio 2022.

CARNIATTO, I. V. **Gestão de design e artesanato**: uma abordagem com base na pesquisa-ação. 147 f. Dissertação (Mestrado em Design) – Universidade Federal do Paraná, Curitiba, 2008.

CARVALHO, H. Três processos de design de produto (e quando utilizá-los). **Vida de Produto**, 26 nov. 2019. Disponível em: <https://vidadeproduto.com.br/processos-de-design-produto>. Acesso em: 10 out. 2021.

CAUTELA, C. et al. **Instruments de Design Management**: Théories et cas Pratiques. Bruxelas: De Boek, 2012.

CAUTELA, C. **Strumenti di Design Management**. Milano: FrancoAngeli, 2007.

CBD – Centro Brasil Design. **Design para exportação**. Disponível em: <https://www.cbd.org.br/design-export>. Acesso em: 20 dez. 2021.

CBD – Centro Brasil Design. **Pardal**: original. 7 jun. 2016. Disponível em: <https://www.cbd.org.br/cases/if-design/pardal-original>. Acesso em: 20 dez. 2021.

CBD – Centro Brasil Design. **Perfil CBD 2020**. Curitiba, 2020. Material de divulgação.

CHIAVENATO, I. **Gestão de pessoas**: o novo papel dos recursos humanos nas organizações. 3. ed. Rio de Janeiro: Elsevier, 2010.

CHIAVENATO, I. **Introdução à teoria geral da administração**: uma visão abrangente da moderna administração das organizações. 7. ed. Rio de Janeiro: Elsevier, 2003.

CHRISTENSEN, C. M. **O crescimento pela inovação**: como crescer de forma sustentada e reinventar o sucesso. Tradução de Afonso Celso da Cunha Serra. Rio de Janeiro: Elsevier, 2003.

CIPD. **Pestel Analysis**. 10 Nov. 2020. Disponível em: <https://www.cipd.co.uk/knowledge/strategy/organisational-development/pestle-analysis-factsheet>. Acesso em: 10 out. 2021.

CLYDE, D. **Introduction to Soft Systems Methodology**: a Holistic CI Approach. 6 Nov. 2020. Disponível em: <https://medium.com/the-innovation/introduction-to-soft-systems-methodology-a-holistic-ci-approach-b1440255a6b8>. Acesso em: 10 out. 2021.

CNI – Confederação Nacional da Indústria. **Pesquisa**: o estágio atual da gestão do design na indústria brasileira – 1998. Brasília, 1999.

COELHO NETTO, J. T. **Semiótica, informação e comunicação**. São Paulo: Perspectiva, 1980. (Coleção Debates).

COOPER, R.; JUGINGER, S.; LOCKWOOD, T (Ed.). **The Handbook of Design Management**. Chichester: J. Willey and Sons, 1994.

COOPER, R.; JUGINGER, S.; LOCKWOOD, T (Ed.). **The Handbook of Design Management**. London: Bloomsbury, 2013.

COSTA, F. C. X. da. **Design de experiência**. 20 jun. 2009. Disponível em: <https://pt.slideshare.net/filipecxc/design-estrategico-experience-design-1612736>. Acesso em: 20 jan. 2021.

COSTA, F. C. X. da; KLÖPSCH, C.; MOZOTA, B. B. de. **Gestão do design**: usando o design para construir valor de marca e inovação corporativa. Porto Alegre: Bookman, 2011.

COSTA, L. K. L. da. **Gestão de design e serviço de compartilhamento**: competências para a gestão estratégica de design de veículos autônomos. 132 f. Dissertação. (Mestrado em Design) – Universidade Federal do Paraná, Curitiba, 2020. Disponível em: <https://acervodigital.ufpr.br/handle/1884/70854>. Acesso em: 10 out. 2021.

COUTO, J. P. **Estratégia empresarial**: Capítulo 3 – análise da empresa. SlidePlayer, Slides 6 e 11. Disponível em: <https://slideplayer.com.br/slide/282042>. Acesso em: 22 dez. 2020.

COUTO, R. M. de S.; FABIARZ, J. L.; NOVAES, L. (Org.). **Gustavo Amarante Bomfim:** uma coletânea. Rio de Janeiro: Rio Books, 2014.

CRAINER, S.; DEARLOVE, D. **Estratégia:** arte e ciência na criação e execução. Tradução de Karina Schultz Jacques. Porto Alegre: Bookman, 2014.

DANISH DESIGN CENTER. **Design Can do a Lot, But Can it do Everything?** 7 Dec. 2021. Disponível em: <https://ddc.dk/interview-sidse-ansbjerg-bordal>. Acesso em: 9 dez. 2021.

DANSK DESIGN CENTER. **The Design Ladder:** Four Steps of Design Use. 2017. Disponível em: <https://issuu.com/dansk_design_center/docs/design_ladder_2016_eng>. Acesso em: 10 out. 2021.

DAROS, C. **Gestão de design e cidades criativas:** plataforma para diagnóstico de design, inovação e criatividade em cidade. 313 f. Tese (Doutorado em Design) – Universidade Federal do Paraná, Curitiba, 2018. Disponível em: <https://acervodigital.ufpr.br/handle/1884/71095>. Acesso em: 20 maio 2022.

DEMARCHI, A. P. P.; FORNASIER, C. B. R.; MARTINS, R. F. de F. A gestão de design humanizada pelo design thinking a partir de relações conceituais. **Projética – Revista Científica de Design,** v. 2, n. 1, p. 19-36, jun. 2011. Disponível em: <http://www.uel.br/revistas/uel/index.php/projetica/article/view/10108>. Acesso em: 10 out. 2021.

DENIS, R. C. **Uma introdução à história do design.** São Paulo: E. Blücher, 2000.

DESIGN COUNCIL. Disponível em:<https://www.designcouncil.org.uk>. Acesso em: 10 out. 2021a.

DESIGN COUNCIL. **The Double Diamond**: 15 years on. Disponível em: <https://www.designcouncil.org.uk/news-opinion/double-diamond-15-years>. Acesso em: 15 dez. 2021b.

DICIO – Dicionário Online de Português. **Tática**. Disponível em: <https://www.dicio.com.br/tatica>. Acesso em: 10 out. 2020.

DMI – Design Management Institute. **DMI**: Journal. Disponível em: <https://www.dmi.org/page/Journal>. Acesso em: 10 out. 2020a.

DMI – Design Management Institute. **DMI**: Review. Disponível em: <https://www.dmi.org/page/Review>. Acesso em: 10 out. 2020b.

DMI – Design Management Institute. **What is DMI?** Disponível em: <https://www.dmi.org/page/WhatisDMI>. Acesso em: 10 out. 2020c.

DUBBERLY, H. **How do you Design?** San Francisco: Dubberly Design Office, 2004.

EDITORIAL STAFF. Pharmy, the autonomous navigation robot by ARBO design. **Design Wanted**, 9 jul. 2020. Disponível em: <https://designwanted.com/tech/pharmy-autonomous-navigation-robot-arbo-design>. Acesso em: 20 dez. 2021.

EL MARGHANI, V. G. R. **Modelo de processo de design no nível operacional**. 244 f. Tese (Doutorado em Engenharia Mecânica e Aeronáutica) – Instituto Tecnológico da Aeronáutica, São José dos Campos, 2010. Disponível em: <http://livros01.livrosgratis.com.br/cp149286.pdf>. Acesso em: 25 maio 2022.

FARR, M. Design Management: Why is it Needed Now? In: COOPER, R.; JUGINGER, S.; LOCKWOOD, T. **The Handbook of Design Management**. Chichester: J. Willey and Sons, 1994. p. 47-57.

FERRARESI, A. A. **Gestão do conhecimento, orientação para o mercado, inovatividade e resultados organizacionais**: um estudo em empresas instaladas no Brasil. Tese (Doutorado em Administração) – Universidade de São Paulo, São Paulo, 2010. Disponível em: <https://www.teses.usp.br/teses/disponiveis/12/12139/tde-24062010-103000/publico/AlexFerraresiTese.pdf> Acesso em: 10 out. 2020.

FERRARESI, A. A.; MESACASA, A.; KISTMANN, V. B. Inovação tradicional e Design Driven Innovation: semelhanças e diferenças. **E-Revista Logo**, v. 6, n. 2, p. 67-83, 2017. Disponível em: <http://incubadora.periodicos.ufsc.br/index.php/eRevistaLOGO/article/view/4798>. Acesso em: 10 out. 2021.

FIALKOWSKI, V. P. **Prospecção e gestão de design**: busca da inovação guiada pelo significado. 296 f. Dissertação (Mestrado em Design) – Universidade Federal do Paraná, Curitiba, 2019. Disponível em: <https://acervodigital.ufpr.br/handle/1884/61380>. Acesso em: 20 maio 2022.

FINEP – Financiadora de Estudos e Projetos. Organização para Cooperação Econômica e Desenvolvimento. **Manual de Oslo**: proposta de diretrizes para coleta e interpretação de dados sobre inovação tecnológica. 2005. Disponível em: <http://www.finep.gov.br/images/a-finep/biblioteca/manual_de_oslo.pdf>. Acesso em: 10 out. 2021.

FONSECA, K. F. O. **Modelo orientativo à avaliação e elaboração de promoção de design no Brasil**. 209 f. Tese (Doutorado em Design) – Universidade Federal do Paraná, Curitiba, 2019. Disponível em: <https://acervodigital.ufpr.br/handle/1884/66097>. Acesso em: 21 maio 2022.

FONTOURA, A. M.; FUKUSHIMA, K.; KISTMANN, V. B. Design colaborativo: considerações metodológicas voltadas para micro, pequenas e médias empresas produtoras de louça de mesa branca. In: CONGRESSO BRASILEIRO DE CERÂMICA, 49., 2005, São Pedro. **Anais...** Disponível em: <https://www.ipen.br/biblioteca/cd/cbc/2005/resumos/49cbc-21-04.htm>. Acesso em: 10 out. 2021.

FRACARO, A.; MOTTA, P.; TAVARES, P. **Smart Sign 2030**. Trabalho de Conclusão do Curso (Especialização em Gestão de Design e Tendências) – Pontifícia Universidade Católica do Paraná, Curitiba, 2014. 58 slides. Não publicado.

FREIRE, K. de M. From Strategic Planning to the Designing of Strategies: a Change in Favor of Strategic Design. **Strategic Design Research Journal**, v. 10, n. 2, p. 91-96, May/Aug. 2017. Disponível em: <http://revistas.unisinos.br/index.php/sdrj/article/view/sdrj.2017.102.01>. Acesso em: 16 dez. 2021.

FUJITA, C. T. **Geração de valor**: trajetória da gestão do design em uma empresa de refrigeração. 284 f. Dissertação (Mestrado em Design) – Universidade Federal do Paraná, Curitiba, 2011. Disponível em: <https://acervodigital.ufpr.br/handle/1884/28314?show=full>. Acesso em: 20 maio 2022.

FUJITA, C. T.; BECKER, A. D.; KISTMANN, V. B. Competitividade e gestão do design com foco no consumidor. In: CONGRESSO BRASILEIRO DE PESQUISA E DESENVOLVIMENTO EM DESIGN, 9., 2010, São Paulo. **Anais...** Disponível em: <https://pt.scribd.com/document/337320667/Anais-9-Ped-2010>. Acesso em: 20 dez. 2021.

GARCIA, A. História e evolução da administração. **RH Portal**, 2 set. 2015. Disponível em: <https://www.rhportal.com.br/artigos-rh/histria-e-evoluo-da-administrao>. Acesso em: 24 nov. 2020.

GORB, P. (Ed.). **Design Management**: Papers from the London Business School. New York: Van Nostrand Reinhold, 1990.

GREMSKI, V. **O ensino universitário no Brasil**. Curitiba, PUCPR, 2014. Notas de aula do curso de Especialização em Gestão e Liderança Universitária: Virginia Borges Kistmann.

HAMEL, G. Administração 2.0. **Globonews**: Conta Corrente especial. 2012a. Entrevista concedida a Ricardo Lessa. Disponível em: <https://www.youtube.com/watch?v=Iz9hVYrw8hI>. Acesso em: 10 out. 2020.

HAMEL, G. **Gary Hamel**: Reinventing the Technology of Human Accomplishment. 2011. Disponível em: <https://www.youtube.com/watch?v=aodjgkv65MM>. Acesso em: 15 mar. 2021.

HAMEL, G. **O que importa agora**: como construir empresas à prova do fracassos. Rio de Janeiro: Elsevier, 2012b.

HAMEL, G.; PRAHALAD, C. K. **Competindo pelo futuro**: estratégias inovadoras para obter o controle do seu setor e criar os mercados de amanhã. Rio de Janeiro: Campus, 1995.

HAMEL, G.; PRAHALAD, C. K. Strategic intent. **Harvard Business Review**, p. 63-76 May/June, 1989. Disponível em: <https://motamem.org/wp-content/uploads/2019/09/Hamel-and-Prahalad-1989-STRATEGIC-INTENT.pdf>. Acesso em: 20 out. 2021.

HAMEL, G.; ZANINI, M. **Humanocracy**: Creating Organizations as Amazing as the People Inside Them. Boston: Harvard Business Review Press, 2020.

HANDS, D. **Vision and Values in Design Management**. Lausanne: Ava, 2009.

HARVEY, M. **Blue Ocean Strategy of Pret a Manger**. Oct. 2020. Disponível em: <https://www.essay48.com/case/9677-Pret-A-Manger-Blue-Ocean-Strategy>. Acesso em: 30 mar. 2021.

IDEO. **Design Kit**. Disponível em: <https://www.designkit.org>. Acesso em: 10 out. 2021a.

IDEO. **Tools**. Disponível em: <https://www.ideo.com/tools> Acesso em: 10 out. 2021b.

JAYME, M. E. M. **Tendências**: recomendações para seu uso na gestão do design das MPEs produtoras de louça de mesa de Campo Largo - PR. 193 f. Dissertação (Mestrado em Design) – Universidade Federal do Paraná, Curitiba, 2009. Disponível em: <https://acervodigital.ufpr.br/handle/1884/18366>. Acesso em: 20 maio 2022.

JOHN RUSKIN. In: **Infopédia**. Disponível em: <https://www.infopedia.pt/$john-ruskin>. Acesso em: 10 out. 2021.

JONES, J. C. **Design Methods**: Seeds of Human Futures. New York: Wiley Interscience, 1974.

KELLEY, T. **A arte da inovação**: lições de criatividade da IDEO, a maior empresa norte-americana de design. Tradução de Maria Claudia Lopes. São Paulo: Futura, 2001.

KIM, W. C.; MAUBORGNE, R. **A estratégia do Oceano Azul**: como criar novos mercados e tornar a concorrência irrelevante. Tradução de Afonso Celso da Cunha Serra. Rio de Janeiro: Elsevier, 2005.

KIM, W. C.; MAUBORGNE, R. **A estratégia do Oceano Azul**: como criar novos mercados e tornar a concorrência irrelevante. Lisboa: Actual, 2008.

KISTMANN, V. B. **A caracterização do design nacional em um mercado globalizado**: uma abordagem com base na decoração da porcelana de mesa. 236 f. Tese (Doutorado em Engenharia de Produção) – Universidade Federal de Santa Catarina, Florianópolis, 2001. Disponível em: <https://repositorio.ufsc.br/handle/123456789/82018>. Acesso em: 20 maio 2022.

KISTMANN, V. B. Interdisciplinaridade: questões quanto à pesquisa e à inovação em design. **Estudos em Design**, v. 22, n. 3, p. 81-99, 2014. Disponível em: <https://estudosemdesign.emnuvens.com.br/design/article/view/122>. Acesso em: 20 maio 2022.

KLEIN, M. et al. What Complex Systems Research can Teach us about Collaborative Design. In: INTERNATIONAL CONFERENCE ON COMPUTER SUPPORTED COOPERATIVE WORK IN DESIGN, 6., 2001. Disponível em: <https://www.researchgate.net/publication/2371779_What_Complex_Systems_Research_Can_Teach_Us_About_Collaborative_Design/link/00b7d523295426fd18000000/download>. Acesso em: 27 out. 2021.

KOTLER, P. **Administração de marketing**. 10. ed. São Paulo: Prentice-Hall, 2000.

LIMA, S. ADM CONSULT. Oceano Azul: crie um mercado sem concorrência. **Adm Consult**, 23 maio 2018. Disponível em: <https://admconsult.com.br/oceano-azul>. Acesso em: 20 mar. 2021.

LINDEN, B. Basic Blue Skies Research in the UK: are we Losing out? **Journal of Biomedical Discovery and Collaboration**, v. 3, n. 3, 2008. Disponível em: <https://doi.org/10.1186/1747-5333-3-3>. Acesso em: 10 out. 2021.

LÖBACH, B. **Design industrial**: bases para a configuração dos produtos industriais. São Paulo: E. Blücher, 2001.

MAGALHÃES, C. F. de. Design estratégico: integração e ação do design. **Estudos em Design**, v. 3, n. 1, p. 15-27, jul. 1995.

MAGALHÃES, C. F. de. **Design estratégico**: integração e ação do design industrial dentro das empresas. Brasília: SENAI/DN; SENAI/CETIQT; CNPq; IBICT; PADCT; TIB, 1997.

MAGALHÃES, C. F. de. Texto para revisão. [Mensagem pessoal]. 6 abr. 2021. Mensagem de *e-mail* recebida por: <vkistmann@gmail.com>. Acesso em: 6 abr. 2021.

MANZINI, E. Design in a Changing, Connected World. **Strategic Design Research Journal**, v. 7, n. 2, p 95-99, May/Aug. 2014. Disponível em: <http://revistas.unisinos.br/index.php/sdrj/article/view/sdrj.2014.72.06>. Acesso em: 10 out. 2021.

MANZINI, E.; VEZZOLI, C. **O desenvolvimento de produtos sustentáveis**: os requisitos ambientais dos produtos industriais. São Paulo: Edusp, 2002.

MARQUES, M. M. B. P. **Análise comparativa da metodologia dos estudos de tendências**. 114 f. Dissertação (Mestrado em Marketing) – Universidade Católica Portuguesa, Porto, 2014. Disponível em: <http://hdl.handle.net/10400.14/16981>. Acesso em: 10 out. 2021.

MARTIN, R. **Design de negócios**. São Paulo: Elsevier, 2010.

MARTIN, R. **The Design of Business**: why Design Thinking is the Next Competitive Advantage. Boston: Harvard Business Press, 2009.

MARTINS, R. F. de F.; MERINO, E. A. D. **A gestão de design como estratégia organizacional**. Londrina: Eduel, 2008.

MEDEIROS, A. Móveis com design bacana e no precinho. **A Casa que a Minha Vó Queria**, 13 jul. 2017. Disponível em: <https://acasaqueaminhavoqueria.com/moveis-com-design-bacana-e-no-precinho>. Acesso em: 1º jun. 2020.

MEIO E MENSAGEM. **Fiat**: criatividade, imaginação e emoção envolvendo o consumidor. 2020. Disponível em: <http://negocios.meioemensagem.com.br/fiat>. Acesso em: 10 out. 2021.

MESACASA, A. **DIM – Design Inova Moda**: modelo de processo de design com ênfase na inovatividade para o setor do vestuário. 365 f. Tese (Doutorado em Design) – Universidade Federal do Paraná, Curitiba, 2018. Disponível em: <https://acervodigital.ufpr.br/handle/1884/63765>. Acesso em: 20 maio 2022.

MINTZBERG, H. **Ascensão e queda do planejamento estratégico**. Tradução de Maria Adelaide Carpigiani. Porto Alegre: Bookman, 2004.

MINTZBERG, H. **Managing Essencial**. Porto Alegre: Bookman, 2014.

MINTZBERG, H.; AHLSTRAND, B.; LAMPEL, J. **Safári de estratégia**: um roteiro pela selva do planejamento estratégico. Tradução de Lene Belon Ribeiro. Porto Alegre: Bookman, 2000.

MINTZBERG, H.; QUINN, J. B. **O processo da estratégia**. Tradução de James Sunderland Cook. 3. ed. Porto Alegre: Bookman, 2001.

MINTZBERG, H.; WATERS, J. A. Of Strategies, Deliberate and Emergent. **Strategic Management Journal**, v. 6, n. 3, p. 257-272, July/Sept. 1985.

MORAES, D. de. **Metaprojeto**: o design do design. São Paulo: E. Blücher, 2010.

MORESCO, M. C.; MARCHIORI, M.; GOUVEA, D. M. R. de. Pensamento estratégico e planejamento estratégico: possíveis inter-relações. **Gestão & Planejamento**, v. 15, n. 1, p. 63-79, jan./abr. 2014. Disponível em: <http://www.spell.org.br/documentos/ver/30362/pensamento-estrategico-e-planejamento-estrategi--->. Acesso em: 10 out. 2021.

MORRAR, R.; ARMAN, H.; MOUSA, S. The Fourth Industrial Revolution (Industry 4.0): a Social Innovation Perspective. **Technology Innovation Management Review**, v. 7, n. 11, p. 12-20, Nov. 2017. Disponível em: <https://timreview.ca/sites/default/files/Issue_PDF/TIMReview_November2017.pdf#page=12>. Acesso em: 10 out. 2021.

MOZOTA, B. B. de. **Design Management**: Using Design to Build Brand Value and Corporate Innovation. New York: Allworth Press, 2003.

MOZOTA, B. B. de. The four Powers of Design: a Value Model in Design Management. **Design Management Review**, v. 17, n. 2, p. 44-73, 2006.

NAZE, P. O Oceano Azul do Nubank: o mercado de cartões de crédito. **Medium**, 28 out. 2016. Disponível em: <https://medium.com/productbr/nubank-e-o-mercado-de-cartões-de-crédito-uma-análise-à-luz-do-oceano-azul-ae0a32187559>. Acesso em: 10 out. 2021.

NORMAN, D.; VERGANTI, R. Incremental and Radical Innovation: Design Research vs. Technology and Meaning Change. **Design Issues**, v. 30, n. 1. p. 78-96, Jan. 2013. Disponível em: <https://www.researchgate.net/publication/264595739_Incremental_and_Radical_Innovation_Design_Research_vs_Technology_and_Meaning_Change>. Acesso em: 10 out. 2021.

OLIVEIRA, D. de P. R de. **Estratégia empresarial e vantagem competitiva**: como estabelecer, implementar e avaliar. 3. ed. São Paulo: Atlas, 2001.

OLIVEIRA, D. de P. R de. **Planejamento estratégico**: conceitos, metodologia e práticas. 23. ed. São Paulo: Atlas, 2007.

ONO, M. M. **Design e cultura**: sintonia essencial. Edição do autor. Curitiba: [S.n.], 2006.

PARRY, L. (Ed.). **William Morris**. London: Philip Wilson, 1996.

PEREIRA, C. G. **A construção de cenários como recurso de apoio à tomada de decisão estratégica nos processos de projetos audiovisuais**. 138 f. Dissertação (Mestrado em Design) – Universidade do Vale do Rio dos Sinos, Porto Alegre, 2017. Disponível em: <http://www.repositorio.jesuita.org.br/handle/UNISINOS/6650>. Acesso em: 20 maio 2022.

PEREIRA, D. **A estratégia do Oceano Azul**. 2019. Disponível em: <https://analistamodelosdenegocios.com.br/a-estrategia-do-oceano-azul>. Acesso em: 26 fev. 2021.

PHILLIPS, P. L. **Briefing**: a gestão do projeto de design. Tradução de Itiro Iida. São Paulo: E. Blücher, 2008.

POLI. Design. **Introdução**. Disponível em: <https://www.master-mestrado.com/Mestrado-em-Design-Estratégico/Italia/POLI.design>. Acesso em: 20 jan. 2021.

PONDÉ, J. L. Racionalidade, incomensurabilidade e história: um diálogo entre as obras de Herbert Simon e Thomas Kuhn. **Nova Economia**, v. 27, n. 3, p. 443-476, 2017. Disponível em: <https://www.scielo.br/scielo.php?script=sci_arttext&pid=S0103-63512017000300443>. Acesso em: 10 out. 2021.

PORTER, M. E. **Estratégia competitiva**: técnicas para análise de indústrias e da concorrência. Tradução de Elizabeth Maria de Pinho Braga. Rio de Janeiro: Elsevier, 1991.

PORTER, M. E. How Competitive Forces Shape Strategy. **Harvard Business Review**, Mar. 1979. Disponível em: <https://hbr.org/1979/03/how-competitive-forces-shape-strategy>. Acesso em: 10 out. 2021.

PORTER, M. E. **Vantagem competitiva**: criando e sustentando um desempenho superior. Rio de Janeiro: Elsevier, 1989.

PRET A MANGER. **About Pret**. Disponível em: <https://www.pret.co.uk/en-GB/about-pret>. Acesso em: 30 mar. 2021.

QUANDT, C. O.; BEZERRA, C. A.; FERRARESI, A. A. Dimensões da inovatividade organizacional e seu impacto no desempenho inovador: proposição e avaliação de um modelo. **Gestão da Produção**, São Carlos, v. 22, n. 4, p. 873-886, 2015. Disponível em: <https://www.scielo.br/pdf/gp/v22n4/0104-530X-gp-0104-530X1568-14.pdf>. Acesso em: 10 out. 2021.

RAMPINO, L. The Innovation Pyramid: a Categorization of the Innovation Phenomenon in the Product-Design Field. **International Journal of Design**, v. 5, n. 1, p. 3-16, 2011. Disponível em: <http://www.ijdesign.org/index.php/IJDesign/article/view/645/325>. Acesso em: 10 out. 2021.

RIBEIRO, B. Natura comercializa linha sou em farmácias. **Mundo do Marketing**, 18 mar. 2016. Disponível em: <https://www.mundodomarketing.com.br/ultimas-noticias/35799/natura-comercializa-linha-sou-em-farmacias.html>. Acesso em: 17 abr. 2021.

RISHON Cosméticos. **Kit Escova Progressiva Sleek 300 ml**. Disponível em: <https://loja.rishoncosmeticos.com.br/produtos/kit-escova-progressiva-sleek-300ml>. Acesso em: 20 dez. 2021.

RIZARDI, B. **História do Design Thinking**: parte 1 – o que é fazer design? 2019. Disponível em: <https://pt.linkedin.com/pulse/história-do-design-thinking-parte-1-o-que-é-fazer-bruno-rizardi>. Acesso em: 20 jan. 2021.

ROCHA, R. So.Si: a nova marca da Picadilly Company. **Meio & Mensagem**, 18 abr. 2016. Disponível em: <https://www.meioemensagem.com.br/home/marketing/2016/04/18/so-si-a-nova-marca-da-picadilly-company.html>. Acesso em: 20 dez. 2021.

RONCALIO, V. W.; KISTMANN, V. B. Uma introdução à inovação guiada pelo design no campo da moda. In: COLÓQUIO DE MODA, 10.; EDIÇÃO INTERNACIONAL, 7.; CONGRESSO BRASILEIRO DE INICIAÇÃO CIENTÍFICA EM DESIGN DE MODA, 10., 2014, Caxias do Sul. **Anais...** Disponível em: <academia.edu/29297135/Uma_introdução_à_inovação_guiada_pelo_design_no_campo_da_moda>. Acesso em: 10 out. 2021.

SANTANA, A. **Teoria neoclássica (1ª Parte)**: Peter Drucker e visão de outros. 2 mar. 2020. Disponível em: <https://www.youtube.com/watch?v=-7ZSisI3TF0>. Acesso em: 10 out. 2021.

SANTOS, A. dos (Org.). **Seleção do método de pesquisa**: guia para pós-graduandos em design e áreas afins. Curitiba: Insight, 2018.

SCALETSKY, C. C. (Org.). **Design estratégico em ação**. São Leopoldo: Ed. da Unisinos, 2016.

SCALETSKY, C. C.; BORBA, G. O conceito de Pesquisa Blue Sky. **Virus**, São Carlos, n. 3, 2010. Tradução de Maria Cecília Tavares e Marco Ferreira. Disponível em: <http://www.nomads.usp.br/virus/virus03/submitted/layout.php?item=1&lang=pt>. Acesso em: 9 jan. 2021.

SCALETSKY, C. C.; PARODE, F. P. Imagem e Pesquisa Blue Sky no design. In: CONVENCIÓN CIENTÍFICA DE INGENIERÍA Y ARQUITECTURA CONGRESO SIGRADI, 14., 2008, Havana. **Anais...** Disponível em: <https://itc.scix.net/pdfs/sigradi2008_106.content.pdf>. Acesso em: 10 out. 2021.

SCHERER, F. O.; CARLOMAGNO, M. S. **Gestão da inovação na prática**: como aplicar conceitos e ferramentas para alavancar a inovação. São Paulo: Atlas, 2009.

SCHMITTEL, W. **Design, concept, realisation**: Braun, Citroen, Miller, Olivetti, Sony, Swissair. Zurich: ABC Editoion, [S.d.].

SCIAMANA, J. L. **Ativos intangíveis do capital humano da gestão de design**: ativos para agregação de valor organizacional. 206 f. Dissertação (Mestrado em Design) – Universidade Federal do Paraná, Curitiba, 2019. Disponível em: <https://acervodigital.ufpr.br/bitstream/1884/65620/1/R-D-JULIALETICIASCIAMANA.pdf>. Acesso em: 20 maio 2022.

SCIAMANA, J. L.; KISTMANN, V. B. **O design inserido nos níveis da gestão empresarial e sua contribuição para o sucesso de um produto**: estudo de caso do Natura SOU. Curitiba: UFPR, 2016. Trabalho acadêmico não publicado.

SERRA, F. A. R.; TORRES, A. P.; TORRES, M. C. S. **Administração estratégica**: conceito, roteiros práticos e casos. Rio de Janeiro: Reichmann e Affonso, 2004.

SIERRA, I. de S.; FEDECHEN, E. A.; KISTMANN, V. B. Brazilian Design Management Research Groups: Themes and Tendencies. **Strategic Design Research Journal**, v. 12, n. 1, p. 77-93, jan./abr. 2019. Disponível em: <http://www.revistas.unisinos.br/index.php/sdrj/article/view/sdrj.2019.121.06>. Acesso em: 10 out. 2021.

SILVA, R. Análise Pestel: ferramenta estratégica. **Guia corporativo**, 7 dez. 2020. Disponível em: <https://guiacorporativo.com.br/analise-pestel-ferramenta-estrategica>. Acesso em: 20 dez. 2020.

SOUZA, P. L. P. de. **Notas para uma história do design**. 4. ed. Rio de Janeiro: 2 AB, 2008.

SPARKE, P. **A Century of Car Design**. London: Octopus, 2002.

SUCESSO SA. **Osklen, a marca brasileira de moda de novo luxo, lança a Black Edition, uma coleção com a tecnologia Stays Fresh da Polygiene**. 11 out. 2019. Disponível em: <https://www.sucessosa.com.br/noticia/osklen-lanca-a-black-edition-uma-colecao-com-a-tecnologia-stays-fresh-da-polygiene>. Acesso em: 10 out. 2021.

SUMMARY of the Three Box Solution by Vijay Govindarajan. Disponível em: <https://www.youtube.com/watch?v=wgD2VzFqCaE&feature=youtu.be>. Acesso em: 10 out. 2021.

TIEPOLO, J. **Signo Vinces**. 22 ago. 2014. Disponível em: <https://www.cbd.org.br/cases/design-export/signo-vinces>. Acesso em: 20 dez. 2021.

TROTT, P. **Gestão da inovação e desenvolvimento de novos produtos**. Tradução de Patrícia Lessa Flores da Cunha et al. 4. ed. Porto Alegre: Bookman, 2012.

VASCONCELLOS, F. Safári de estratégia, questões bizantinas e a síndrome do ornitorrinco: uma análise empírica dos impactos da diversidade teórica em estratégia empresarial sobre a prática dos processos de tomada de decisão estratégica. In: ENCONTRO DA ASSOCIAÇÃO NACIONAL DE PÓS-GRADUAÇÃO E PESQUISA EM ADMINISTRAÇÃO, 25., 2001, Campinas. **Anais...** Disponível em: <http://www.anpad.org.br/admin/pdf/enanpad2001-eso-1126.pdf>. Acesso em: 27 nov. 2021.

VASCONCELOS, F. C. de. **Dinâmica organizacional e estratégia**: imagens e conceitos. São Paulo: Cengage Learning, 2011.

VERGANTI, R. Design as Brokering of Languages: Innovation Strategies in Italian Firms. **Design Management Journal**, v. 13, n. 3, p. 33-42, 2003.

VERGANTI, R. **Design-Driven Innovation**: Changing the Rules of Competition by Radically Innovating what Things Mean. Boston: Harvard Business School, 2009.

VON STAMM, B. **Managing Innovation, Design and Creativity**. 2. ed. Chischester: John Wiley and Sons, 2008.

WDO – Word Design Organization. **Definition of Industrial Design**. Disponível em: <https://wdo.org/about/definition>. Acesso em: 10 out. 2020.

WHELTON, M; BALLARD, G. Wicked Problems in Project Definition. In: ANNUAL CONFERENCE OF INTERNATIONAL GROUP FOR LEAN CONSTRUCTION, 10., 2002, [S.l.]. **Proceedings...** Disponível em: <https://leanconstruction.org/uploads/wp/media/docs/WickedProblemsinProjectDefinitionIGLC10.pdf>. Acesso em: 20 out 2021.

WHIRPOOL. Disponível em: <https://www.whirlpool.com.br>. Acesso em: 31 jan. 2021.

WILLIAMS, C. **ADM**: princípios de administração. Tradução de Cristina Bacellar. São Paulo: Cengage Learning, 2010.

WILSON, B. **Soft Systems Methodology**: Conceptual Model Building and its Contribution. Chischester: J. Wiley and Sons, 2001.

WOLF, B. **Attitude is Essential**: Brand, Reputation and Design Management in Small and Medium-Sized Enterprises. Rotterdam: Inholland, 2008.

WOLF, B. **Design Management in der Industrie**. Giessen: Anabas Verlag, 1994.

WOLF, B. **Taller Design Management**. Curitiba: UFPR, 1998. Não publicado.

WRIGHT, J. T. C.; SPERS, R. G. O país no futuro: aspectos metodológicos e cenários. **Estudos Avançados**, v. 20, n. 56, p. 13-28, jan./abr. 2006. Disponível em: <https://www.scielo.br/scielo.php?script=sci_arttext&pid=S0103-40142006000100003>. Acesso em: 10 out. 2021.

ZAINA, T. Z. **Gestão de design**: uma abordagem sobre as habilidades e competências necessárias aos líderes. 155 f. Dissertação (Mestrado em Design) – Universidade Federal do Paraná, Curitiba, 2016. Disponível em: <https://acervodigital.ufpr.br/handle/1884/45348?show=full>. Acesso em: 20 maio 2022.

ZENITH ADMINISTRAÇÃO E MARKETING. **Sumarização do livro A estratégia do Oceano Azul**. Disponível em: <https://pt.slideshare.net/robertmarcuskmkt/estratgia-do-oceano-azul>. Acesso em: 20 mar. 2021.

ZURLO, F. Prefazione: L'evoluzione del design management. In: CAUTELA, C. **Strumenti di design management**. Milano: FrancoAngeli, 2007. p. 7-19.

Res*postas*

CAPÍTULO 1

Questões para revisão
1. Design como produto e como processo. O primeiro se refere ao resultado da ação de design, materializando-se em produtos, serviços, experiências ou mesmo novos negócios. O segundo diz respeito à atividade para a transformação das empresas no sentido do seu sucesso.
2. Porque ele sempre está voltado à criação de valores, foco das estratégias.
3. d
4. a
5. b

CAPÍTULO 2

Questões para revisão
1. Estratégico, tático e operacional.
2. Transformação, coordenação e diferenciação.
3. a
4. c
5. a

CAPÍTULO 3

Questões para revisão

1. O processo de inovação está relacionado diretamente ao design, especialmente se considerarmos a perspectiva da sua gestão. Inicia-se com a busca de novas possibilidades estratégicas, pode ser aplicado na definição de táticas a serem adotadas e, no nível operacional, destaca as soluções de cunho simbólico, como a inovação pelo significado.
2. c
3. b
4. A inovação incremental faz pequenas modificações de produtos existentes. A inovação disruptiva cria um novo mercado, sendo predominantemente de caráter tecnológico. A inovação guiada pelo design busca novos significados a serem aplicados em produtos já existentes.
5. e

Questão para reflexão

1. Você provavelmente concordaria com os valores: maleabilidade e expansão; multiplicidade e dinamismo; seriedade e consistência, respectivamente.

CAPÍTULO 4

Questões para revisão

1. Tática são ações de coordenação adotadas para transformar as estratégias em ações operacionais.
2. O gestor no nível tático precisa estabelecer uma estratégia geral sobre como irá coordenar as atividades de modo transversal, a fim de integrar o design. Essas estratégias se apoiam na análise da situação futura em contraposição à situação presente. Com isso, o gestor estabelece táticas, definidas por meio de diretrizes a serem seguidas, as quais precisam ser implementadas, de modo operacional, nas atividades do dia a dia da empresa.

3. c
4. b
5. b

CAPÍTULO 5

Questões para revisão

1. a
2. Os produtos "vaca leiteira" são aqueles que vendem muito bem e dão sustentação financeira; os produtos "estrela" são os que "brilham", que têm crescimento acentuado, com grande percentual de participação; os produtos "ponto de interrogação" são os que têm alto crescimento, mas baixa participação no faturamento; e os produtos "abacaxis", metaforicamente, são um problema.
3. d
4. a
5. Os 4 Ps se referem aos termos *Produto, Praça, Preço* e *Promoção*. Com base nos 4 Ps, a empresa pode avaliar a situação do produto, serviço, sistema ou negócio em relação ao mercado.

CAPÍTULO 6

Questões para revisão

1. As metodologias clássicas de design se caracterizam por um processo linear de expansão e concentração, com retroalimentações.
2. a
3. a
4. O pensamento abdutivo se caracteriza por combinar a intuição e a razão, buscando estabelecer uma conclusão para o processo difuso.
5. b

Sobre a autora

Virginia Borges Kistmann é designer pela Escola Superior de Desenho Industrial do Rio de Janeiro (Esdi), mestre pelo Royal College of Art (RCA), na Inglaterra, e doutora em Engenharia, Produção e Sistemas pela Universidade Federal de Santa Catarina (UFSC). Foi professora dos cursos de graduação em Design da Universidade Federal do Paraná (UFPR) e da Pontifícia Universidade Católica do Paraná (PUCPR). Atuou como docente visitante na Hochschule der Künst HdK, em Berlim, e na Université Savoie Mont Blanc, na França. Também trabalhou como designer e gestora de design em empresas privadas paranaenses. É professora sênior do Programa de Pesquisa em Pós-Graduação em Design da UFPR, onde é líder do Grupo de Pesquisa em Gestão de Design e coordenadora do Núcleo de Gestão de Design. Desenvolve pesquisas no campo da gestão de design, com foco no design para cerâmicos e no design para cidades.

Os papéis utilizados neste livro, certificados por instituições ambientais competentes, são recicláveis, provenientes de fontes renováveis e, portanto, um meio **respons**ável e natural de informação e conhecimento.

FSC
www.fsc.org
MISTO
Papel produzido a partir de fontes responsáveis
FSC® C103535

Impressão: **Reproset**
Outubro/2022